January 18, 1999

What do I consider my most important Contributions?

- That I early on—almost sixty years ago—realized that MANAGEMENT has become the constitutive organ and function of the Society of Organizations;

- That MANAGEMENT is not "Business Management- though it first attained attention in business- but the governing organ of ALL institutions of Modern Society;

- That I established the study of MANAGEMENT as a DISCIPLINE in its own right; and

- That I focused this discipline on People and Power; on Values; Structure and Constitution; AND ABOVE ALL ON RESPONSIBILITIES- that is focused the Discipline of Management on Management as a truly LIBERAL ART.

Peter F. Drucker

我认为我最重要的贡献是什么？

- 早在60年前，我就认识到管理已经成为组织社会的基本器官和功能；
- 管理不仅是"企业管理"，而且是所有现代社会机构的管理器官，尽管管理最初侧重于企业管理；
- 我创建了管理这门独立的学科；
- 我围绕着人与权力、价值观、结构和方式来研究这一学科，尤其是围绕着责任。管理学科是把管理当作一门真正的人文艺术。

彼得·德鲁克
1999年1月18日

注：资料原件打印在德鲁克先生的私人信笺上，并有德鲁克先生亲笔签名，现藏于美国德鲁克档案馆。为纪念德鲁克先生，本书特收录这一珍贵资料。本资料由德鲁克管理学专家那国毅教授提供。

彼得·德鲁克和妻子多丽丝·德鲁克

德鲁克妻子多丽丝寄语中国读者

在此谨向广大的中国读者致以我诚挚的问候。本书深入介绍了德鲁克在管理领域方面的多种理念和见解。我相信他的管理思想得以在中国广泛应用，将有赖出版及持续的教育工作，令更多人受惠于他的馈赠。

盼望本书可以激发各位对构建一个令人憧憬的美好社会的希望，并推动大家在这一过程中积极发挥领导作用，他的在天之灵定会备感欣慰。

Doris Drucker

本页照片和多丽丝寄语原文与亲笔签名由彼得·德鲁克管理学院提供

人 与 绩 效
德鲁克论管理精华

[美] 彼得·德鲁克 著

闻佳 译

People and Performance
The Best of Peter Drucker on Management

彼得·德鲁克全集

机械工业出版社
CHINA MACHINE PRESS

图书在版编目（CIP）数据

人与绩效：德鲁克论管理精华 /（美）彼得·德鲁克（Peter F. Drucker）著；闫佳译．—北京：机械工业出版社，2018.6（2024.5重印）

（彼得·德鲁克全集）

书名原文：People and Performance: The Best of Peter Drucker on Management

ISBN 978-7-111-60014-5

I. 人… II. ①彼… ②闫… III. 企业管理 IV. F272

中国版本图书馆 CIP 数据核字（2018）第 096536 号

北京市版权局著作权合同登记　图字：01-2013-8815 号。

Peter F. Drucker. People and Performance: The Best of Peter Drucker on Management.

Copyright © 2007 Harvard Business School Press.

Published by arrangement with Harvard Business School Press.

Simplified Chinese Translation Copyright © 2019 by China Machine Press. This edition is authorized for sale in the Chinese mainland (excluding Hong Kong SAR, Macao SAR and Taiwan).

No part of this book may be reproduced or transmitted in any form or by any means, electronic or mechanical, including photocopying, recording or any information storage and retrieval system, without permission, in writing, from the publisher.

All rights reserved.

本书中文简体字版由 Harvard Business School Press 授权机械工业出版社在中国大陆地区（不包括香港、澳门特别行政区及台湾地区）独家出版发行。未经出版者书面许可，不得以任何方式抄袭、复制或节录本书中的任何部分。

本书两面插页所用资料由彼得·德鲁克管理学院和那国毅教授提供。封面中签名摘自德鲁克先生为彼得·德鲁克管理学院的题词。

人与绩效：德鲁克论管理精华

出版发行：机械工业出版社（北京市西城区百万庄大街 22 号　邮政编码：100037）	
责任编辑：孟宪勋	责任校对：李秋荣
印　　刷：固安县铭成印刷有限公司	版　　次：2024年5月第1版第11次印刷
开　　本：170mm×230mm　1/16	印　　张：24
书　　号：ISBN 978-7-111-60014-5	定　　价：89.00 元

客服电话：（010）88361066　68326294

版权所有·侵权必究
封底无防伪标均为盗版

如果您喜欢彼得·德鲁克（Peter F. Drucker）或者他的书籍，那么请您尊重德鲁克。不要购买盗版图书，以及以德鲁克名义编纂的伪书。

| 目 录 |

推荐序一（邵明路）
推荐序二（赵曙明）
推荐序三（珍妮·达罗克）

第一部分 | **什么是管理**

第1章　为什么是管理者 / 3
第2章　管理：根源及兴起 / 11
第3章　管理：回顾与展望 / 23
第4章　管理的维度 / 35
第5章　管理的挑战 / 47

第二部分 | **什么是管理者**

第6章　管理者及其工作 / 59
第7章　通过目标和自我控制进行管理 / 77
第8章　从中层管理到知识型组织 / 92
第9章　为卓越配备人手 / 102

第三部分 │ 什么是企业

第 10 章　什么是企业 / 111

第 11 章　企业现实 / 127

第 12 章　目标的力量和企图 / 137

第 13 章　利润的错觉 / 146

第 14 章　管理资本生产力 / 151

第 15 章　管理公共服务机构 / 157

第四部分 │ 为绩效而组织和管理

第 16 章　创新型组织 / 175

第 17 章　组织的基石 / 200

第 18 章　怎样把它们结合到一起 / 214

第五部分 │ 管理者如何用人所长

第 19 章　人事管理破产了吗 / 225

第 20 章　我们所知道的工作、劳动和工人 / 239

第 21 章　工人和劳动：理论与现实 / 257

第 22 章　怎样做员工 / 274

第六部分 │ 根植于社会与文化中的管理

第 23 章　管理和生活质量 / 289

第 24 章　社会影响和社会问题　/ 303

第 25 章　社会责任的限度　/ 321

第 26 章　责任道德　/ 331

术语表　/ 342

译后记　大道至简　/ 358

| 推荐序一 |

功能正常的社会和博雅管理
为"彼得·德鲁克全集"作序

享誉世界的"现代管理学之父"彼得·德鲁克先生自认为,虽然他因为创建了现代管理学而广为人知,但他其实是一名社会生态学者,他真正关心的是个人在社会环境中的生存状况,管理则是新出现的用来改善社会和人生的工具。他一生写了39本书,只有15本书是讲管理的,其他都是有关社群(社区)、社会和政体的,而其中写工商企业管理的只有两本书(《为成果而管理》和《创新与企业家精神》)。

德鲁克深知人性是不完美的,因此人所创造的一切事物,包括人设计的社会也不可能完美。他对社会的期待和理想并不高,那只是一个较少痛苦,还可以容忍的社会。不过,它还是要有基本的功能,为生活在其中的人提供可以正常生活和工作的条件。这些功能或条件,就好像一个生命体必须具备正常的生命特征,没有它们社会也就不成其为社会了。值得留意的是,社会并不等同于"国家",因为"国(政府)"和"家(家庭)"不可能提供一个社会全部必要的职能。在德鲁克眼里,功能正常的社会至少要由三大类机构组成:政府、企业和非营利机构,它们各自发挥不同性质的作用,每一类、每一个机构中都要有能解决问题、令机构创造出独特绩效的权力中心和决策机制，这个权力中心和决策机制同时也要让机构里的每个人各得其所，既有所担当、做出贡献，又得到生计和身份、地位。这些在过去的国家中从来没有过的权力中心和决策机制，或者说新的"政体"，就是"管理"。在这里德鲁克把企业和非营利机构中的管理体制与政府的统治体制统称为"政体"，是因为它们都掌握权力，但是，这是两种性质截然不同的权力。企业和非营利机构掌握的，是为了提供特定的产品和服务，而调配社会资源的权力，政府所拥有的，则是维护整个社会的公平、正义的裁夺和干预的权力。

在美国克莱蒙特大学附近，有一座小小的德鲁克纪念馆，走进这座用他的故居改成的纪念馆，正对客厅入口的显眼处有一段他的名言：

> 在一个由多元的组织所构成的社会中，使我们的各种组织机构负责任地、独立自治地、高绩效地运作，是自由和尊严的唯一保障。有绩效的、负责任的管理是对抗和替代极权专制的唯一选择。

当年纪念馆落成时，德鲁克研究所的同事们问自己，如果要从德鲁克的著作中找出一段精练的话，概括这位大师的毕生工作对我们这个世界的意义，会是什么？他们最终选用了这段话。

如果你了解德鲁克的生平，了解他的基本信念和价值观形成的过程，你一定会同意他们的选择。从他的第一本书《经济人的末日》到他独自完成的最后一本书《功能社会》之间，贯穿着一条抵制极权专制、捍卫个人自由和尊严的直线。这里极权的极是极端的极，不是集中的集，两个词一字之差，其含义却有着重大区别，因为人类历史上由来已久的中央集权统治直到20世纪才有条件变种成极权主义。极权主义所谋求的，是从肉体到精神，全面、彻底地操纵和控制人类的每一个成员，把他们改造成实现个别极权主义者梦想的人形机器。20世纪给人类带来最大灾难和伤害的战争和运动，都是极权主义的"杰作"，德鲁克青年时代经历的希特勒纳粹主义正是其中之一。要了解德鲁克的经历怎样影响了他的信念和价值观，最好去读他的《旁观者》；要弄清什么是极权主义和为什么大众会拥护它，可以去读汉娜·阿伦特1951年出版的《极权主义的起源》。

好在历史的演变并不总是令人沮丧。工业革命以来，特别是从1800年开始，最近这200年生产力呈加速度提高，不但造就了物质的极大丰富，还带来社会结构的深刻改变，这就是德鲁克早在80年前就敏锐地洞察和指出的，多元的、组织型的新社会的形成：新兴的企业和非营利机构填补了由来已久的"国（政府）"和"家（家庭）"之间的断层和空白，为现代国家提供了真正意义上的种种社会功能。在这个基础上，教育的普及和知识工作者的崛起，正在造就知识经济和知识社会，而信息科技成为这一切变化的加速器。要特别说明，"知识工作者"是德鲁克创造的一个称谓，泛指具备和应用专门知识从事生产工作，为社会创造出有用的产品和服务的人群，这包括企业家和在任何机构中的管理者、专业人士和技工，也包括社会上的独立执业人士，如会计师、律师、咨询师、培训师等。在21世纪的今天，由于知识的应用领域一再被扩大，个人和个别机构不再是孤独无助的，他们因为掌握了某项知识，就拥有了选择的自由和影响他人的权力。知识工作者和由他们组成的知识型组织不再是传统的知识分子或组织，知识工作者最大的特点就是他们的独立自主，可以主动地整合资源、创造价值，促成经济、社会、文化甚至政治层面的改变，而传统的知识分子只能依附于当时的统治当局，在统治当局提供的平台上才能有所作为。这是一个划时代的、意义深远的变化，而且这个变化不仅发生在西方发达国家，也发生在发展中国家。

在一个由多元组织构成的社会中，拿政府、企业和非营利机构这三类组织相互比较，企业和非营利机构因为受到市场、公众和政府的制约，它们的管理者不可能像政府那样走上极权主义统治，这是它们在德鲁克看来，比政府更重要、更值得寄予希望的原因。尽管如此，它们仍然可能因为管理缺位或者管理失当，例如官僚专制，不能达到德鲁克期望的"负责任地、高绩效地运作"，从而为极权专制垄断社会资源让出空间、提供机会。在所有机构中，包括在互联网时代虚拟的工作社群中，知识工作者的崛起既为新的管理提供了基础和条件，也带来对传统的"胡萝卜加大棒"管理方式的挑战。德鲁克正是因应这样的现实，研究、创立和不断完善现代管理学的。

1999年1月18日，德鲁克接近90岁高龄，在回答"我最重要的贡献是什么"这个问题时，他写了下面这段话：

> 我着眼于人和权力、价值观、结构和规范去研究管理学，而在所有这些之上，我聚焦于"责任"，那意味着我是把管理学当作一门真正的"博雅技艺"来看待的。

给管理学冠上"博雅技艺"的标识是德鲁克的首创，反映出他对管理的独特视角，这一点显然很重要，但是在他众多的著作中却没找到多少这方面的进一步解释。最完整的阐述是在他的《管理新现实》这本书第15章第五小节，这节的标题就是"管理是一种博雅技艺"：

> 30年前，英国科学家兼小说家斯诺（C. P. Snow）曾经提到当代社会的"两种文化"。可是，管理既不符合斯诺所说的"人文文化"，也不符合他所说的"科学文化"。管理所关心的是行动和应用，而成果正是对管理的考验，从这一点来看，管理算是一种科技。可是，管理也关心人、人的价值、人的成长与发展，就这一点而言，管理又算是人文学科。另外，管理对社会结构和社群（社

区）的关注与影响，也使管理算得上是人文学科。事实上，每一个曾经长年与各种组织里的管理者相处的人（就像本书作者）都知道，管理深深触及一些精神层面关切的问题——像人性的善与恶。

管理因而成为传统上所说的"博雅技艺"（liberal art）——是"博雅"（liberal），因为它关切的是知识的根本、自我认知、智慧和领导力，也是"技艺"（art），因为管理就是实行和应用。管理者从各种人文科学和社会科学中——心理学和哲学、经济学和历史、伦理学，以及从自然科学中，汲取知识与见解，可是，他们必须把这种知识集中在效能和成果上——治疗病人、教育学生、建造桥梁，以及设计和销售容易使用的软件程序等。

作为一个有多年实际管理经验，又几乎通读过德鲁克全部著作的人，我曾经反复琢磨过为什么德鲁克要说管理学其实是一门"博雅技艺"。我终于意识到这并不仅仅是一个标新立异的溢美之举，而是在为管理定性，它揭示了管理的本质，提出了所有管理者努力的正确方向。这至少包括了以下几重含义：

第一，管理最根本的问题，或者说管理的要害，就是管理者和每个知识工作者怎么看待与处理人和权力的关系。德鲁克是一位基督徒，他的宗教信仰和他的生活经验相互印证，对他的研究和写作产生了深刻的影响。在他看来，人是不应该有权力（power）的，只有造人的上帝或者说造物主才拥有权力，造物主永远高于人类。归根结底，人性是软弱的，经不起权力的引诱和考验。因此，人可以拥有的只是授权（authority），也就是人只是在某一阶段、某一事情上，因为所拥有的品德、知识和能力而被授权。不但任何个人是这样，整个人类也是这样。民主国家中"主权在民"，但是人民的权力也是一种授权，是造物主授予的，人在这种授权之下只是一个既有自由意志，又要承担责任的"工具"，他是造物主的工具而不能成为主宰，不能按自己的意图去操纵和控制自己的同类。认识到这一点，人才会谦卑而且有责任感，他们才会以造物主才能够掌握、人类只能被其感召和启示的公平正义，去时时检讨自己，也才会甘愿把自己置于外力强制的规范和约束之下。

第二，尽管人性是不完美的，但是人彼此平等，都有自己的价值，都有自己的创造能力，都有自己的功能，都应该被尊敬，而且应该被鼓励去创造。美国的独立宣言和宪法中所说的，人生而平等，每个人都有与生俱来、不证自明的权利（rights），正是从这一信念而来的，这也是德鲁克的管理学之所以可以有所作为的根本依据。管理者是否相信每个人都有善意和潜力？是否真的对所有人都平等看待？这些基本的或者说核心的价值观和信念，最终决定他们是否能和德鲁克的学说发生感应，是否真的能理解和实行它。

第三，在知识社会和知识型组织里，每一个工作者在某种程度上，都既是知识工作者，也是管理者，因为他可以凭借自己的专门知识对他人和组织产生权威性的影响——知识就是权力。但是权力必须和责任捆绑在一起。而一个管理者是否负起了责任，要以绩效和成果做检验。凭绩效和成果问责的权力是正当和合法的权力，也就是授权（authority），否则就成为德鲁克坚决反对的强权（might）。绩效和成果之所以重要，不但在经济和物质层面，而且在心理层面，都会对人们产生影响。管理者和领导者如果持续不能解决现实问题，大众在彻底失望之余，会转而选择去依赖和服从强权，同时甘愿交出自己的自由和尊严。这就是为什么德鲁克一再警告，如果管理失败，极权主义就会取而代之。

第四，除了让组织取得绩效和成果，管理者还有没有其他的责任？或者换一种说法，绩效和成果仅限于可量化的经济成果和财富吗？对一个工商企业来说，除了为客户提供价廉物美的产品和服务、为股东赚取合理的利润，能否同时成为一个良好的、负责任的"社会公民"，能否同时帮助自己的员工在品格和能力两方面都得到提升呢？这似乎是一个太过苛刻的要求，但它是一个合理的要求。我个人在十多年前，和一家这样要求自己的后勤服务业的跨国公司合作，通过实践认识到这是可能的。这意味着我们必须学会把伦理道德的诉求和经济目标，设计进同一个工作流程、同一套衡量系统，直至每一种方法、工具和模式中去。值得欣慰的是，今天有越来越多的机构开始严肃地对待这个问题，在各自的领域做出肯定的回答。

第五，"作为一门博雅技艺的管理"或称"博雅管理"，这个讨人喜爱的中文翻译有一点儿问题，从翻译的"信、达、雅"这三项专业要求来看，雅则雅矣，信有不足。liberal art 直译过来应该是"自由的技艺"，但最早的繁体字中文版译成了"博雅艺术"，这可能是想要借助它在中国语文中的褒义，我个人还是觉得"自由的技艺"更贴近英文原意。liberal 本身就是自由。art 可以译成艺术，但管理是要应用的，是要产生绩效和成果的，所以它首先应该是一门"技能"。另一方面，管理的对象是人们的工作，和人打交道一定会面对人性的善恶，人的千变万化的意念——感性的和理性的，从这个角度看，管理又是一门涉及主观判断的"艺术"。所以 art 其实更适合解读为"技艺"。liberal——自由，art——技艺，把两者合起来就是"自由技艺"。

最后我想说的是，我之所以对 liberal art 的翻译这么咬文嚼字，是因为管理学并不像人们普遍认为的那样，是一个人或者一个机构的成功学。它不是旨在让一家企业赚钱，在生产效率方面达到最优，也不是旨在让一家非营利机构赢得道德上的美誉。它旨在让我们每个人都生存在其中的人类社会和人类社群（社区）更健康，使人们较少受到伤害和痛苦。让每个工作者，按照他与生俱来的善意和潜能，自由地选择他自己愿意在这个社会或社区中所承担的责任；自由地发挥才智去创造出对别人有用的价值，从而履行这样的责任；并且在这样一个创造性工作的过程中，成长为更好和更有能力的人。这就是德鲁克先生定义和期待的，管理作为一门"自由技艺"，或者叫"博雅管理"，它的真正的含义。

邵明路

彼得·德鲁克管理学院创办人

| 推荐序二 |

跨越时空的管理思想

20多年来，机械工业出版社关于德鲁克先生著作的出版计划在国内学术界和实践界引起了极大的反响，每本书一经出版便会占据畅销书排行榜，广受读者喜爱。我非常荣幸，一开始就全程参与了这套丛书的翻译、出版和推广活动。尽管这套丛书已经面世多年，然而每次去新华书店或是路过机场的书店，总能看见这套书静静地立于书架之上，长盛不衰。在当今这样一个强调产品迭代、崇尚标新立异、出版物良莠难分的时代，试问还有哪本书能做到这样呢？

如今，管理学研究者们试图总结和探讨中国经济与中国企业成功的奥秘，结论众说纷纭、莫衷一是。我想，企业成功的原因肯定是多种多样的。中国人讲求天时、地利、人和，缺一不可，其中一定少不了德鲁克先生著作的启发、点拨和教化。从中国老一代企业家（如张瑞敏、任正非），及新一代的优秀职业经理人（如方洪波）的演讲中，我们常常可以听到来自先生的真知灼见。在当代管理学术研究中，我们也可以常常看出先生的思想指引和学术影响。我常常对学生说，当你不能找到好的研究灵感时，可以去翻翻先生的著作；

当你对企业实践困惑不解时，也可以把先生的著作放在床头。简言之，要想了解现代管理理论和实践，首先要从研读德鲁克先生的著作开始。基于这个原因，1991年我从美国学成回国后，在南京大学商学院图书馆的一角专门开辟了德鲁克著作之窗，并一手创办了德鲁克论坛。至今，我已在南京大学商学院举办了100多期德鲁克论坛。在这一点上，我们也要感谢机械工业出版社为德鲁克先生著作的翻译、出版和推广付出的辛勤努力。

在与企业家的日常交流中，当发现他们存在各种困惑的时候，我常常推荐企业家阅读德鲁克先生的著作。这是因为，秉持奥地利学派的一贯传统，德鲁克先生总是将企业家和创新作为著作的中心思想之一。他坚持认为："优秀的企业家和企业家精神是一个国家最为重要的资源。"在企业发展过程中，企业家总是面临着效率和创新、制度和个性化、利润和社会责任、授权和控制、自我和他人等不同的矛盾与冲突。企业家总是在各种矛盾与冲突中成长和发展。现代工商管理教育不但需要传授建立现代管理制度的基本原理和准则，同时也要培养一大批具有优秀管理技能的职业经理人。一个有效的组织既离不开良好的制度保证，同时也离不开有效的管理者，两者缺一不可。这是因为，一方面，企业家需要通过对管理原则、责任和实践进行研究，探索如何建立一个有效的管理机制和制度，而衡量一个管理制度是否有效的标准就在于该制度能否将管理者个人特征的影响降到最低限度；另一方面，一个再高明的制度，如果没有具有职业道德的员工和管理者的遵守，制度也会很容易土崩瓦解。换言之，一个再高效的组织，如果缺乏有效的管理者和员工，组织的效率也不可能得到实现。虽然德鲁克先生的大部分著作是有关企业管理的，但是我们可以看到自由、成长、创新、多样化、多元化的思想在其著作中是一以贯之的。正如德鲁克在《旁观者》一书的序言中所阐述的,"未来是'有机体'的时代,由任务、目的、策略、社会的和外在的环境所主导"。很多人喜欢德鲁克提出的概念,但是德鲁克却说,"人比任何概念都有趣多了"。德鲁克本人虽然只是管理的旁观者,但是他对企业家工作的理解、对管理本质的洞察、对人性复杂性的观察,鞭辟入里、入木三分,这也许就是企业家喜爱他的著作的原因吧!

德鲁克先生从研究营利组织开始,如《公司的概念》(1946年),到研究非营利组织,如《非营利组织的管理》(1990年),再到后来研究社会组织,如《功能社会》(2002年)。虽然德鲁克先生的大部分著作出版于20世纪六七十年代,然而其影响力却是历久弥新的。在他的著作中,读者很容易找到许多最新的管理思想的源头,同时也不难获悉许多在其他管理著作中无法找到的"真知灼见",从组织的使命、组织的目标以及工商企业与服务机构的异同,到组织绩效、富有效率的员工、员工成就、员工福利和知识工作者,再到组织的社会影响与社会责任、企业与政府的关系、管理者的工作、管理工作的设计与内涵、管理人员的开发、目标管理与自我控制、中层管理者和知识型组织、有效决策、管理沟通、管理控制、面向未来的管理、组织的架构与设计、企业的合理规模、多角化经营、多国公司、企业成长和创新型组织等。

30多年前在美国读书期间,我就开始阅读先生的著作,学习先生的思想,并聆听先生的课堂教学。回国以后,我一直把他的著作放在案头。尔后,每隔一段时间,每每碰到新问题,就重新温故。令人惊奇的是,随着阅历的增长、知识的丰富,每次重温的时候,竟然会生出许多不同以往的想法和体会。仿佛这是一座挖不尽的宝藏,让人久久回味,有幸得以伴随终生。一本著作一旦诞生,就独立于作者、独立于时代而专属于每个读者,不同地理区域、不同文化背景、不同时代的人都能够从中得到启发、得到教育。这样的书是永恒的、跨越时空的。我想,德鲁克先生的著作就是如此。

特此作序,与大家共勉!

南京大学人文社会科学资深教授、商学院名誉院长

博士生导师

2018 年 10 月于南京大学商学院安中大楼

| 推荐序三 |

彼得·德鲁克与伊藤雅俊管理学院是因循彼得·德鲁克和伊藤雅俊命名的。德鲁克生前担任玛丽·兰金·克拉克社会科学与管理学教席教授长达三十余载，而伊藤雅俊则受到日本商业人士和企业家的高度评价。

彼得·德鲁克被称为"现代管理学之父"，他的作品涵盖了39本著作和无数篇文章。在德鲁克学院，我们将他的著述加以浓缩，称之为"德鲁克学说"，以撷取德鲁克著述在五个关键方面的精华。

我们用以下框架来呈现德鲁克著述的现实意义，并呈现他的管理理论对当今社会的深远影响。

这五个关键方面如下。

（1）**对功能社会重要性的信念**。一个功能社会需要各种可持续性的组织贯穿于所有部门，这些组织皆由品行端正和有责任感的经理人来运营，他们很在意自己为社会带来的影响以及所做的贡献。德鲁克有两本书堪称他在功能社会研究领域的奠基之作。第一本书是《经济人的末日》（1939年），"审视了法西斯主义的精神和社会根源"。然后，在接下来出版的《工业人的未来》（1942年）一书中，德鲁克阐述了自己对第二次世界大战后社会的展望。后来，因为对健康组织对功能社会的重要作用兴趣盎然，他的主要关注点转到了商业。

（2）**对人的关注**。德鲁克笃信管理是一门博雅艺术，即建立一种情境，使博雅艺术在其中得以践行。这种哲学的宗旨是：管理是一项人的活动。德鲁克笃信人的潜质和能力，而且认为卓有成效的管理者是通过人来做成事情的，因为工作会给人带来社会地位和归属感。德鲁克提醒经理人，他们的职责可不只是给大家发一份薪水那么简单。

对于如何看待客户，德鲁克也采取"以人为本"的思想。他有一句话人人知晓，即客户决定了你的生意是什么，这门生意出品什么以及这门生意日后能否繁荣，因为客户只会为他们认为有价值的东西买单。理解客户的现实以及客户崇尚的价值是"市场营销的全部所在"。

（3）**对绩效的关注**。经理人有责任使一个组织健康运营并且持续下去。考量经理人的凭据是成果，因此他们要为那些成果负责。德鲁克同样认为，成果负责制要渗透到组织的每一个层面，务求淋漓尽致。

制衡的问题在德鲁克有关绩效的论述中也有所反映。他深谙若想提高人的生产力，就必须让工作给他们带来社会地位和意义。同样，德鲁克还论述了在延续性和变化二者间保持平衡的必要性，他强调面向未来并且看到"一个已经发生的未来"是经理人无法回避的职责。经理人必须能够探寻复杂、模糊的问题，预测并迎接变化乃至更新所带来的挑战，要能看到事情目前的样貌以及可能呈现的样貌。

（4）**对自我管理的关注**。一个有责任心的工作者应该能驱动他自己，能设立较高的绩效标准，并且能控制、衡量并指导自己的绩效。但是首先，卓有成效的管理者必须能自如地掌控他们自己的想法、情绪和行动。换言之，内在意愿在先，外在成效在后。

（5）**基于实践的、跨学科的、终身的学习观念**。德鲁克崇尚终身学习，因为他相信经理人必须要与变化保持同步。但德鲁克曾经也有一句名言："不要告诉我你跟我有过一次精彩的会面，告诉我你下周一打算有哪些不同。"这句话的意思正如我们理解的，我们必须关注"周一早上的不同"。

这些就是"德鲁克学说"的五个支柱。如果你放眼当今各个商业领域，就会发现这五个支柱恰好代表了五个关键方面，它们始终贯穿交织在许多公司使命宣言传达的讯息中。我们有谁没听说过高管宣称要回馈他们的社区，要欣然采纳以人为本的管理方法和跨界协同呢？

彼得·德鲁克的远见卓识在于他将管理视为一门博雅艺术。他的理论鼓励经理人去应用"博雅艺术的智慧和操守课程来解答日常在工作、学校和社会中遇到的问题"。也就是说，经理人的目光要穿越学科边界来解决这世上最棘手的一些问题，并且坚持不懈地问自己："你下周一打算有哪些不同？"

彼得·德鲁克的影响不限于管理实践，还有管理教育。在德鲁克学院，我们用"德鲁克学说"的五个支柱来指导课程大纲设计，也就是说，我们按照从如何进行自我管理到组织如何介入社会这个次序来给学生开设课程。

德鲁克学院一直十分重视自己的毕业生在管理实践中发挥的作用。其实，我们的使命宣言就是：

> 通过培养改变世界的全球领导者，来提升世界各地的管理实践。

有意思的是，世界各地的管理教育机构也很重视它们的学生在实践中的表现。事实上，这已经成为国际精英商学院协会（AACSB）认证的主要标志之一。国际精英商学院协会"始终致力于增进商界、学者、机构以及学生之间的交融，从而使商业教育能够与商业实践的需求步调一致"。

最后我想谈谈德鲁克和管理教育，我的观点来自2001年11月 *BizEd* 杂志第1期对彼得·德鲁克所做的一次访谈，这本杂志由商学院协会出版，受众是商学院。在访谈中，德鲁克被问道：在诸多事项中，有哪三门课最重要，是当今商学院应该教给明日之管理者的？

德鲁克答道：

> 第一课，他们必须学会对自己负责。太多的人仍在指望人事部门来照顾他们，他们不知道自己的优势，不知道自己的归属何在，他们对自己毫不负责。
>
> 第二课也是最重要的，要向上看，而不是向下看。焦点仍然放在对下属的管理上，但应开始关注如何成为一名管理者。管理你的上司比管理下属更重要。所以你要问："我应该为组织贡献什么？"
>
> 最后一课是必须修习基本的素养。是的，你想让会计做好会计的事，但你也想让她了解其他组织的功能何在。这就是我说的组织的基本素养。这类素养不是学一些相关课程就行了，而是与实践经验有关。

凭我一己之见，德鲁克在2001年给出的这则忠告，放在今日仍然适用。卓有成效的管理者需要修习自我管理，需要向上管理，也需要了解一个组织的功能如何与整个组织契合。

彼得·德鲁克对管理实践的影响深刻而巨大。他涉猎广泛，他的一些早期著述，如《管理的实践》（1954年）、《卓有成效的管理者》（1966年）以及《创新与企业家精神》（1985年），都是我时不时会翻阅研读的书籍，每当我作为一个商界领导者被诸多问题困扰时，我都会从这些书中寻求答案。

珍妮·达罗克

彼得·德鲁克与伊藤雅俊管理学院院长

亨利·黄市场营销和创新教授

美国加州克莱蒙特市

1

第一部分

什么是管理

PEOPLE AND
PERFORMANCE

第 1 章
为什么是管理者

第 2 章
管理：根源及兴起

第 3 章
管理：回顾与展望

第 4 章
管理的维度

第 5 章
管理的挑战

第 1 章 | CHAPTER 1

为什么是管理者

管理者是企业的基本资源。完全自动化的工厂（在如今的一些地方已经出现了，比如现代化炼油厂）可能只需少量高度熟练的技术人员和专业人士，几乎不需要其他工人，但管理者是一定会有的！事实上，较之过去充满了半熟练机器操作员的落伍工厂，现代工厂需要更多的管理者。流水线上的工头监管 50 个人，而自动化工厂的管理者只管理团队里的两三个人，只不过，他们每个人所拥有的自主权、责任度和决策力，都比传统大规模生产厂里的工头要大得多。

管理者是大多数企业最昂贵的资源，也是贬值最快、最需要不断补充的资源。建立一支管理团队要花上很多年，但在很短的时间内就会迅速贬值。管理者的人数，以及每一名管理者所代表的资本投资，既表现为社会对管理者的教育投资（每名大学毕业生要花掉 40 000 美元以上的教育费），也表现为雇主对管理岗位的直接投资，必然稳步上涨（当今美国，每一个管理岗位的直接投资为 50 000 ~ 500 000 美元，具体投资额取决于不同的行业和管理职能，例如是在实验室、制造厂还是会计行业），因为过去半个世纪里的趋势一直是这样的。与此同时，企业对管理人员的能力也提出了更高的要求。今天的管理者，哪怕是相当低层的管理者，雇主也希望他熟知分析和定量方法，深刻洞察人类行为，而在不到一代人以前，这两者还都是"高深"科目。这些需求每一代人就翻一倍，故此没有理由指望这一趋势会在未来数十年间放缓。

企业中管理者的管理水平以及对管理者进行管理的水平，决定了它能否实现业务目标，这也在很大程度上决定了企业对工人及工作的管理水平。工人的态度基本上反映了管理层的态度，它直接反映管理层的能力和结构。工人的工作效力，在很大程度上又是由企业的管理方式决定的。

过去25年，各地的管理者一直听着各种讲演和训练项目的教诲，他们告诉彼此，管理者的工作就是管理手下的人，他们敦促彼此优先履行这一职责，向彼此提供大量的建议和许多昂贵的设备，进行"向下沟通"。但我还没有碰到过哪一位管理者（不管是从事任何工作、置身哪一级别），不主要关注对上关系和向上沟通的。每一位副总裁都觉得，和总裁的关系才是真正的问题。下至一线主管、生产领班或者行政办事员，所有的人都非常肯定：只要"老大"和人事部别老插手，自己就能与手下人好好相处。

这并非人类反常本性的标志。管理者关心对上关系非常正确。要成为管理者，意味着为企业绩效分担责任，不被期望承担这一责任的人不是管理者。独立贡献人、研究工程师、税务会计员、现场销售员等被期望为企业绩效和结果负责的人，其实同样是管理者，即使他们不是"老板"，没有下属，只管理自己。

福特公司的兴起、衰败和重生

亨利·福特的兴起、衰败，还有他孙子亨利·福特二世复兴公司的故事多年来辗转流传，已经变成了民间传说。故事是这样的：

- 1905 年，亨利·福特白手起家，15 年后建成了全世界规模最大、利润最丰厚的制造企业
- 20 世纪 20 年代初，福特汽车公司主导并几乎垄断了美国汽车市场，在全世界大多数其他重要的汽车市场也保持着领先地位
- 它从利润里累积了总计 10 亿美元的现金储备
- 但仅仅几年后，即到了 1927 年，这个看似固若金汤的商业帝国陷入了一团糟的局面，它丧失了领先地位，只能可怜巴巴地屈居市场第三，连续 20 多年亏损，几乎无法撑过第二次世界大战期间的激烈竞争
- 1944 年，创始人的孙子亨利·福特二世接手企业，当时他年仅 26 岁，毫无经验可言，也没有受过训练，他在一场"宫廷政变"中罢黜祖父的亲信，引进了一支全新的管理团队，拯救了公司

但一般人并未意识到，这个戏剧性的故事远远不止是一个个人成功和失败的故事。更主要的，它是一个管理不善的故事。你或许可以把它看成一场对照试验。

福特一世之所以失败，是因为他坚信，企业不需要管理者和管理。他认为，企业只需要老板和老板的"帮手"。福特和他同时代的大部分商人（美国及其他地方）的唯一区别在于，亨利·福特毫不妥协地坚持自己的信念。他应用这套信念的方法，比方说，只要他的帮手胆敢自视为"管理者"，不听福特吩咐就做决定、采取行动，即使他再能干，福特也会炒掉他，或者撤他的职，这只能说是在验证假说，最后彻底证明这套假说站不住脚。

事实上，福特故事的独特之处（也是重要之处）在于，福特能够验证这

个假说，一部分原因是他活得足够久，另一部分原因是他手里有 10 亿美元来支持自己的信念。福特的失败不是因为他的个性和脾气，而是因为他拒绝接受管理者和管理层是企业必需的东西，也是执行任务、履行职能的基础，而企业不能仅仅是受"老板""派遣"的观点。

通用汽车公司：对立的例子

20 世纪 20 年代初，福特动手证明管理者毫无必要的时候，通用汽车公司新上任的总裁小阿尔弗雷德·斯隆（Alfred P. Sloan, Jr.）则开始检验相反的假说。当时的通用汽车公司受如日中天的巨人福特汽车碾压，虽然是市场老二，但实力很弱，几乎没法生存下去。它差不多算是金融投机的产物，是把若干无力与福特竞争的小型汽车公司拼凑在一起成立的。它的产品线上没有一款畅销车，它没有经销商组织，更谈不上资金实力。从前的业主拥有自主权，实际上意味着他们可以继续按管理失当的做法经营从前属于自己的企业。但斯隆彻底厘清了通用汽车公司的业务和结构，并把这群散漫的大亨转变成了一支管理团队。短短 5 年，通用汽车就成了美国汽车行业里的领头羊，而且自此以后一直是老大。

斯隆取得成功 20 年后，亨利·福特的孙子再一次检验了斯隆的假设。那时候，福特汽车公司已濒临破产：20 世纪 20 年代初存下的 10 亿美元现金资产，全用来弥补之后的赤字了。1946 年，年轻的亨利·福特二世刚接手公司，就打定主意要把斯隆 20 年前在通用汽车做的那一套搬到福特汽车公司来。他设计了管理结构，组建了管理团队。5 年内，福特汽车公司就恢复了国内外的发展和盈利潜力。它成为通用汽车公司的主要竞争对手，在快速发展的欧洲汽车市场甚至超越了通用汽车公司。

福特故事的教训

福特故事的教训是，管理者和管理层是企业的特定需求，是它特定的器官，也是它的基础结构。我们可以很有把握地说，企业不能没有管理者。不能认为管理层就是听业主的吩咐办事。需要管理层不仅是因为企业的工作太多，任何一个人都无法单独完成，更因为管理企业从根本上不同于管理个人产业。

亨利·福特未能看出有必要转为依赖管理者和管理层，因为他相信，一家复杂的大企业能从个体小铺子有机地"发展"起来。诚然，福特是从小店起家的，但发展带来的不仅是规模的变化。等过了临界点，量变就成了质变。到了临界点，福特就没法经营"自己的生意"了。福特汽车公司变成了企业，也就是一种需要不同结构、不同原则的组织，一种需要管理者和管理层的组织。

法律仍然认为管理就是从所有者那里接受委托。但正在缓慢演变的法律实践原则是，管理先于所有权甚至优于所有权，至少在大企业里是如此。就算是对大企业的完全所有，也需要依赖适当的管理。如果业主拒绝服从企业的管理需求，他的所有权在法律上尽管仍不受限制，在事实上却会遭到削减甚至被剥夺。

这一新兴的法律原则，最初应该是美国空军在20世纪50年代与霍华德·休斯及休斯飞机公司接洽时提出来的。休斯从头到尾拥有整个公司，他拒绝让职业经理人经营，坚决要自己来干，就像30年前福特做的那样。于是，休斯飞机公司的主要客户——美国空军给休斯下了最后通牒：要么你把股份放入信托基金，之后由专业管理人员来接管；要么我们让公司破产，彻底逼你离开。休斯靠着自己的一家基金会保留了所有权，但彻底放弃了控制权。

接下来的例子仍与霍华德·休斯有关。他是另一家美国重要航空公司TWA 的完全所有人，据说，他将 TWA 的利益置于自己拥有的其他航空公司之下。从业主的角度来说，这种行为完全合法，因为他有权随心所欲地处置自己的财产。但是 TWA 的管理层对休斯提起了诉讼，索取 1.5 亿美元的赔偿金。这场官司一直打到了最高法院，1973 年，最高法院根据一个技术性问题裁定原告败诉（但在两家下级法院，原告都是胜诉方）。最高法院认为，这事属于民用航空委员会的管辖范围，普通法院无权决断。但业主必须以管理者的身份行使这一原则，至少在大型企业里，是毫无争议的。

故此，可以这么说，个人管理的小作坊发展壮大，从遗传上是不会演变出管理层的。从一开始，管理层就是专为复杂的大企业设计的。

美国庞大的铁路系统覆盖了极其广阔的国土，更要与错综复杂的种种任务角力：它有着铺设路床的工程任务，有着筹集大笔资金的财务任务，有着获得许可、土地授权和津贴的政治关系任务，可以这样说，它是第一家能够称为得到了"管理"的企业。事实上，内战后不久为美国第一条长途洲际铁路设计的管理结构，直至今天仍基本保持不变。大约在同一时间，欧洲大陆也为第一批明确针对国家而非地方的银行设计了管理层。在遥远的日本，明治时代所谓"财团"（大型商业团体）的建立者，也就是三井、住友以及三菱的继任者岩崎，也对传统的日本方法进行了全新的改造，同样为复杂的大企业创造出了一套管理系统。

直到三四十年后，也就是 19 世纪向 20 世纪过渡的那几年，管理的概念才从创办时规模就很大的企业移植到逐渐发展壮大的企业。当时，安德鲁·卡内基（Andrew Carnegie）和小约翰 D. 洛克菲勒（John D. Rockefeller, Jr.）分别把管理引入了钢铁和石油行业。稍后，皮埃尔·杜邦（Pierr S. du Pont）对家族公司（E. I. du Pont de Nemours & Co.）进行了重组，为它带去了管理层，让它发展壮大，同时保持了家族的控制权。皮埃尔·杜邦在

1915～1920年为家族企业设计的管理结构，几年后成了通用汽车公司建立"专业管理"的起点。当时，杜邦公司获得了这家几近破产、举步维艰的汽车集团，并把小阿尔弗雷德·斯隆放到了总裁的职位上。

管理是"相变"

从一桩"老板"靠"帮手"就能经营的小买卖，变成一家需要管理层的大企业，这种变化，物理学家称为"相变"，也就是水从液体到固体的那种变化。这是物质从一种状态、一种基本结构，跃进到另一种状态、另一种基本结构的过程。斯隆的例子展示了同一家组织里发生的这种变化。但斯隆对通用汽车公司的重组还表明，只有基本的概念、基本的原则和个人的愿景发生根本性的变化，才能完成这一任务。

我们可以把老福特想要经营的企业和斯隆设计的企业比喻成两种生物，前者是昆虫，靠坚硬的外壳结合在一起；后者是脊椎动物，要靠骨架来支撑。英国生物学家达西·汤普森（D'Arcy Thompson）指出，靠坚硬外壳支撑的动物，在体格和复杂程度上都要受一定限制。超出此范围，陆生动物就需要有骨骼了。但从遗传上看，骨骼不是昆虫坚硬外壳逐渐演进而来的，它是一种不同的器官，有着不同的来历。类似地，一旦企业达到一定的规模和复杂程度，管理层就成为必需。虽然管理层取代了业主这一"硬壳"结构，却并非其继承者，它是彻底的更换。

企业什么时候到达从"硬壳"到"骨骼"的转变阶段呢？界线大概会划在300～1000名员工的规模。更重要的一点或许是，业务复杂性的增强，各种任务全都需要合作、同步和沟通才能完成，这样的企业就需要管理者和管理层了。如若不然，事情就会失控，计划变不成行动，也有可能更糟糕——计划的不同部分以不同的速度，在不同的时间，朝着不同的目标去执行，讨好"老板"变得比绩效更重要。到了这时候，产品或许还很优秀，员工也干练而专注，老板可能是个能力极强（一般也确实如此）、很有影响力的人，但企业会开始挣扎、停滞，会很快走下坡路，除非它转型，获得管理者和管理层的"骨骼"。

亨利·福特不想要管理者，结果是公司管理不善，组织不当，导向错误，打压、妨碍了管理人员。在管理和管理不善两者之间，机构只能二选一，但管理者不可或缺。管理的工作不能回避。管理的好坏，在很大程度上决定了企业是繁荣发展还是衰败垮台。

第 2 章 | CHAPTER 2

管理：根源及兴起

在过去 50 年中，每一个发达国家的社会都已成为机构的社会。当今每一项重大的社会任务，不管是经济绩效还是医疗保健，教育还是环境保护，求取新知还是国防建设，都托付给了旨在永存的大型组织，由管理层进行管理。现代社会的绩效，甚至每一个人的生存，都愈发依赖这些机构的表现。

仅仅 75 年前，这样的社会还不可想象。1900 年，每一个国家的社会，大部分社会任务由家庭充当唯一的代理和部件，机构少且规模小。1900 年的社会，就算是最为机构化的国家，仍然像是堪萨斯州的大草原。草原当中有一块高地，那是中央政府。它松垮地平摊着，占了很大的地方，但那不是因为它真正很大，而是因为周围别无他物。社会的其他部分散落成无数的分子：小作坊、很小的学校、自己开业的专业人士（医生或者律师）、农民、工匠、街区的零售店等。当时也有正在形成的大企业，但还只是个开端。当时人们眼里的巨型企业，如今看来小得叫人吃惊。

洛克菲勒的"标准石油托拉斯"（Standard Oil Trust），曾被今天美国人的祖父母一辈视为怪物。1911 年,美国最高法院将之拆分为 14 个部分。30 年后,美国进入第二次世界大战的前夕,"标准石油"拆分出来的这 14 位"儿女",每一家都比当初母公司被最高法院拆分时要大:在员工、资本、销售和其他任何一个方面都至少大 3 倍。然而,这 14 家公司里,只有 3 家算得上大型石油公司,分别为新泽西标准石油公司(Jersey Standard)、美孚石油公司(Mobil)和加利福尼亚标准石油公司(Standard of California)。其他 11 家公司属于小规模或中等规模,在世界经济中无足轻重,对美国经济所能起到的作用也十分有限。

在这 70 年里,不光企业在发展,其他机构发展得更快。1914 年前,全世界没有任何一所大学的学生超过 6000 人,只有少数几所在 5000 人以上。今天,有 6000 名学生的大学只算小规模,甚至有人怀疑它没法存活。同样,医院也从穷人进去等死的边缘机构,变成了健康保健中心,成为自成一格的巨人,同时也是一种最为复杂的社会机构。工会组织、科研院所和其他许多机构在规模和复杂性上也有同等程度的发展:规模庞大,极为复杂。

20 世纪初,苏黎世公民修建起了辉煌的市政厅,信心百倍地认为这足以满足城市未来的一切需求。事实上,它遭到了批评者猛烈的抨击,说它太豪华甚至妄自尊大。瑞士政府发展得比其他任何国家的都要小。然而,苏黎世市政厅早就不足以容纳城市管理所需的各个办事机构了。到现在为止,这些办事处占用的空间,比 75 年前看起来辉煌甚至奢侈的空间要大 10 多倍。

员工的社会

今天,每一个发达国家的公民都是典型的员工,他们为这样那样的机构工作。他们依靠机构来维持生计;他们依靠机构来追求个人机会;他们依靠机构获取社会地位和职能,实现个人的成就和满足。

1900年的公民，如果是受雇用的，那一般是为小型的家庭作坊、雇用一两名帮手的小型夫妻店、家庭旅馆等工作。当然，除了工业化程度最高的国家，如英国或比利时，当时绝大多数人在农场工作。

我们的社会已成为员工的社会。20世纪初，人们问："你是做什么的？"今天，他们往往会问："你为谁工作？"

管理成为新机构（不管是企业、大学、医院、军事部门、研究实验室或政府机构）的特定部门。机构要正常运作，管理层必须履行职责。

"管理"这个词是一个很难解释的词汇。起初，它是个专属于美国的词语，很难翻译成其他语言，甚至没能进入英国英语。它既表示一种功能，又表示执行此种功能的人。它既表示一种社会地位和等级，同时也是一门学科、一个研究领域。

不过，就算仅限美国范围，管理也算不上一个术语，因为除了企业，其他机构一般不说管理（management）和管理者（manager）。大学、政府机构和医院叫"行政人员"（administrator），军队叫"指挥官"（commander），其他机构叫"执行人员"（executive），等等。

然而，所有这些机构都有着共同的管理职能、管理任务和管理工作。在所有这些机构里，都有一群人的职能是"管理"，有着与管理者一样的法定权力和责任。在所有这些机构里，都有着相同的任务：让机构正常运作。而且，在所有这些机构里，"管理"都需要进行一些特定的工作：设定目的、目标和优先事项，组织，人事，测量结果，沟通和决策等。所有这些机构都需要管理。在这些机构里，管理都是有效的、积极的构成部分。

机构本身是虚构的存在，它是会计现实，而非社会现实。这样那样的政府机构做出这样那样的裁断或决定，我们很清楚地知道，是机构内的某些人做出这些裁断或决定的，他们代表机构行事，是机构的有效构成部分。当我们说通用电气公司关闭下属的一家工厂，其实并不是"通用电气"做出了决定并采取了行动,而是公司内的一群管理者做出了决定并采取了行动。

乔治·西门子(Georg Siemens,1839—1901)在1860～1880年将德意志银行建设为欧洲大陆顶尖的金融机构,他曾说:"没有管理,一家银行就是废物,活该被清算。"没有机构,就没有管理。但如果没有管理,也就没有机构。管理是现代机构的特定器官。器官的绩效决定了机构的绩效,甚至决定了机构的生存。

职业管理

我们还知道,管理独立于所有权、级别或权力。它是目标性功能,应以绩效责任为基础。它是专业的:管理是一项职能、一门学科、一份有待完成的任务;管理者是实践这一学科、履行相关职能、承担这些任务的职业人士;管理者是否同时也是所有者,不再事关重大;所有权是管理这一主要任务的附带属性。

从企业社会到多元社会

在75年前,西方世界的社会是企业社会。当时的企业实际上是最强大的机构,甚至比一些政府还强大。但自世纪之交(指从19世纪进入20世纪)以来,企业的重要性逐渐变弱,不是因为企业变小或者变弱了,而是因为其他机构发展得太快了。企业不再是社会里唯一重要的机构,其他机构也变得同等甚至更为重要。社会走向了多元。

在20世纪70年代的美国,没有哪个商人的权力或知名度比得上1900年的大亨,如摩根(J. P. Morgan)、约翰·洛克菲勒,或者稍晚些时候的亨利·福特。今天,很少有人知道美国最大企业的首席执行官的名字,而当年大亨的名字可谓家喻户晓。就连今天最大的企业，也没法与当年大亨的权力和相对财富相提并论，后者甚至曾把持政府以索要赎金。

企业的权力已经散失。今天没有任何一家企业（事实上，美国历史上也没有哪一家企业）拥有的权力，能比得上今天一家大型大学所握权力的一小部分。大学靠着批准或拒绝录取、发放学位，能够带给（或者否决）人们找到工作和生计的机会。美国历史上没有哪一家企业，也没有其他哪一种机构，掌握了这样的权力。事实上，早期机构连拥有这种权力的可能性都没有。

在1900年的美国，充满雄心的年轻人唯一的事业发展机会就是经商。今天却有了许多其他的机会，每一种都可能与经商获得同样多（甚至更多）的收入，未来发展也同样快。

在19世纪与20世纪交界的时候，国民生产总值中只要没进入农业领域的，都进入了私营商业经济。到第一次世界大战前，以政府为首的非商业服务机构，大概只占美国非农业国民生产总值的10%。今天，务农基本上已经变为商业经营，国民生产总值的一半以上进入了无须承担经济绩效责任的非商业服务机构。

今天，美国国民生产总值的1/3以上直接进入联邦、州和地方各级政府；另外3%～5%进入非公立学校，也就是私立和教会学校，包括非政府学院及大学；国民生产总值另有5%，也就是医疗保险总费用的2/3，同样进入了非政府也非商业的机构；最后，还有种类繁多的非营利活动，占了国民生产总值的另外2%～5%。以上数字加起来，国民生产总值50%甚至60%的部分没有进入商业部门，而是进入了公共服务机构。

事实上，虽然时下有大量激进分子会提到"大企业社会"，但从他们的行动上看，他们早已敏锐地察觉到，企业不再是占主导地位的机构。自从拿破仑战争结束以后，每一个时代的社会动荡，都始于对企业的反抗。但是，

20世纪60年代席卷发达国家的反权威抗议都以机构（尤其是大学）为中心，而大学过去是最受激进分子尊敬的，甚至可以说，三四十年前，大学是组织里的"好人"。

非企业的公共服务机构也与企业一样需要管理，它们甚至需要得更多。

如今，人们已经越来越多地对非商业机构的管理表示关注。

最近10～15年，美国大型管理咨询公司最优秀的客户，是诸如国防部、纽约市政府或英格兰银行等政府机构。20世纪60年代后期，加拿大首次建立海陆空统一的军事机构时，将领们的第一次会议不是商讨战略，而是确定管理。天主教教会各级机构也积极从事组织研究和管理发展，尤以耶稣会士最为热衷。

高级管理课程的学生，越来越多地不再是企业高管，而是来自医院、军队、市级和州级政府、学校的管理人员。哈佛商学院甚至还为大学校长专门开办了颇受欢迎的高级管理课程。

实际上，非商业机构的管理从现在开始会受到更多的关注。它们的管理很可能成为核心的管理问题，只因为公共服务机构（不管是市政供水部门还是研究生院）缺乏管理是极为扎眼的弱点。

只不过，企业管理仍然是典范。任何一本论述管理的书，比如本书，都必须把企业管理放在中心。

为什么必须以企业管理为焦点

原因之一是历史。企业是最先出现的现代机构。从一开始，也就是从19世纪晚期铁路公司以大型企业的形式出现的时候，企业就毫无疑问地表现为一种全新的不同机构，它与政府机构、大学、医院和军队不一样，不是从旧有机构里发展出来的。诚然，人们也关心后一类机构的管理。但不久之前，这类的关注还很零散，通常与一个尖锐的问题有着直接的联系，且仅限于该问题。这种局面最近才有所改观。但对企业和产业管理的研究，从一开始就是通用的、连续的。

迄今为止的管理研究主要是企业管理研究的另一个原因是，迄今为止只有经济领域能够测量资源的分配和决策的结果。利润率并非完美的测量指标，甚至没人能定义它；尽管它存在这样那样的不完美，但仍然是一种测量指标。时至今日，其他任何机构都没有测量指标。它只有评鉴，而评鉴不足以构成一门学科的基础。

专注于企业管理最重要的原因在于，企业在20世纪大获成功。它在自己的领域内很好地运作起来。它提供了经济的商品和服务，这在19世纪是无法想象的。而且，尽管整个20世纪充斥着战争、衰退和独裁，企业仍然运转如常。

实现企业管理，使得我们今天有望（以相当大的把握）解决一直以来困扰人类的赤贫问题。今天的发达国家可以负担得起大众化的高等教育，基本上也是靠企业管理实现的。企业不仅是维持这项昂贵事业的经济手段，也提供了就业岗位，把知识变得富有生产力，并为知识提供报酬。今天，我们认为按阶级与出身来固定人的发展机会和工作，是社会的缺陷和不完美，但就在昨天，人们还觉得这是自然而然的，是人类不可摆脱的状况。这种观念上的发展，就是我们的经济绩效，即企业管理绩效带来的结果。当今世界在政治上越来越分散，越来越沉迷于民主主义，而企业管理却是极少数能够跨越国界的制度之一。

跨国公司将来自不同国家，有着不同语言、文化、传统、价值观的管理人员汇集到一起，把他们团结在共同的目标下。在我们的世界里，只有很少的制度在世界观、价值观和决策上不以民族主义为重，企业管理恰为其一。它是世界经济真正的共同器官，因为到目前为止，我们还没有世界性的政体，故此，企业管理也就是一种跨国的政治团体或跨国政治制度。

我们的社会也愈发期望企业管理在改善生活质量上做出表率。的确，有些对企业管理的批评听起来特别严厉，但其实那往往是因为人们根据企业管理过去的绩效，产生了不切实际的高度期待，结果这种期待落了空。批评的潜台词是："既然你能做得这么好，为什么不能做得更好？"

本书将讨论非商业性服务机构的绩效，我还会反复强调，管理服务机构有可能是 20 世纪后期的管理前沿。但任何管理研究的基础，都必须是企业管理。

管理的出现，或许是我们这个时代的关键性事件，比新闻头条刊登的所有大事件都更重要。没有一种新的基本制度、新的领导群体、新的核心功能，能像 20 世纪初管理崛起得那么快，可以说是前无古人，后无来者。一项新制度这么快就证明自己不可或缺，人类历史上也几乎不曾有过。一项新制度出现时引发的异议、混乱和争论如此之少，更是极其罕见。从来没有一项新制度像管理这样，在许多人工作、生活的一辈子里就超越了种族、信仰、语言和传统的边界。

今天的发达社会，不靠贵族，不靠大地主，甚至不靠资本家和大亨，靠的是它的主要机构管理者的领导力，它靠的是他们的知识、愿景和责任。在这样的社会里，管理及其任务、责任和实践，有着核心的地位：它是一种需求、一种重要的贡献、一门研究和知识的学科。

管理的根源和早期历史

有些作家似乎认为，管理是第二次世界大战后"管理繁荣"时发明的，或者至少说发现的。但管理，不管是作为实践，还是作为思考和研究的领域，都有着悠久的历史，它的根源差不多可以向上追溯 200 年。

可以说，早在根本没有任何管理可言的时候，人们就发现了管理。伟大的英国经济学家，不管是亚当·斯密（Adam Smith，1723—1790）、大卫·李嘉图（David Ricardo，1772—1823），还是约翰·斯图亚特·穆勒（John Stuart Mill，1806—1873），都不知道管理。对他们而言，经济是客观的、非个人的。专门研究古典经济学的当代学者肯尼思·博尔丁（Kenneth Boulding，生于1910年）曾说："经济学解决的是商品的行为，而不是人的行为。"或者，像马克思说的那样，占主导地位的是历史客观规律。人只能适应，在最好的情况下，人也无非能最优化经济所实现的结果；若是最坏的情况，人只会阻碍经济的力量，浪费资源。英国古典经济学的最后一位大师阿尔弗雷德·马歇尔（Alfred Marshall，1842—1924）往生产、土地、劳动力和资本因素中增加了管理，但这是一种无奈的让步。即便是马歇尔，仍认为管理是静止的，是外来因素，而非核心因素。

但从一开始，就还有另一种不同的做法，把管理者放在经济的中心，强调管理任务就是让资源付诸生产性用途。J. B. 萨伊（J. B. Say，1767—1832）或许算得上是法国甚至整个欧洲大陆最了不起的经济学家，他是亚当·斯密的早期追随者，并在法国不懈地宣传《国富论》，但他自己作品的核心不是生产要素，而是企业家（entrepreneur，这是萨伊创造出来的词汇）。企业家指导资源从生产力低的用途转向更具生产力的投资上，从而创造了财富。萨伊之后出现了法国传统的空想社会主义者，尤其是弗朗索瓦·傅立叶（Francois Fourier，1772—1837），以及圣西门（Comte de Saint-Simon，1760—1825）。当时没有大型组织和管理者，但傅立叶和圣西门都预见到了这一发展潮流，并在管理形成之前"发现"了管理。圣西门尤其看到了组织的出现，他看到将资源付诸生产性使用、建立社会结构的任务，他看到了管理任务。

在美国，人们也很早就将管理视为中心。亚历山大·汉密尔顿（Alexander

Hamilton，1757—1804）著名的《关于制造业的报告》(*Report on Manufactures*)从亚当·斯密出发，随后便强调了管理建设性、有针对性和系统性的作用。他认为，管理（而不是经济力量）是经济和社会发展的引擎、组织的动力、经济进步的载体。在他之后，亨利·克莱（Henry Clay，1777—1852）提出了著名的"美国体系"，这或许可以称为第一套系统化经济发展的蓝图。

稍晚些时候，苏格兰实业家罗伯特·欧文（Robert Owen，1771—1858）成了事实上的第一位管理者。19世纪20年代，欧文在拉纳克自己的纺织厂里，第一个开始应对生产力和动机的关系、工人与工作的关系、工人与企业的关系、工人与管理层的关系等问题。这些问题直到今天仍然是管理的关键问题。从欧文开始，管理者具有了真正的人的形象，而非傅立叶、圣西门、汉密尔顿和克莱眼里的抽象存在。不过要等很久以后，欧文才会有接班人。

大型组织的出现

首先必须发生的是大型组织的出现。1870年前后，大型组织在两个地方同时出现。在北美，伴随着横贯大陆的铁路完工，管理问题浮出水面。在欧洲大陆，"全能银行"（universal bank，以企业为经营目的，以国家为经营范围，有多个总部）淘汰了传统结构和观念，对管理提出了要求。

亨利·汤（Henry Towne，1844—1924）在美国发表论文"作为经济学家的工程师"（The Engineer as Economist），对此做出了回应。汤概述的内容，可以称为第一套管理程序。他提出了基本的问题：效力与效率的对立；工作组织与工厂社群（也就是工人）组织的对立；市场上由消费者确定的价值与技术成就的对立。汤第一个对管理任务与管理工作之间的关系给予了系统性的关注。

在大致相同的时间，德国的乔治·西门子把德意志银行建设成了欧洲大陆顶尖的金融机构，首次设计了一套高效的顶层管理，首次彻底理清了顶层管理任务，首次解决了大型组织里的沟通和信息等基本问题。

在日本，明治时代从政治家转为企业领导者的涩泽荣一（1840—1931），在19世纪七八十年代首次提出了有关企业家和国家目标、企业需求与个人道德之间关系的基本问题。他解决了管理教育系统。涩泽荣一第一个对职业经理人做了设想。日本在20世纪跻身经济领先国家的行列，基本上就建立在涩泽荣一的思想和工作上。

几十年后，19世纪迈向20世纪的转折关头，现代管理的所有主要方法都成形了。这一回，管理的发展仍然是在多个国家独立出现的。

19世纪80年代，美国自学成才的工程师弗雷德里克 W. 泰勒（Frederick W. Taylor，1856—1915）开始对工作进行研究。今天人们贬低泰勒，谴责他过时的心理学，但在人类历史上，泰勒头一个不再把工作视为理所当然，而是观察它、研究它。他对工作的研究方法仍然是基础中的基础。尽管泰勒对待工人的方式显然属于19世纪，但他最初的目标，不是工程的或逐利的，而是社会性的。泰勒开展这一研究的动力，首先是渴望将工人从繁重劳动对身心的破坏中解放出来；其次是希望打破古典经济学家提出的工资铁律。后者是工人陷入经济不稳定、持久贫困的罪魁祸首。泰勒希望，通过提高工作的生产率，让劳动者过上体面的生活（发达国家基本上已经实现这一目标）。

大约在同一时期的法国，亨利·法约尔（Henri Fayol，1841—1925）正负责经营一处煤矿，在当时，它是一家非常大的公司。法约尔第一个想清楚了组织结构，设计了第一套合理进行企业组织的方法：职能原则。在德国，瓦尔特·拉特瑙（Walther Rathenau，1867—1922）早年在一家大公司（相当于德国的通用电气公司，名叫 AEG，由他父亲埃米尔（Emil，1838—

1915）创办，但后来的发展主要由乔治·西门子监管)，他提出疑问："大型企业在现代社会、现代国家里的地位是怎样的呢？它对现代社会、现代国家有什么样的影响呢？它的基本贡献和基本责任是什么？"第一次世界大战之前的岁月，特拉瑙不光首次提出了当前有关企业社会责任的大部分问题，也对其进行了思考。同时，还是在德国，尤金·施马伦巴赫（Eugen Schmalenbach，1873—1955）创办了"经营学"（betriebswissenschaft）的新科目。第一次世界大战前，在"经营学"的名下，人们基本上无意识地发展出了管理科学——管理会计、运筹学、决策理论等。在美国，德国出生的雨果·孟斯特伯格（Hugo Muensterberg，1863—1916）首次尝试将社会和行为科学，特别是心理学，运用到现代组织和管理当中。

第 3 章 | CHAPTER 3

管理：回顾与展望

罗伯特·欧文是 19 世纪的一位管理先驱，时至今日，他的深刻洞察力，他对自己信念的无畏勇气，仍然独树一帜。他还是最"进步的"管理者（150 年前，他在新拉纳克做了一次实验，在短短几年里把一家破产的苏格兰纺织作坊变成了极为成功的企业，并成为人力关系和工厂组织的榜样），堪与如今最优秀的管理人员一较高下。当然，除此之外，还有跟欧文同时代的法国人圣西门，他首次意识到企业家作为财富创造者的重要性。到了 19 世纪的后半叶，日本人赶了上来。虽然他们需要超越西方的技术和经济，却仍希望保持自己古老而丰富的传统社会和文化价值观，于是，日本人第一次认真思考起了管理者的社会责任和职能。最后，到 19 世纪末，美国人亨利·汤开始强调知识创造财富的贡献，以及分享管理经验的重要性。

这些先行者都对后人产生了深远的影响。

可以肯定的是，欧文远远超越了自己的时代，以至于没人仿效他的做法。新拉纳克引起了轰动，却并未变成榜样。有几年，当地成了热门的旅游景点，许多大人物都曾去参观，但笔者从未听说有哪一个商人跑到那儿考察欧文做了些什么。

对比来看，圣西门产生了实实在在的效果。直到今天，欧洲大陆的基本管理哲学和结构都留着他的痕迹，强调"企业家"（承担财务风险）和管理者之间的差异。汤对美国管理和企业的基本结构有着同样深远的影响，他或许只是对既有做法进行了修订，但直到今天，美国的管理结构显然仍反映了汤提出的概念：企业的职能是利用系统化知识，创造经济价值。最后，在所有早期思想家当中，日本人或许有着最重要的影响。他们将一个非西方国家变成了现代的工业化国家，同时仍保持了自己独特的传统和文化。他们不仅打破了西方在经济和技术进步上的垄断地位，还为当今经济爆炸式发展奠定了根基。从很多方面（尤其是构造上）来看，现代世界是他们创造出来的。

不过，这些都是管理的史前时代，无法列入正史。因为所有这些先驱人士都缺乏一样东西，即认识到"管理"是一个独特的领域，"管理"是一种独特的工作，"管理者"是一个独特的群体，有着独特的职能。如今我们读到他们的真知灼见，不免为之惊叹。但我们知道一些他们那时不知道的事情，我们从他们的作品里读到了一些他们本人并未意识到的东西。这些先驱者里的每一个都找到了大块的纯金，但没等意识到它们的价值，就又将之扔到了一旁。

管理的七个基本主题

1910年前后，对管理的新见解、新概念突然出现。在1910～1920年这10年里（第一次世界大战的10年），管理的每一个大主题都鸣响起来。

管理研究和管理的七种基本方法，每一种都是那时提出的。而自那以后我们所做的每一件事，不管是在理论上还是时间上，都只是这些主题的变体和延伸。

管理，作为一种专门的学科，作为一种特定的工作，作为一种具体的社会和经济职能，几乎是在过去 50 年发展起来的。

泰勒的"科学管理原则"出现于 1911 年。一年以后，他到国会委员会发表了著名的证词，把这种技术变成了一种研究工作及其合理组织方式的系统化、有组织化、可教学的方法。几乎在同一时间，伊莱休·鲁特（Elihu Root）重组了美国军队；亨利·法约尔重组了法国矿业公司，确立了一种与泰勒（他研究的是劳动队伍执行的单个任务）恰恰相反的方法。他们对组织进行了系统性研究，以确定组织需要执行什么任务。也是在大致相同的时期，以施马伦巴赫为代表的德国人，建立了"经营学"，即对构成企业整体经济结果的个别交易进行系统化研究。

这三种方法都是孤立地看待企业及其管理。但就在 1910 年的下一年，我们又首次发展出从社会和经济角度考察企业及其管理的方法。1911 年，也就是泰勒的《科学管理的原则和方法》（*Principles and Methods of Scientific Management*）问世的同一时间，奥地利的熊彼特（Schumpeter）出版了《经济发展理论》（*Theory of Economic Development*），第一次提出了管理者在当代不断发展的经济中的职能问题，这本书甚至预见到了创新、市场营销和长期规划等新近的"发明"。第一次世界大战前几年，德国的瓦尔特·拉特瑙首先注意到了大型组织对现代社会的影响，以及当代社会的管理责任。到第一次世界大战快结束时，美国的亨利·甘特（Henry Gantt）再一次重复了特拉瑙关注的问题。

工厂群体以及产业组织中的个体问题，属于第一批出现的管理主题，也是罗伯特·欧文最关心的事情。然而，它却是现代管理思想最后才动手处理的问题。直到第一次世界大战后它才由当时仍在澳大利亚的埃尔顿·梅奥（Elton Mayo）再度卓有成效地提了出来。

自此以后，这些主题就成为管理的重大主题：

- 对工作的系统化研究
- 对组织的系统化研究
- 对努力和成果的系统化研究
- 管理和企业经济学
- 管理分析，即管理会计
- 管理的社会地位和责任
- 工业社会中人与人之间的关系以及个人在工业社会中的位置

新　主　题

这些方法中的每一种都是独立发展起来的。从本质上讲，它们如今也都保持了相对的独立。它们都有了很大的进步，尤其是在过去 10 年。

这些不同的方法还能够维持更长时间吗？又或者，我们会很快达到迄今为止尚未达到的地步：将管理统一成一门学科？

毫无疑问，我们必须尽快学会将这些不同的方法看成同一套工具箱里不同的工具，每一种都是完成工作所必需的东西，而不是将之看成不同的学科、不同的观点。

所以，每一名管理者，以及每一名渴望成为管理者的学生，最好是学会使用所有这些管理方法。

但如今也出现了一些新的任务，先驱们开发的工具不够用，甚至不再适合。这些任务是哪一些呢？我们可以将之概略地做个分类。

高层管理的问题：开始探索

首先，我们突然发现自己面临着这样的现状：将高层管理视为理所当然，却知之甚少。

其实，有关我们对高层管理的认识，即我们对企业及其管理的统一、判断和决策机构的认识是更加混乱的。传统方法关注的是经济和社会中企业的职能（特拉瑙对企业社会责任感的关注，或熊彼特对管理和企业经济学的关注），它唯一看得到的东西就是高层管理。实际上，它甚至把企业本身看作高层管理的延伸。如今我们知道，事情并非如此简单。哪怕是一家小企业的组织，也远远不止是高层管理的延伸。例如，我们知道高层管理决策职能的基本问题，不是做决策本身，甚至不是得到有关决策的"事实"，而是如何让决策在组织上下贯彻始终。

但另一方面，孤立地解决企业和管理的方法，即可追溯回泰勒、法约尔和施马伦巴赫的方法，又完全看不到高层管理。这些方法是静态的，就像是把玻片里夹着的静态细胞组织放到显微镜下观察一样。当然，这些方法由此获得了强大的分析力。但这也意味着它们无法区分什么相关什么不相关；不知道事关企业生死的决策有些什么区别，也不知道哪些决策与边际效率有关系。这些方法非常正确地指出，极小、极难以观察到的操作故障会让哪怕是十分健康的组织倒闭。但它们完全忽视了一点：就算是其他所有功能完全正常的组织，若是没有一套独立的、有效的管理机构，也不可能存活，更不可能正常运作。换句话说，它们没有看到高层管理。

企业顶层人员的职能、组织和工作，在管理上尚是一片未开拓的大陆。

与此同时，它又是我们在实践和理论中要面对的最关键的问题。毫无疑问，对我们知识现状感到不满是有着充分理由的。至少，据我所知，在任何地方，不管是美国、欧洲还是东方，大型组织的高层管理无一不对我们当今的所知所为不断重组、不断质疑、不断感到不满。

高层管理有一个问题尤其重要：如何选拔现任高层管理人员的接班人。正是因为管理的巨大成功，这才成了一个至关重要的问题。正因为有了这样的成功，大公司的高层管理才成了一种社会和经济资源，有着远超具体公司的权力。这些问题牵扯到的东西，远远比股东的红利、股票的价格甚至公司员工的工作更多：谁会接替现任的最高管理者？应该用什么样的标准、由什么人来选拔接任者？使用什么方式、通过什么样的流程来选拔？如果发现继任者不合格，谁对他们负责？谁来撤他们的职？面对这些问题，不管是在管理实践还是管理理论中，恐怕没有任何人能给出满意的答案。

内部问题

接下来的一类任务解决的是企业和管理的基本内部问题。首先，我们越来越意识到"是否具备管理性"的问题。

很有可能有些企业规模太大、太过复杂，超过了管理的极限。企业的信息组织和决策系统、系统化的业务研究、大企业内部自治小单位的系统化组织等新发展或许能将这种极限推得更远些，但最终的极限恐怕还是存在的。

此外，还有一个问题：是不是每一种活动、每一种业务都真正属于大企业？

企业只是现代社会下成长起来的诸多权力中心的一支而已。现代政府和工会早就是主要的权力中心了。但企业不同的地方在于，有大大小小诸多单位同时存在、运作和竞争。

这显然是一种独特的优势：有助于维护社会的自由，实现一个不因大多数赤贫者与极少数暴富者之间必然爆发的阶级战争而破灭的社会。但我们必须知道，什么样的活动最适合在大企业内部进行，什么样的活动交给小企业更合适。这同样是一个"是否具备管理性"的问题。在这方面，我们到目前为止也只能提出问题，但无法确定地定义它，更不可能回答它。

另一个主要领域是决策。过去30年，决策已成为管理研究和思想的核心焦点。有史以来第一次，我们相信可以在一定程度上做出理性决策。最起码，我们可以定义决策中的非理性因素了。

我们面前仍然摆着一个问题，一个无法用任何传统管理方法来解决的问题，也就是如何在"决策"之间进行区分。我们不会把"2+2=4"说成决策，而是叫它"正确的答案"。在现代决策理论（尤其适用于管理决策）中，我们说到"决策"的时候，都指的是只存在唯一正确答案的情况。如果要做的工作就是恢复或维持预设水平上的运作，这种答案是合用的。这些就是常规决策，我们都懂。但我们之所以理解它们，正是因为它们并非决策。

接下来的一类决策，我会称为管理决策，因为它涉及现有资源尤其是人力资源的分配。这里没有正确答案。换句话说，这类决策存在风险。但这里仍存在一定范围内的最佳解决方案，有着确定或平衡的风险。显然，所有关于库存水平或库存分配的"决策"，是量化"管理科学家"最喜欢的练习题。这些决策同样并非真正的决策。通常，它们也不是事关企业生死的决策。

对于最后一类决策，也就是企业决策，我们了解得很少。这里显然没有正确答案。它甚至没有一定范围的最优解。它只与承担合适风险的能力相关，换句话说，也就是创新的能力，改变趋势而非紧跟趋势、预测趋势的能力。它同样要求严格谨慎的精神纪律。但它也是一种非常不同的决策，需要非常不同的"事实"，有着与常规决策或管理决策非常不同的影响。它是唯一真正关键的决策，其目的不是消除风险，甚至不是将风险最小化，而是让企业能够承担更大的合适风险。

最后，就在企业基本内部任务这一领域，我们还必须将涉及事情的"管理科学"与涉及人的"管理科学"结合到一起。除非我们能把对客观事物（物理或经济现象）的认识，以及对人及其发展、需求、渴望、尊严和个性的理解与关注，融入同一种分析过程、同一套思想概念、同一种决策行为，否则管理这门学科就无法成立。我们不能再将两者分开，不考虑是什么人在应用数据、为什么而应用，就直接把数据输入电脑。反过来说，不参考经济上的客观贡献和表现，我们不可能透彻地思考个人在组织中的作用、职能和位置。但到目前为止，我们还无法把两者结合起来，两种方法仍然是独立的，甚至互不兼容。

社会和政治问题

企业与管理的社会及政治问题提出的全新重要任务，需要一套统一的方法。

过去30年，亨利·汤在一个世纪前的深刻见解（知识是创造财富的资源）孕育出了果实。在每一个地方，受过专业训练的人，不管从成本、数量还是贡献上看，成为真正的"劳动力"。过去的"劳动者"（也就是欧文首先给予关注的群体，泰勒最先对其工作进行了分析）正迅速成为现代工业的过去式。工作，正越来越多地由高学历人士完成，他们贡献自己的知识，靠自己的头脑来干活。

我们仍然倾向于认为，工业社会存在两个阶层："管理者"和"工人"。这种想法不光危险，而且还正迅速走向彻底荒谬。在现代工业社会中，大多数人在本质上是专业人士，他们工作时虽并非管理人员，但也绝非体力劳动者。他们是受雇的中间阶层，认为自己是"管理层的一部分"，对上没有"管理者"，对下没有"工人"，他们丝毫也不认为自己是"无产者"，更不认为自己受了"剥削"。

这是 20 世纪的社会现实，也是它的社会问题。从经济上看，这些人已不再成问题。从这个意义而言，我们可以说，我们已经克服了 19 世纪的"社会问题"。至少，我们知道，19 世纪的社会问题，用 19 世纪的任何处方都解决不了。但通过 20 世纪独特的经济发展处方（对知识以及掌握知识用于工作的人进行高度投资），它可以得到解决。

然而，对这些人的位置，我们还没有完全理解。我们也不知道如何管理他们，就是说，怎样让他们把知识、努力和贡献有效地完全发挥出来。管理学的奠基之父们几乎没人预见到这个问题，因为这个问题出现在他们大获成功之后。成功带来的问题往往比他们解决过的问题更为艰巨，至少是更为微妙。

工业社会的社会结构发生如此巨大的转变，还带来了一个同样重要的后果。"生产力"开始出现了不同的含义，要求使用完全不同的方法和概念。尤其是在过去 15 年，我们在世界各地都有过大量的"生产力中心"。从现在开始，我们需要更多的"效益中心"，也就是有组织地努力让新型工人、知识工人、受雇的中产阶级专业人士发挥出全部的效率和生产力。

这也是一项对工作进行分析、仔细研究的任务。但这里的"工作"与从前不同，使用的方法和工具也必然改变。体力劳动者的生产力，靠的是对其任务和动作加以组织，提高单位小时（或单位成本）的产量。可对"知识工人"来说，问题不完全在于他们生产了多少，更在于他们是否将注意力放在了正确的"产品"上。知识工人的经济贡献，特点是效益而非效率。而且，知识工人的效率，不仅是让一个人做更多的问题，更是要让整个群体做得好。这些都是新的东西。到目前为止，不管是美国人、俄罗斯人还是欧洲人、日本人，都不知道怎样做到这一点。

面对工业社会里典型的、特征性的、创造财富的工作，我们眼下所处的位置，正如泰勒之前人们面对体力工作一样。我们需要一位新的泰勒（当然，他得是一位相当不同的泰勒，不再用工程师的思维把人类看成精心设计的机械工具，而是"系统思想家"，把群体内的人看成整体里活生生的有机结构，从而实现整体的效力），着眼于有效地去做真正重要的事，而不是把时间和精力消磨在对绩效与成果无所助益的事情上（无论做得多好、多高效）。这是我们的一条重要前线。

管理职权的问题

接下来是管理合法性的政治大问题。管理的职权是以什么为基础的？管理并不以剥削和压迫为基础，也无须如此。但领导团队仅是不剥削、不霸占还远远不够，它的权力需要有立足的基础。它需要一套责任准则，并以问责为焦点。

现代工业中到底所有权和控制权是分裂的，还是所有权在实质上仍享有控制权，这其实并不重要。重要的是，管理作为一项职能，已经与法定的财产所有权脱离了。不管企业是个人所有、政府所有，还是数百万匿名的股东所有（通过保险政策或未来的养老金分摊持股），管理都必须站在企业而非业主的利益上专业地、客观地履行职责。管理层到底有多大的权力也并不相关。毫无疑问，哪怕在最严谨的管理职权和责任阐释中，管理层也必须掌握可观的职权才能履职。

这种权力必须始终扎根在社会价值、道德概念和理性问责当中，才能成为在社会和政治上具备合法性的权力。我们需要管理，这一点已经没有争议。我们也知道，管理层只是现代社会中一群拥有权力的人，这与30年前形成了鲜明的对比，当时管理界的共同看法是，管理层应该也能够是"权力精英"。

但我们不知道，管理的职权应该怎样扎根，怎样加以限制，又如何确定这些限制。这是一项有待管理专业的学生们去解决的核心任务。从本质上看，这项任务属于政治理论的范畴，但若是不掌握充分的管理知识，不理解它的关注点、职能、经济、组织和哲学，就不可能解决它。

管理界的宇宙大爆炸

70年来，我们一直采用独立而分离的方法研究管理。为什么现在不能再这么做下去了，或者说，为什么再这么做下去是徒劳无益的呢？这里有一个完全不同但或许更令人信服的理由。管理成为世界性的现象。而最需要管理的，恰恰是没有管理传统的国家，也就是"欠发达"国家（以非西方传统、非欧洲人口的国家为主）。

在西方，管理是经济发展过程中相对较晚发展起来的职能和机构。自然，对这种职能的意识，以及"管理者"领导群体都出现得很晚。然而，在"欠发达"国家，管理是发展的核心资源，管理者是发展的核心动力。

管理作为一种超越国家的职能和学科，可以追溯到很早以前。60多年前，第一次世界大战结束后，从矿业工程师变成政治家的美国人赫伯特·胡佛（Herbert Hoover），以及从哲学-历史学家变成政治家的捷克人托马斯·马萨里克（Thomas Masaryk），携手创办了国际管理运动（International Management Movement）。

但从本质上说，直到最近，人们仍把管理视为只存在于"发达"国家的一种现象。而且，基本上除了日本，管理似乎仅仅局限在"西方"世界，就是欧洲各民族居住的国家。

自不待言，今天的情况早已不是这样。这或许是管理短暂历史上最了不起的事情。它也对我们的管理知识、对管理人员的专注提出了极大的需求。

过去70年，是管理问世的最初70年，在此期间，我们发展出了对这门学科、这一职能和这份工作的认可，确立了培养理性认识和专业能力的第一批方法。还是在这一时期，我们发展出了管理教育。事实上，第一所叫作"工商管理学院"的学校，即哈佛商学院，马上就要迎来自己 70 岁的生日了。

至此，管理的童年和青春期到了尾声。不出意外的话，人类的期待会不断上涨，吞没整个世界，由此带来的巨大挑战要求我们将管理的方法统一起来，发展出一种可以学习、传授，以及更重要的，供人敬仰、给人鼓舞的东西。

"管理"是促成经济和社会快速自由而有尊严发展的催化剂。但与这种发展相对的，不再是不曾发展、偶尔才能窥见人类自由与尊严的原始社会，而是通过恐怖，通过暴政，通过把人贬低成庞大社会机器里的无名小卒，实现经济快速发展的道路。

全球范围内的经济发展呼声，在很大程度上是要衡量管理的成就。这一成就也改变了管理，改变了管理要履行的任务。人们现在需要的，光靠卓越的技术已经无法满足了，但光靠人际关系的道德责任同样无法满足。从现在起，"管理科学""科学管理""管理经济学"和"人际关系"，必须在理论上成为整体，也必须在管理的实践中成为整体。

第4章 | CHAPTER 4
管理的维度

商业企业以及公共服务机构是社会的器官。它们不是为了自己而存在，而是要满足特定的社会目的，满足社会、社区或个人的特定需求。它们本身不是目的，而是手段。对它们而言，正确问题不是"它们是什么"，而是"它们应该做什么，它们的任务是什么"。

反过来，管理是机构的器官。它的功能不来源于自身，事实上，它也不是为了自身而存在的。脱离了效力的机构，管理也就不再是管理了。

人们说"官僚作风"的意思是，管理错误地把自己当成了目的，而把为之效力的机构当成了手段。这种批评说到了点子上。这是管理层，尤其是无须经受市场考验的管理层，很容易沾染的退行性疾病。避免患上这种病，治愈它，或者至少阻止它，是所有卓有成效的管理者的第一要务，也是所有高效管理手册的第一要务。

接下来的问题才是"什么是管理"。首先，我们必须通过管理的任务来定义管理。

管理必须执行这三项任务，才能让自己负责的机构正常运作，有所贡献。管理的这三项任务同样重要，但有着根本的不同：

- 完成所属机构（不管是企业、医院还是大学）的特定目的和使命
- 让工作富有成效，让工人自我实现
- 管理社会影响和社会责任

目的和任务：第一重维度

一个机构是为特定的目的和使命、特定的社会功能而存在的。对企业而言，这意味着经济绩效。

企业和非商业机构的第一项任务（绩效任务）有所不同。在其他各项任务上，两者差不多，但企业必须以经济绩效作为自己的特定使命。从定义上看，企业的存在就是为了经济绩效。对其他所有机构——医院、教会、大学或者军队来说，经济都是限制条件。只有对企业而言，经济绩效才是它存在的理由和目的。

本书的重点是企业及其经济绩效任务。尽管它并非社会执行的唯一任务，但却是优先的任务，因为其他所有社会任务，教育、医疗、国防以及知识的进步，都要依靠经济资源的盈余，即利润和其他储蓄，而这又只能依靠成功的经济绩效来生产。我们越是希望其他社会任务得到满足，越是重视它们，对企业经济绩效的依赖就越大。

企业管理必须在每一个决策和行动中把经济绩效放在首位。只有经济结果，才能肯定企业存在的必要性和权威性。如果企业无法产生经济效益，那么企业的管理层就失败了。如果企业不能按消费者愿意支付的价格提供消费者想要的商品和服务，那么企业的管理层就失败了。如果企业不能改善，至

少是维持所持经济资源的财富生产能力,那么企业的管理层就失败了。不管企业有着什么样的经济和政治结构,有着什么样的意识形态,管理始终意味着对利润率负责。

企业管理的第一个定义是,它是工业社会的特定经济机构。管理的每一种行为、每一个决策、每一重考量,都要以经济绩效为第一维度。

富有成效的工作和工人的自我实现:第二重维度

管理的第二项任务是让工作富有成效,让工人自我实现。企业(或任何其他机构)只有一种真正的资源——人。富有成效地使用人力资源,企业才能运转。通过工作,企业才能实现绩效。故此,让工作富有成效是一项重要的功能。与此同时,在当今社会,这些机构日益成为人谋取生计、实现社会地位、融入社群、获得个人成就和满足感的手段。因此,让工人实现自我变得越来越重要,也成为衡量机构绩效的一种指标。它日益成为管理的任务。

按照自身逻辑组织工作仅仅是第一步。第二步也是更为困难的一步是,让工作适合人类,因为人类的逻辑和工作的逻辑完全不同。让工人自我成就,意味着把人当成有机体来考虑,看到他们独特的生理和心理特点,有着独特的能力、局限性和行为模式。这还意味着把人力资源看成人而不是东西来考虑,人和其他所有的资源不同,有人格、有公民意识,他们能控制自己是否去做工作、做多少、做多好。因此,人也就需要责任、动机、参与感、满意度、激励和奖励、领导权、地位和职能。

管理,只有管理,能够满足这些要求。对员工而言,不管是负责机器的工人,还是执行副总裁,都必须通过工作上的成就(在企业内部)来满足,而管理正是企业内部的激活器官。

社会影响和社会责任：第三重维度

管理的第三项任务是企业的社会影响和社会责任。放眼我们所有的机构，没有任何一种是为了自身而存在，自身就是目的的。每一种机构都是社会的器官，为了社会而存在。企业也不例外。光是擅长经商，并不是自由企业存在的正当理由。只有对社会有益，才是它存在的正当理由。

古罗马时代之后出现的第一家新型机构，也是西方的第一家机构，是6世纪的本笃会修道院。不过，它的创立不是为了社区和社会服务。恰恰相反，它专为自己的成员服务，帮助他们实现自我救赎。因此，圣本笃把修道院从人类社会转移到了荒郊野地。他并不特别担心修士们屈服于世间的诱惑。他看到了一种更大的危险：他们关心社会，为社会承担责任，努力为善，被迫发挥领导职责。

和本笃会修道院不同，今天我们的每一家机构，存在的目的都在自身之外，是为了供给并满足成员之外的人。企业的存在是为了向客户提供商品和服务，而不是为员工和管理者提供工作，也不是为了向股东提供红利。医院不是为了医生和护士存在的，而是为了患者存在的，患者唯一的愿望就是治好病，离开医院，再不回来。学校不是为了老师而存在的，而是为了学生存在的。管理若是忘记这一点，就是管理失当。

故此，没有任何机构能够脱离社区和社会存在，本笃会修道院尝试过，但并未成功。在心理上、地理上、文化上和社会上，机构必须是社会的一部分。

为了履行任务，生产经济的商品和服务，企业必然会对人、对社区和对社会产生影响。它必然掌握着对人（员工）的权力和权威，而人的目的和目标并不由企业所限定。作为邻居，它必然影响到所在的社区，它是社区的就业岗位和税收来源，但也是报废产品和污染物的来源。在我们的多元化组织社会里，它必然越来越多地在基本关注点里加入对生活的数量（经济的商品和服务）和生活质量（现代人及现代社区的物理环境、人性环境和社会环境）的考量。

管理的这一维度，是所有机构管理者工作中所固有的内容。大学、医院和政府机构同样具有影响和责任，而且，和企业相比，它们的认识远远不足，对自己的人事、社会和社区责任也考虑不足。然而，越来越多地，我们会期待企业管理在生活质量方面做出领导姿态。所以，管理的社会影响，成为管理的第三项重要任务，也是第三重主要维度。

这三项任务必须在同一时间、同一管理行为中完成，甚至不能说哪一项任务占主导地位，需要更多的技能或能力。诚然，企业绩效是第一位的，它是企业的宗旨，是企业存在的理由。但如果工作和员工管理不当，就不会有企业绩效，不管首席执行官多么擅长管理业务。管理不当的工作和员工实现的经济绩效是幻觉，即使在短期内也会对资本有破坏性作用。这样的绩效会把成本提高到让企业不具竞争力的程度；它造就阶级仇恨，引发阶级斗争，使得企业最终完全无法运营。最后，对社会影响管理不当，会破坏社会对企业的支持，最终破坏企业本身。

这三项任务，每一项都有优先地位。管理企业摆在优先位置，因为企业是经济机构，但让工作富有成效、员工自我实现同样重要，因为社会不是经济机构，它期望管理实现自己的基本信念和价值观。管理企业的社会影响十分重要，因为任何器官都不能脱离自己效力的肢体存在；企业是社会和社区的器官。

在这些领域，除了整个企业（或者大学、医院和政府机构）的行动和结果，没有其他的行动和结果可言。没有所谓的"功能性"结果和"功能性"

决策，只有企业投资和企业风险，企业利润和企业损失，企业作为或不作为，企业决策和企业信息。排污的不是一家工厂，而是纽约爱迪生联合电气公司，是联合碳化物公司，是造纸行业，或是市政排污管道。

不过，工作和努力总是具体的。故此，绩效的现实和工作的现实之间存在一种紧张态势。要解决这种紧张关系，或至少让之具有生产力，是永恒的管理任务。

时 间 维 度

每一个管理问题、管理决策和管理行为中都永远存在一项复杂因素——不，准确地说，这是管理的第四项任务，也是又一重维度：时间。

管理总是要同时考虑现在和未来，同时考虑短期和长期。如果用危害企业长期健康甚至牺牲企业未来生存的方式换取短期利润，管理的问题就并未得到解决。为了宏伟未来就牺牲当下，这样的管理决策是不负责任的。卓越的管理领导者经营公司时实现了惊人的经济效益，但等离任后，公司什么也没留下，反倒变成了一艘即将沉没的废船——这样的例子太常见了，也是不负责任的管理行为的例子，未能平衡现在和未来。眼下的经济效益其实是虚幻的，是通过消耗资本来实现的。只要现在和将来无法同时满足，不能统一或者平衡两者的要求，创造财富的资源（资本）就会受到威胁，遭到损坏或摧毁。

今天，我们特别关注时间维度，是出于短期经济决策会对环境和自然资源造成长期的影响。但各个领域都存在今天和明天的协调问题，尤其是在涉及人的领域。

时间维度为管理所固有，因为管理注重的是行动决策。行动总是以未来结果为目标的。凡是负责行动的人（而不是致力于思考或认识的人）都需要着眼于未来。

时间维度对管理工作尤为重要，又尤为棘手，原因有两个。从经济和技术进步的本质上来看，修成正果、验证决策的时间跨度正慢慢变长。19世纪80年代，爱迪生用了两年多时间开办实验室，验证自己的想法，并着手试运营；今天，爱迪生的接班人大概需要15年时间完成相同的努力。50年前，新开张的工厂预计两三年就能收回成本；今天，每名工人的资本投资是1920年的20倍，工厂的投资回收期一般是10～12年。人力组织，如销售团队或管理团队，可能要花更长的时间来建设，要用更长的时间收回成本。

时间维度的第二个独有特点是，管理（几乎也只有管理）必须同时活在当下和未来。

军事领袖也知道这两种时间，但传统上，他很少会同时生活在两种时间之下。在和平时期，他不需要知道"当下"，当下只不过是为未来的战争做准备。而在战争中，他又基本上只知道"当下"。"未来"就在不远处：他只关心打赢眼前这场仗。其他的一切，他都留给政治家。在冷战时期，在临近战争的时期，事情不是这样的，对军事领导危机，以及折磨各军种的士气危机而言，到别国维持和平的警察行动可能是唯一重要的理由了。今天的军队既不处于"和平"状态，也不处于"战争"状态，它处在一种我们所谓的"防御"状态——类似过去"全面战争"状态的准备期，但它的目标不是赢，而是避免实际冲突。因此，传统意义上的军事目标和军事计划不再适用。双方都认为当下和未来之间定会出现尖锐冲突，不再遵循现代政治和军事世界的极度不确定性行事。

但管理必须始终活在两种状态下。它必须让企业在当下正常运作，要不然，企业就不可能在将来正常运作。它还要让企业在将来能实现绩效，有所增长，有所改变。要不然，它就破坏了资本，即明天生产财富的资源产能。

关于未来，我们只知道一件事：它会有所不同。历史上或许有一些宏大的规律、连续性的洪流贯穿始终。但任何机构的管理者都是在有意识决定和行动的时间跨度（也就是以年而非世纪计算的时间跨度）之内腾挪运作的，故此，未来的不确定性至关重要。在这里，长期的连续性无关紧要，只有通过回想，也只有在对历史的沉思里，人才能理解它的来龙去脉。

对管理者而言，未来就是不连续的。然而未来，不管有多么不同，只能从当下前往。跃进未知的步子迈得越大，起跳前的基础就必须越稳固。时间维度为管理决策赋予了独特性质，它是管理者整合当下和未来的行动。

监管与企业精神：另一重维度

管理绩效还有另一重维度。管理者总是要进行监管（administer），他必须管理和改善现存的、已知的东西，但他同时又必须是一名企业家。他必须把资源从处在低位或者结果递减的地方，转移到处在高位、结果递增的地方。他必须摆脱过去，放弃现存的、已知的东西里过时的部分。他要创造明天。管理永远包含两个方面：一方面是充分利用现存的东西；另一方面是创造淘汰现状的不同未来。

在现有的业务市场上，技术、产品和服务都是现成的；设施和设备也都到位，资本已经进行了投资，必须得到"保养"；员工已经招聘上岗等。管理者的监管工作，就是优化这些资源的产出。

经济学家往往告诉我们，这就意味着效率，也就是把现在做的事情做得更好。效率意味着专注于成本，但优化方法应该着眼于效力。效力关注的是产生收入、创造市场、改变现有产品和市场经济特征的机会。它问的不是"我们该如何更好地做这件事或者那件事"，相反，它问的是"哪些产品真正产生了非凡的经济成果""哪些产品有能力产生非凡的经济成果""哪些市场或最终用途能够产生非凡的结果"。接下来，它还会问："为了产生非凡的结果，而不是'普通'的结果（效率只可能带来'普通'的结果），企业应该怎样分配资源和精力呢？"

这并不是贬低效率。就算是最健康、最具效力的企业，也可能因为效率差劲而破落。但如果效率最高的企业把效率用来做错误的事情，也就是缺乏效力的事情，那么它也无法生存，更不可能成功。再高的效率也不能让过时产品的制造商生存下去。

效力是成功的基础，效率则是成功之后继续生存的最低要求。效率的着眼点在于把事情做正确，效力则意味着做正确的事情。

效率关注的是各活动领域投入的精力。然而，效力则首先是要意识到，和其他任何社会有机体一样，在企业当中，10%～15%的活动，即产品、订单、客户、市场或员工，创造了80%～90%的结果；其余85%～90%的活动，不管给予多么高效的照料，除了成本（与交易量，即繁忙度成正比）什么都创造不出来。

因此，管理者的首要监管工作，是让有潜力达到高效率的宝贵核心活动（这一部分的活动非常小）达到高效率。与此同时，他还要抵消（如果无法彻底放弃的话）大量的交易活动：做得再好也无法带来超高结果的产品或员工活动、研发工作或销售工作（不管它们是代表过去已经实现的机会，还是单纯的白白忙活，还是过去未得到实现的机会和期待，即过去的错误）。

第二项监管任务是让所有的业务自始至终地更接近完全发挥潜力的状态。若以潜力为指标，哪怕最成功的企业也大多为低效率运转——所谓的潜力，就是指投入的精力和资源本来能够生产出的最大产出。

这项任务不是创新；它其实是要维持企业的现状，同时问："它的理论最佳值是什么样的呢？什么妨碍了企业达到最佳值？让企业无法将资源和努力完全返还的障碍与限制因素在哪里呢？"

基本方法（列在这里，只是为便于说明）是提出如下问题：在产品、技术、流程、市场等方面做哪些相对较小的调整，就能明显改善或改变这家企业的经济特点和结果（类似现代系统工程师所做的弱点分析）？

举例来说，在钢铁行业，这些弱点（也就是让钢铁行业无法达到理论经济结果潜力的因素）来自现有的炼钢技术：为了让钢铁淬火三次，它要制造三次高温，而产生温度，不管是高温还是冷冻，都是最为昂贵的事情。在大众传播行业，印刷媒体的经济弱点是需要人工派发低价的统一产品，如日报或杂志；电视对大部分产品的影响力很小，但由于它能通过电子管实现大规模传播，每条信息的成本极低（虽说拍摄广告的成本极高，黄金时段播出30秒广告的成本也极高），对大众产品广告而言，经济结果要有利得多。在人寿保险行业，最核心的弱点是单笔销售成本太高。克服这一弱点，更充分地实现业务潜力的办法，是采用统计式销售（消除昂贵的人力销售活动），或者将销售渠道丰富化，比如不只卖人寿保险，还顺道搭售理财规划（以及所有其他的投资手段）。

援引这些例子是为了说明，哪怕相对较小的调整，也不一定很容易做到。事实上，我们说不定根本不知道该怎么做。但由于现有业务基本上仍将保持原样，它们仍然算是较小的调整，只不过能带来不同的经济结果。此外，尽管这些例子清晰地表明，调整需要创新，但它们本身不是创新，它们主要还是对现有业务进行修正。

与此同时，企业精神是管理任务中固有的一环：创造未来的业务。创新是这一任务的内在要求。

创造未来的业务，首先是要坚信未来的业务必然会有所不同，但它又必须从今天的业务出发。创造未来的业务，不可能是天才的灵光一闪。它需要今天的企业员工和经营者进行系统化的分析，付出艰辛而严谨的努力。

企业创业精神所要求的具体工作，是让今天的业务能够创造未来，自己变成不同的业务。而对现在正在运营的业务，创业精神所要求的具体工作，就是让现有的尤其是今天成功的业务保留到将来，并使之继续成功。

也许有人会说，成功不可能永远延续下去。说到底，企业是人的创造物，而人无法永生。就算是最古老的企业，也不过是最近两三个世纪创造出来的。但企业必须超过单个人或单个世代的寿命，才能对经济和社会有所贡献。企业的延续，是核心的企业任务，而让企业获得长寿的能力，或许也是对管理最简明有力的检验。

管理者的工作

上述每一项任务、每一重维度，都有着独特的技能、工具和要求。全面的管理任务，要求对其加以整合，而这也需要特殊的工作和工具。这一工具就是管理，相关的工作则是对管理者进行管理。

这些任务（经济绩效；让工作富有成效，让工人自我实现；管理社会影响和社会责任；在当下和未来的需求之间保持平衡），都是关系到整个公众的事情。管理者要怎么做才能完成这些任务，公众不关心，也不怎么感兴趣。重视绩效是对的，但管理者还必须重视完成自身任务的手段。他们必须关注管理工作，关注管理者的工作，关注管理者所需的技能，也必须关注自己所在的组织。

任何管理书籍，若不首先探讨管理要执行的任务，就是对管理存在错误的看法。这样的书没把管理看成达成目的的手段，而是把它看成独立存在的东西。它们未能理解管理只存在于对绩效的思考当中。它们认为管理是独立的现实，但事实上，管理是一种器官，它的存在、它的身份、它的理由，都来自它的职能。故此，必须把焦点放在任务上。

大多数管理书籍从管理者的工作或者对组织的管理开始探讨管理，这是技术官僚的方法，而技术官僚很快就会彻底退化成官僚主义。技术统治这一套很糟糕，因为，正如本书再三强调的，管理工作、管理任务和管理组织，都不是绝对的，而是由有待执行的任务所决定和塑造的。"结构遵从战略"，这是我们过去20年认识到的一个基本观点。不理解企业的使命、目标和战略，就无法对管理者进行管理，就无法对组织加以设计，管理工作也就无从富有成效。

第 5 章 | CHAPTER 5

管理的挑战

从第二次世界大战结束后到 20 世纪 70 年代初，整个世界经历了被日本人形象地称为"管理热潮"的发展趋势。管理热潮有七个概念基础：①对工作的科学管理，是生产力的关键；②分权是组织的基本原则；③人事管理，是将员工纳入组织结构的有序方式（包括职位描述、评价、工资和薪金管理等内容，也包括了"人际关系"）；④今天培养管理人员，是为了满足明天的管理需求；⑤管理会计是决策的基础；⑥营销；⑦最后，要有长期规划。

在管理热潮掀起前，上述七个概念里的每一个都得到了成功的实践。换句话说，管理热潮对之进行提炼、增补和修正，但新创的部分很少。它使得各地的管理者都接触到了此前一直为少数专家牢牢把持的秘密。它把原来是罕见例外的事情改造成了常规的实践。

基础领域需要新知识

到20世纪60年代末或70年代初，人们清楚地意识到，奠定管理热潮的知识不够用了。就连最为基础的领域，也出现了新知识的需求，尤其是有关生产力、组织设计和结构、人员管理等方面。科学管理再也无法提供更高的生产力了。每一个国家都出现了生产力危机，这导致了严重的通胀压力。

回想起来，有一点变得越来越明显：第二次世界大战结束后西欧和日本出现生产力大发展，管理改善只是一部分原因，主要的原因是大量人口从生产力低下的地区和行业（如西西里岛、西班牙和日本北部山区仅能自给自足的农业）转移到了生产力高的行业。如果没有这样大规模的迁移，这些发展领域的生产力增长可能会相当平缓。但如今，迁徙结束了。西欧对外来劳工的吸收能力显然已经达到了极限。日本留在传统农业里的人口也没有太多了。从现在开始，这些国家要提高生产力，必须靠让现有岗位上的现有工人变得更高产来实现。

与此同时，只能通过提高生产力来满足的经济绩效需求，又在不断上升。例如，人人都"知道"（而且很多人至今仍相信），富裕会极大地减少对经济绩效的需求。一旦我们知道如何生产物资商品，对社会经济功能的需求肯定会减少。可恰恰相反，人类的期待正一天天地高涨。总统肯尼迪在20世纪60年代提出富裕社会这种说法时，脑子里想到的是贫穷地区、世界不发达国家对经济回报和满足的爆炸式需求增长。但富裕也使发达国家剩余贫困人口（不管是美国黑人，还是西西里岛农民）产生了类似的期待高涨。而且，富裕者本身对经济绩效的需求，也增长得比自己实现经济绩效的能力要快。和大众媒体头条新闻说的相反⊖，受过教育的年轻人对传统经济商品和服务的需求并未减弱。此外，他们还对新的服务和新的舒适品（如教育、医疗保健、住宅、休闲等）表现出了贪得无厌的好胃口。

⊖ 这里指的是20世纪六七十年代的嬉皮士返璞归真运动。——译者注

还有一种同样新甚至更昂贵的需求：对清洁环境的需求。直到现在，它仍是一种奢侈品。

这些新的期待和需求，要求大规模的经济努力。它们每一项都要吸取极大的经济资源，它们每一项都建立在实现前所未有经济盈余的前提下。换句话说，为了满足这些需求，必须让生产力达到更高的水平。

我们知道需要怎么做。首先，传统方法只侧重于一个生产力要素：劳动力。但生产力是生产三要素结合起来的总产出：土地、劳动力和资本。就算只看劳动生产力，我们也只迈出了第一步：对工作的单个环节进行分析。我们需要了解生产的原则，这样才能把工作变成一个最具生产力的流程。我们需要协调工作和工人的不同要求与逻辑。

超越分权

在适合的情况下，分权是最佳组织设计原则。但分权适用的范围是非常严格的，它只适合自己当初为之设计的那些业务，即有着不同产品线、不同市场的制造业。对非制造企业，它很难完美适合，甚至说不上恰当。并且，它不适合加工业的制造企业（如铝或钢），这些行业采用同样的流程生产各种产品，市场又高度重合。

有了这些经验，我们开始寻找新的设计原则（迄今为止基本上仍在尝试）：项目小组；模拟分权；系统组织。到目前为止，这些尝试还差强人意。但它们的出现，证明对新的组织设计模式有巨大的需求。

我们知道，管理热潮中采用的一般模式只是一种片面的模式，事实上也不再是主流模式。从各方面看，管理热潮是以制造企业内的工作为基础的，这些企业基本上有一种产品或一条产品线，进行全国性市场经营并主要雇用体力劳动者。换句话说，整个模式来自通用汽车公司。

有待管理、组织的主流机构，甚至在商业领域也一样，越来越多地不再是制造企业，不再是只在一个国家或一个市场单独运营的单一产品企业，不再是主要雇用体力劳动者的企业。它们是来自服务行业的企业，如银行或零售企业，也有医院和大学等非商业机构。它们有着多样化的产品、技术和市场。它们是跨国企业。核心人力资源也越来越多地不再是体力劳动者（熟练工或不熟练工），而是知识型员工：公司总裁（同时也是计算机程序员）、工程师、医疗技术人员、医院管理人员、销售员和成本会计师、教师，以及整个受过教育的被雇用的中产阶级（它已成为每一个发达国家的人口重心）。换句话说，过去的模式越来越边缘化了，但眼下我们还没有找到新模式。

从人事管理到人的领导

最后，我们知道，我们还必须超越人事管理。我们必须学习如何领导人，而不是压制他们。

我们的传统方法可分为三类。一部分是慈善性质：对那些没法照料自己的人，照料其需求、住房、医疗保健和福利。传统方法的一部分又是程序性的：以有序的方式处理与受雇者有关的常见琐事。最后一部分，传统方法基本上是以预防和解决麻烦为目的的，也就是说，它们把人视为潜在的威胁。

传统方法是必需的，可光有它们还不够。除了它们，我们必须学会把人看成资源和机会，不再视为问题、成本和威胁。我们必须学会领导人而不是管理人，指引人而不是控制人。

新 需 求

虽然在重要领域，原有的方法和知识已经过时了，可在管理热潮开始的时候，几乎没有人意识到全新领域里出现的需求，更没有人研究。新的发展对管理热潮赖以为根基的若干基本假设（也就是20世纪里所有管理著作的立足假设）提出了怀疑，并对新的愿景、新的工作和新的知识提出了要求。

企业家型管理者

75年来，管理的主要意思就是管理现存的、持续的业务。虽然许多管理书籍中提到了企业家精神和创新，但从1900年至今，都并未被视为核心内容。从现在起，除了对现存业务进行优化，管理还必须更多地着眼于创造新业务。管理者必须成为企业家，必须学会建立和管理创新型组织。

我们面临着一个创新的时期，就与19世纪后半叶现代工业经济诞生时一样。从美国南北战争结束到第一次世界大战爆发的50年间，平均每隔15～18个月，就会出现一项全新的重大发明。每一项发明又都催生出新的业务和新的产业。基本上，我们如今视为"现代"的所有行业，包括飞机和电子产品，都脱胎于19世纪末和20世纪初的这些发明。第二次世界大战后重建时期的经济发展，主要由第一次世界大战爆发后充分发展起来的技术推动，也由四种建立在这些技术上的主要行业所推动，它们分别是钢铁、汽车、农业科学和有机化学。现在我们面临着另一个重大技术变化时期，经济和工业发展的动力，便将建立在这些20世纪的新技术及其发展之上。

和19世纪末形成鲜明对比的地方是，大部分的新技术从现存的业务中发展起来，并且应用其中。19世纪末，新发明的原型靠的是发明家，如爱迪生或者亚历山大·格雷厄姆·贝尔（Alexander Graham Bell）——自己动手做出来，顶多再来上几名助手。一旦发明得到成功应用，会非常迅速地带出新的企业。可企业并不一定需要创造发明。而如今，我们越来越多地要指望现有的大企业进行创新，原因很简单：发展新技术需要训练有素的人员和资金，而它们往往集中在现有的大企业里。所以，管理必须学会在同一时间经营现有的管理型组织和新的创新型组织。

对社会创新的需求可能比对技术创新的需求更甚。在社会和经济变化及发展中，社会创新所发挥的作用跟技术创新一样大。我们社会的需求（在全世界 2/3 的贫穷地区实现快速的社会和经济发展的需求，需要大城市，需要环境，需要教育和医疗保健领域的生产力），都是企业和企业管理者进行社会创新的机会。它们是企业家的机会，既对管理的知识、技能和绩效提出了挑战，又创造了需求。

跨机构管理

管理热潮是企业管理领域的热潮，20 世纪的大多数管理工作也集中在管理企业方面。

可是，现在我们知道，我们所有的机构都需要管理。

前几年，这种说法还是异端邪说。当时，人们认为经营企业和管理公共服务机构（如医院等）完全是两回事。机构的使命和目的确实存在基本的区别。要治疗公共服务机构的管理弊病，让它的管理变得更像"公司"绝不是个好主意。但投资银行需要的管理，同样有别于钢厂或者百货商店需要的管理。而且，公共服务机构的管理者和企业管理者都面临着相同的任务：履行机构存在所效力的职能；让工作富有成效，让员工自我实现；管理机构的社会影响，承担它的社会责任。这些是管理任务。公共服务机构同样面临着创新的挑战，必须对发展、多样性和复杂性加以管理。此外，如前文所述，我们还知道，让非商业性质的服务机构变得可以管理，并为了绩效进行管理，是一项核心的管理需求。

知识与知识工人

未来数十年，发达国家的一项主要管理任务就是让知识富有成效。体力劳动者属于过去。在这条战线上，我们能做的一切，就是最后一搏。发达经济体的基本资金来源、基本投资和成本中心，是将自己接受的系统教育（概念、观点和理论）付诸工作的知识工人，而不再是用手工技能或肌肉干活的人。

泰勒把知识应用到工作当中，让体力劳动者获得了生产力。他的工业工程师是制造行业里雇用的首批知识工人之一。但泰勒本人从来没有这么问过："应用'科学管理'的工业工程师，他的'生产力'是由什么构成的呢？"泰勒工作的结果，使我们可以定义体力劳动者的生产力，但我们无法回答什么是工业工程师，或者其他任何知识工人的生产力。每小时生产多少件产品，或是每美元工资生产多少件产品，可以用来衡量体力劳动者的生产力，但这种尺度用到知识工人身上就不相干了。工程部迅速、勤勉、简洁地画出了产品图纸，可产品却滞销，再没有什么事情比这更没用，更不具生产力的了。换句话说，知识工人的生产力主要与质量有关。

有一件事很清楚：让知识富有成效，会在岗位结构、事业生涯和组织上带来剧烈的变化，就像科学管理应用到体力工作后给工厂带来剧烈变化一样。初始岗位（也就是把受过正规高等教育的人最初引入成年人工作世界的岗位）必须大幅调整，好让知识工人变得富有生产力。因为大家都很清楚，除非知识工人认识到自己是什么人，自己适合干什么工作，怎样才能最好地工作，否则知识就无法变得富有生产力。知识工作的规划和实践是不能分离的。而且，知识工人必须能够自己进行规划。总体而言，当前的初始岗位做不到这一点。它们的立足假设，在一定程度上对体力工作成立，但对知识工作却极不恰当。它们认为，工业工程师或研究工作的专业人士能够客观地判断哪一种工作最适合采用怎样的方式。对知识工作来说，这不对。最佳工作方式或许的确有，但在很大程度上，它受当事人的限制，并不完全由工作的物质或心理特征决定。而且，它变化无常。

跨国和跨文化管理

企业管理需要跨国化。从经济上看，世界尤其是发达国家，正逐渐变成统一的市场。欠发达的贫穷国家和发达国家的区别，只在于前者无力负担自己想要拥有的东西。从需求、欲望和经济价值方面而言，整个世界不管在政治上多么分裂，都正在变成一个全球性购物中心。故此，能超越国界，优化生产资源、市场机会和人才的跨国企业，成了对经济现状正常而且也必要的回应。

这些发展给管理带来了远超前代的复杂性。管理是一套关于价值观与信念的文化及制度。它也是一种手段，特定的社会通过它来让自己的价值观和信念富有生产力。当今文明正迅速世界化，而文化则要表达不同的传统、价值观、信念和遗产，我们可以把管理看成两者之间的桥梁。管理必须变成这样一种工具：通过它，让文化多样性为人类的共同目标效力。与此同时，管理的实践，越来越不受一国文化、法律或主权所限制，而成了跨国现象。事实上，管理逐渐成为世界经济的一种（到目前为止，也是唯一一种）制度。

我们现在知道，管理必须让个人、社区和社会的价值观、抱负与传统变得富有生产力，才能实现人类共同的生产目的。如果管理没有成功地把一个国家、一个民族的具体文化传统运用起来，那么就不大可能实现社会和经济发展。这是日本带给我们的宝贵教训。一个世纪前，日本将自己的社区和人类价值观传统应用到了现代工业化国家的新目标上，这一事实解释了日本的成功。我们必须把管理看成科学，也要把它看成人文学科，既对可客观测试和验证的发现进行陈述，也是一种信仰和经验系统。

在单个国家，尤其是发达国家内部，企业正迅速丧失特殊地位，因为我们意识到，它是一种典型、普遍的社会形态的雏形，即所有需要管理的有组织机构的雏形。然而，跳出国界看，企业却又正逐渐获得它在发达国家里不再具备的特殊地位；跳出国界看，企业正迅速成为例外，它是唯一表达了世界经济现实，也表达了全球知识社会现实的机构。

我们要学会在同一个机构、同一种管理中协调跨国管理统一性（共同的世界经济体）的需求以及文化多样性的需求。

管理和生活质量

因为我们的社会正迅速成为组织的社会，所有的机构，包括企业在内，都必须学会为生活质量负责，以满足基本社会价值观、信念和宗旨作为持续正常活动的一个主要目标，不再认为社会责任限制了自己的正常主要功能，不再认为社会责任是自己正常主要功能之外的东西。机构必须学习让生活质量与自己的主要任务相适应。对企业而言，这就意味着管理必须把实现生活质量视为一种机会，可以转换成有利可图的业务。

这将越来越多地适用于个人的圆满。组织是当今最明显的社会环境。家庭固然重要，但它是私人的，而非社群的。社群越发融入组织。管理的任务，就是让个人的价值观与雄心为组织的能量与绩效做贡献。仅是满意（就像传统的劳资关系或人际关系那样）还不够好，因为满意仅仅是没有不满罢了。或许可以说得再强烈一些，未来 10 年，我们有可能不再看重管理者的培养，因为这是让个人适应组织需求的手段，我们会更看重让组织适应个人需求、愿望和潜力的管理培养。

我们还知道，管理造就经济和社会发展，经济和社会发展是管理的结果。

如果我们只贡献了生产的经济因素，尤其是资本，那么我们并没有实现发展。一产生管理能量就带来迅猛发展的情况是很少的。换言之，发展事关人类的能量，不仅仅关系到经济财富。产生人类能量并给予指引，是管理的任务。管理是原动力，发展是结果。

不过，比新任务更为重要的，恐怕还是管理的新角色。管理正迅速成为发达国家的核心资源，也是发展中国家的基本需求。管理和管理者从企业（社会经济机构）的特有职能，日益变成了发达社会的独特器官。故此，管理是什么，管理者要做什么，逐渐成为公共关注的事情，而不再只是专家的事情。管理除了要完成可测量的结果，也将越来越多地关注基本信念和价值观的表达。除了生活水平，它还将越来越多地代表社会的生活质量。

许多管理新工具、新技术的用途，我们还有待学习。前面还有大量艰巨的新任务。但对管理而言，最重要的变化是，发达国家的社会抱负、价值观和根本生存，都逐渐依赖管理者的绩效、称职能力、热心程度和价值观。下一代人的任务，是为了个人、社区和社会，让全新多元化社会下的全新组织机构富有成效。这是管理的首要任务。

2

第二部分

什么是管理者

PEOPLE AND
PERFORMANCE

第 6 章
管理者及其工作

第 7 章
通过目标和自我控制进行管理

第 8 章
从中层管理到知识型组织

第 9 章
为卓越配备人手

第6章 | CHAPTER 6

管理者及其工作

管理者的特点是什么？管理者的定义是什么？

至少可以这么说，"管理者"（manager）和"管理"（management）这两个词很"滑头"，它们无法翻译成其他任何语言。在英国英语里，它们没有美国英语里的那种意思。就算在美式用法里，它们的意思也不甚清晰。

"管理者"这个词在德语、法语、西班牙语、意大利语或俄语中都没有确切的对应单词，用这些语言里所用的词，如美式英语中的"管理者"，同样的模糊、不精确。如果你问别人"管理者"是什么意思，大多数人会回答："老板。"但看到机场擦鞋摊的招牌上写着"约翰·史密斯，经理"⊖，人人（至少在美国）都知道，这不是说史密斯先生是老板（业主），而是说，这是一位受雇的员工，权力有限，工资只比擦鞋工高一点点。

管理史初期，有人把"管理者"定义为"负责他人工作的人"。这服务

⊖ "管理者"和"经理"的原文均为"manager"，只是在中文语境中按情况采用不同译法。——译者注

于当时一个有用的目的，它将管理者的职能与"所有者"做了区分。它明确指出，管理是一种特定类型的工作，可进行系统化的分析、研究和改进。这个定义的着眼点，是当时刚浮出水面、承担社会经济任务的大型永久性机构。

然而，这个定义还不够理想。事实上，它从来就不够理想。从一开始，企业里就有人身处要职，明显属于管理层，但并不管理，也就是说，并不对他人的工作负责。公司的财务主管，是负责企业资金供给和使用的人，他可能有下属，从这个意义上说，他是传统定义里的管理者。但很明显，财务主管自己要做大部分的财务工作。他要与公司的承销商、与金融界人士等共事。他是"独立贡献人"，不是管理者。但他是最高管理层的一员。

此外，这个定义侧重于完成任务的工具，而非任务本身。公司里负责市场调研的人可能会有许多人要向他汇报，故此，他是传统意义上的管理者。但不管他手下是有一大队人马、一小队人马，还是完全没有人马，他的职能和贡献都没有什么不同。在市场调研和市场分析方面的贡献，一个完全没有其他员工向其汇报工作的人同样做得到。如果他不用把大量时间用在下属及其工作上，说不定能做出更大的贡献。也就是说，他或许能更有效地对业务进行市场调研，让管理层的同僚们更好地理解他的意见，将之更牢靠地纳入公司的基本业务决策，纳入"我们的生意现在是怎么一回事，应该变成什么样"这一定义。

如果按照传统定义，管理者是"负责他人工作的人"，那么我们说的应该是"市场调研员经理"。但相反，我们一直谈的是"市场调研经理"。常见的用法没有错，因为它直觉地理解了管理岗位的责任是什么，又应该是什么，以及应该怎样衡量占据管理岗位的人。

传统的定义已经变得越来越不适宜，成为有效管理、有效组织和真正绩效的障碍。

在任何组织，尤其是当今的商业企业，增长最迅速的群体都是属于管理层的人士，之所以说他们属于管理层，是因为这些人对企业的贡献和结果负责。然而，他们显然不是经理，因为他们不是老板，不对其他人的工作负责。在今天的商业企业，增长最迅速的群体是各种独立的专业贡献人，他们自己工作（或许有一名助手或秘书），对公司的财富生产能力、业务方向和绩效有着影响。

这样的人不光存在于研究工作领域，尽管研究工作是他们最初以独特群体出现的地方。实验室的资深化学家有着重大的责任，要做重大的决策，许多决策还有着不可逆转的影响。在构思、钻研组织管理时，设计管理岗位的人也一样。判断成本界定、决定其分配的高级成本会计同样是这样的。通过定义管理的量度，成本会计实际上在很大程度上决定了是保留还是放弃某一产品。同属此类的还有负责设计并维护公司产品质量标准的人、设计公司产品进入市场流通系统的人，以及广告总监，后者可能要负责公司基本的营销政策、广告信息、所用媒体以及广告效力的测量。

传统定义在很大程度上导致了这样的现实局面：独立专业贡献人在公司结构内成了一个问题，而且是当事人自己的问题。专业贡献人的头衔、薪水、职能和机会混淆不清，模棱两可，这成了导致不满和摩擦的原因。可是，这些专业人士的数量正在迅速增长。

在管理群体内部分派人员，需要有更大的灵活性。特别任务组、团队或其他与传统"线性组织"概念不符（组织里只有一个成员是老板，其他人都是下属）的单位，都需要有"管理者"。

传统意义上的管理者，现在必须能够融入自己不是上级（甚至是团队或项目组里其他非管理人士的"晚辈"）的环境。反过来说，不具备传统意义上管理职能或头衔的专业人士，则必须能够充当团队领导者或项目组组长。管理者和非管理者之间的传统区分，现在逐渐成了阻碍，不合时宜。

管理者的新定义

故此，我们有必要也急需重新思考管理者的真正定义，该把什么人视为管理层。

早在 20 世纪 50 年代，就有人最初尝试解决这个问题，提出了"独立专业贡献人"的新定义，认为"有两条平行的机会之路"，对管理者的定义做了增补。这样一来，就有可能按照"专业"工作恰当地给人薪资，而不是非得晋升到"管理"岗位（负责他人工作的职位），才能获得更高的报酬。

然而，这个公式并未彻底解决问题。采纳它的公司报告说，独立专业贡献人的不满只比从前少一点。专业贡献人仍然深信，发展的真正机会仍然只存在于跻身行政结构，只有当"老板"才能"出人头地"。毕竟，将管理世界划分为两个群体，恰恰强调了自己做工作的人不如那些负责他人工作的人，侧重点仍然放在权利和职权上，而不是责任和贡献上。

美国以外的地方，问题可能更严重。在日本，独立专业贡献人根本没有事业机会可言。资历强迫日本员工晋升到行政管理岗位，这样一来，最能干的记者无奈地停止写稿，研究室最能干的科学家成了"研究主管"，不再搞研究。

所有着眼于工作本身，而不是从传统定义出发的分析，都将得出如下结论：管理者的传统定义，即负责他人工作的人，看重的是一项次要而非主要的特性。

我们马上会看到，可以把管理者的工作定义为规划、组织、整合和测量。职业专业人士（如单独工作的市场营销员或是高级成本会计）也必须根据目标和期待来规划、组织、测量自己的结果。他们还要将自己的工作与组织里其他人的工作整合起来。他们必须将自己的工作纳入所属的单位。最重要的是，倘若他们想要得到结果，就必须"横向"整合，即与其他领域和职能、必须将工作付诸应用的人合作。

当然,"管理者"必须"向下"整合,即与向自己汇报的人合作,这是传统定义强调的地方。然而,如果真想达成结果,管理者在单位里整合工作的最重要关系领域来自横向,也就是说与自己没有管理控制权的人合作。

工厂或办公室一线主管的工作本质,是管理向自己汇报的人。在这一层面上,向上或横向关系是次要的。可常见用法不认为一线主管是管理者。我们说主管是"管理层的成员",暗示他们应当是管理者,但并不真正是,或是只勉强称得上。当然,究其原因,不管是在工厂还是办公室,人们通常并不指望一线主管对自己的贡献或结果承担太多的责任,人们只希望他们按照其他人设定好的目标履行职责。在传统的大规模生产工厂,一线主管只可能也只应该做到这一点。这让主管的工作变得有失明确,很困难。但我们不愿把主管称为管理者,哪怕这一工作比管理层级上位置更高、更重要的人的工作更吻合传统定义,只能说明传统定义强调的是次要特性而非主要特性。

因此,在确认组织中人是否承担管理责任时,似乎有必要强调首要标准并不是指挥他人,而是贡献的责任。较之权力,职能才是独特的标准,才符合组织原则。

可是,究竟应该怎样称呼这些人呢?许多组织尝试过新定义,或者想赋予旧说法以新的含义。或许最好的办法,不是再创一个新名字,而是遵循"管理群体"的通俗用法。在管理群体中,有人的职能包括了传统的管理职能,负责他人的工作,也有人的具体任务里并不包括这一责任。还有第三种比较模糊、介于两者之间的人,他们的工作是团队领导者,或项目组组长;他们既有着为最高管理层提供意见的顾问职能,又是特定领域业务的"核心",对该领域的工作人员要履行监督和管理责任。这远不是一个干脆利落的解决办法,更算不上完美。在每一家组织,总有些人是真正的专家,绝非平凡员工,但又不认为自己是管理层成员。他们想保持专家身份,不想花太多心思在自己所属的整体上。他们醉心于自己的技术或专业技能，而不是为组织效忠。人事部门的心理学家认为自己是专业人士，属于特定的学术世界，而不是这家或那家公司的高管（甚至也不认为自己是这所或那所大学的教员）。计算机专家也一样。

反过来说，在美国之外的许多传统里，有些人尽管完全对自己的贡献负责，也不被视为管理者或管理层成员，但却有可能对他人的工作负责。德国的"师傅"（meister）就是很好的例子。他们是高度熟练的工人，在自己的行会里升到了领导地位，大多数时候，也是所属手艺领域内的真正"老板"，但他们仍然认为自己是熟练技工，而不是管理者。从很多方面，"师傅"和军队里的军士长相对应，后者长期担任军士，在自己的领域（如物资供给）是真正的"老板"，但他绝不会变成军官，也并不想当。

不过，尽管还很模糊，按职能和责任来定义管理群体，能让我们推导出管理者和职业专业人士之间的关系。

职业专业人士

职业专业人士（career professionals），尤其是专家，需要管理者。他们的主要问题是其知识领域和专业技能与整个组织的绩效和结果之间的关系。出于这个原因，职业专业人士存在着沟通这一重大问题。必须凭借有效的沟通，他们的输出才能成为其他人的输入。但他们输出的是观点和信息，这就要求使用他们输出的用户理解他们在说什么、想做什么。可由于这些专业人士任务的性质，他们特别爱用专业术语。事实上，在许多情况中，他们只能流利地使用自己的专业术语。管理者的工作，就是让专家意识到，要达成效果必须得到他人的理解；要得到他人理解，就必须找到"客户"（组织里的其他人，另一些领域的专家）的需求、假设和局限条件。管理者必须把组织的目标转换成专家的语言，把专家的输出转换成目标用户的语言。换句话说，专家要依靠管理者将自己的输出和其他人的工作进行整合。

然而，尽管职业专业人士需要管理者才能有效发挥作用，管理者却并不是他们的"老板"。管理者是他们的"向导""工具"和"营销臂膀"。管理者是渠道，职业专业人士尤其是真正的专家通过渠道来引导自己的知识、工作和能力，实现综合结果；反过来，又通过渠道找到所属企业的需求、能力和机会。

确实，在某种程度上，真正的职业专业人士将成为也应该是他们管理者的"上级"。职业专业人士必须成为"老师"和"教育者"。教育管理层提高其愿景，揭示新机遇、新视野、新的更严格的标准，是职业专业人士的工作。从这个意义上看，在与管理者（不管是直属管理者还是企业管理者）的关系中，职业专业人士应当是资深的一方。如果他们不在自己的专业技术和知识的领域内承担起领导职责，就不是真正的职业专业人士，而是下属的"技术员"。

职业专业人士的头衔、职能和薪酬

管理者和职业专业人士的头衔、职能与薪酬的棘手问题无法彻底解决，但它们的妨碍和误导作用，在很大程度上是可以摆脱的。

传统上，组织里只有一条晋升路线。工人成为管理者，可以获得更高的薪酬和地位。因此，许多理应得到表彰和奖励的人却没能得到回报。又或者，为了给予表彰和奖励，不希望参与管理或是不胜任管理的人晋升到了管理岗位。

这一系统已经不再适合当今组织的现实，尤其是当今的商业企业。随着进步，人们应当能够自由地从一种工作转换到另一种工作。因此，我们应该拥有一套能够清晰区分出人的职能与其在组织中地位的等级头衔制度。

军队里区分等级和职能的做法已成惯例。少校是一个人的军衔，但它并未告诉我们，这个人是一个战斗营的指挥官（管理者），还是五角大楼里的研究员（独立专业贡献人）。他的军衔是少校，但他的职称——营长或通信专家，描述的才是他负责的任务。

故此，大可以把管理群体的所有成员都叫成行政人员，但在组织内部只分四个等级：初级行政人员、行政人员、高级管理人员及企业高管。这样一来，就有了一套区分管理和非管理职位的等级系统了。也就是说，我们可以形容一个人的职位（如热处理高级工程师，或者成本控制经理），并区分他的等级和职能。较之构建"平行阶梯"的尝试，这种系统成功的把握更大。

管理者的传统定义还暗示，管理者地位高，必然比向他汇报工作的"劣等"工人挣更多的钱。对流水线和普通的文职工作而言，这说得通。它也适合尚未跻身职业专业人士、无法对自己的目标和贡献承担全部责任的初级知识工作者。但对真正的专业人士，这一套毫无意义，因为这些人是企业各自领域内的带头人和排头兵。对于他们来说，套用艺术或体育界的"表演者"规则才合适。

棒球明星选手挣钱比自己的教练甚至球队经理都多，没有人会觉得奇怪。首席歌剧女伶一场演出挣到的钱比剧院经理一整年挣到的都要多，没有人会感到惊讶。很明显，所有人都明白，一流的运动员或杰出歌手需要管理者，但他们的贡献有所不同，薪水也自然有区别，故此，组织原则里的"下属"挣钱比"上级"（经理）更多。

在这方面，商业领域其实有一个颇具启发意义的先例。1920年，在皮埃尔·杜邦和小阿尔弗雷德·斯隆首次尝试让一团混乱的通用汽车公司恢复秩序的时候，他们给营业部门的主管设定的薪水与总裁皮埃尔·杜邦的一样。但斯隆自己提出，作为经营副总裁，他的薪水要比向他汇报工作的部门主管低得多。诚然，在一个由职业专业人士或专家组成的单位里，管理者得到的薪水应该比该单位大部分人要多，但团队内有一两个"明星"赚得比管理者还要多，也不应该觉得反常或者不可取。这种做法很适合销售人员，明星销售员理当比地区销售经理赚更多的钱。它也适合研究实验室，以及其他所有绩效取决于个人技能、努力和知识的领域。

在管理群体内部，管理者以及对管理者有需求的职业专业人士应当不存在区别。管理者和其他专业人士的区别，只在于前者的责任和绩效还有额外一重维度。手下有 50 名员工的市场研究经理，与没有任何员工但工作内容完全相同的市场研究员只在手段上有所不同，而不是在贡献和职能上有所不同。两者都对同样的需求负责。两者都属于"管理层"和"管理者"。

管理工作是什么

管理者有两项特定的任务，企业里其他人不需要履行这些任务。每一个负责这两项工作的人，都属于管理者。

管理者要造就成一个真正的整体，使之大于各部分之和，使之成为产出高于投入资源总量的生产实体。不妨用交响乐团指挥来打比方，指挥通过自己的努力、愿景和对各种乐器的领导把噪声变成鲜活的乐章。但指挥手里有作曲家写出的乐谱，他只需要进行阐释即可。管理者则既是作曲家，又是指挥家。

这一任务要求管理者找出自己所掌握的资源（尤以人力资源为首）里蕴藏的优势，并将它最有效地发挥出来，同时抵消其弱点。只有用这种方法，才能创造出真正的整体。

它要求管理者将企业的三大主要功能实现平衡与协调，即管理业务、管理管理者、管理员工和工作。如果一项决策或行动满足了一项功能，但却削弱了另一项功能的绩效，那么它同时也就削弱了整个企业。一项决策或行动必须始终在这三个领域都合理。

创造真正的整体，这项任务还要求管理者在每一次的行动中同时都想到企业整体的绩效和结果，以及为实现协同绩效所需的不同活动。或许，就是从这个意义上看，乐团指挥的比喻最为恰当。指挥必须始终聆听整个管弦乐队的演奏，但同时又兼顾单个乐器，如第二双簧管的演奏。同样，管理者必须始终考虑企业整体的绩效，同时又考虑比如所需市场调研活动的绩效。通过提高整体的绩效，管理者为市场研究铺垫了范围，造就了挑战。通过提高市场调研的绩效，管理者又为改善企业整体结果铺平了道路。管理者必须始终双管齐下地问：更好的企业绩效需要什么，这要求进行什么样的活动？这些活动能够实现什么样的更好绩效？它可能给企业结果带来什么样的改善？

管理者的第二项特定任务是，让每一个决策和行动与长短期的要求统一起来。管理者必须有所牺牲，但又不能危及企业。这么说吧，他们必须把鼻子狠狠贴在磨刀石上，埋头苦干；同时又抬起眼睛望向高山，这是犹如杂技般的壮举。或者换个比喻，他们既不能说"等我们到了再跨越这座桥"，也不能说"下一个100年才算数"。他们不但要为跨越遥远的大桥做好准备，更要在远未到达的时候就修好大桥。如果管理者不着眼于未来的100年，那就根本不会有未来100年，老实说，说不定连未来5年都撑不到。不管管理者做什么，都务必在短期内合理，同时符合长期的目标和原则。而且，如果无法在两套时间维度上实现协调，至少也得保持平衡。管理者必须仔细算计要让企业在长期的未来做出怎样的牺牲，以保护当下的利益；又或者为了明天牺牲今天的利益。管理者还必须尽可能地限制牺牲。他们必须尽快修复它带来的损害。一位经理要在两套时间维度上生活和采取行动，为整个企业的绩效负责，也为自己所经手的组成部分负责。

管理者的工作

每一个管理者都要做许多不属于管理的事情,并花费大量时间。销售经理要进行统计分析,或者安抚重要的客户。工头要修理工具,或是填写生产报告。制造经理要设计新工厂的布局,或是检测新材料。公司总裁要构思银行贷款的细节,或是就一笔大合同进行谈判,又或者熬过好几个小时的枯燥晚宴,款待为公司长期效力的员工。所有这些事情都涉及不同的职能。所有这些事情都是必要的,而且必须做得很好。

但这些事情,有别于每一名管理者的职能、活动或等级、职位所要求从事的工作,即所有管理者共有的独特工作。最好的证据是,我们可以用科学管理的系统分析方法来分析管理者的工作。我们可以把人因为是管理者而要做的工作孤立开来。我们可以将之划分为基本的构成成分。通过改善这些构成活动的绩效,人就可以改善自己身为管理者的绩效。

管理者的工作中有五种此类基本成分。它们一起将资源整合成了一个不断发展的鲜活有机体。

第一,管理者要确定目标。管理者要确定目标应该是什么;确定每个方面的目标;决定应该怎样做来达成这些目标;向员工沟通目标,让员工付出所需绩效来达成目标,从而让目标有效。

第二,管理者进行组织。管理者要分析所需的活动、决策和关系。将工作分类;将之划分为可管理的活动;将活动进一步划分为可管理的任务;将这些单位和任务组合到组织的结构里;选择人手管理这些单位,完成任务。

第三,管理者给予激励,进行沟通。管理者要让负责不同任务的人结成团队。管理者可以使用一种或多种方法组建团队:通过他所管理的实践;通过他管理人员的关系;通过对成功的工作给予激励和奖励;通过晋升政策;

通过持续的沟通（既包括管理者向下属，也包括下属向管理者的沟通）。

第四，管理者要确定测量任务。管理者确定测量的准绳，这里最重要的因素是组织的绩效和组织中每个人的绩效。管理者要明白，组织里每个人都有可用的测量方式；测量方式要以整个组织的绩效为焦点，同时关注个人的工作，帮助个人完成工作。管理者分析绩效，评估绩效，阐释绩效。此外，和管理者工作的所有其他方面一样，他要对上和对下沟通测量的意义，以及自己的研究结果。

第五，管理者培养人。下属在工作里的发展优劣，直接取决于管理者管理方式的优劣。管理者：不能指导人，就会误导人；不能引导出人的天赋，就会扼杀人的天赋；不能强化人的诚信，就会破坏人的诚信；不能训练人顽强地笔直站起来，就会打压他们。

不管是否出于故意，每一名管理者都做着这些事情。管理者可能做得好，也可能做得糟，但总归是做着这些事。

这些类别里的每一类，都可以进一步划分出子类，而每一个子类又可以用整整一本书来讨论。换句话说，管理者的工作十分复杂，每一类工作都需要不同的素质和资历。

举例来说，设定目标是一个平衡问题：要平衡商业结果，同时实现管理者所信奉的原则；要让企业目前与未来的需求达成平衡；要在可取的结果与可行的手段之间达成平衡。因此，设定目标要求分析和综合的能力。

组织也需要分析能力，因为组织需要以最经济的方式利用稀缺资源。但它又关系到人，故此它也代表了公平原则，需要正直诚信。分析能力和正直诚信都要求对人进行培养。

然而，激励和沟通所需的技巧，主要是社交方面的。它需要的不是分析，而是集成和综合。公平是主导原则，经济性则是次要原则。而且，正直诚信比分析能力重要得多。

测量，首先需要的是分析能力，但它还要求所用的测量能促成人的自我控制。从外部、从上至下地利用测量来控制人、支配人是滥用测量。这个原则经常遭到违背，在很大程度上解释了为什么测量是当今管理者工作中最薄弱的环节。只要把测量滥用为"控制"工具（举例来说，把测量当成内部秘密政策的武器，把管理者的绩效审计和关键考核呈交给老板，却不抄送给当事人），那么，它就依然是管理者绩效最薄弱的环节。

设定目标，进行组织，给予激励、进行沟通，测量和培养人员，是管理者工作中的正式的类别。只有管理者的经验，才能把它们变得鲜活、具体、有意义。因为它们是正式分类，所以适用于每一名管理者，以及管理者所做的每一件事。故此，所有管理者都可以用它们来评估自己的技能与绩效，系统化地自我改善，提高自己身为管理者的绩效。

有能力设定目标，并不意味着就够资格充当管理者，正如能在密闭的空间里打结，并不意味够资格去当外科医生。但如果没有设定目标的能力，人不可能成为合格的管理者，正如优秀的外科医生不可能不具备打结的能力。而且，正如提高打结技巧能让外科医生变得更优秀，改善上述五个类别的技能和绩效也能让管理者变得更优秀。

信息：管理者的工具

管理者有一种特别的工具：信息。管理者并不"处理"人，而是激励、指引、组织人去完成自己的工作。而办到这一切的工具（也是唯一的工具），就是口头和书面文字或数字语言。至于管理者的工作是工程、会计还是销售，没有太大关系。要成为卓有成效的管理者，他必须掌握倾听和阅读的能力，以及说与写的能力。管理者既需要有将自身想法传递给他人的技巧，也需要有发现他人所追求的目标的技巧。

在所有这些必备的技能里，今天的管理者至少得掌握读、写、说、算。看看大公司里所谓的"政策语言"，就知道我们有多么"无知"了。改善并不是要提高阅读速度或当众讲演速度。管理者必须学习理解语言，理解什么是文字，它们的意思是什么。最重要的一点或许是，他们要把语言视为我们最珍贵的天赋和馈赠。管理者必须了解修辞的古老定义："打动人心、让人热爱真正知识的艺术。"不能借助口头、书面语言或生动的数字激励人，管理者是不可能成功的。

管理者如何利用时间

人人都有时间问题；在所有的资源里，时间是最稀缺、最易变、最难以捉摸的。管理者必须以一种非常特殊的方式来解决这个常见问题。

管理者总在为了解决时间问题追求一些闪闪发光的灵丹妙药：上一堂快速阅读课，只准下属用一张纸提交报告，来访只限15分钟。所有这些灵丹妙药都是纯粹的骗术，说到底还浪费了时间。然而，指点管理者明智地分配时间是有可能做到的。

知道怎样高效利用时间的管理者，会利用规划来达成结果。他们愿意三思而后行。他们花大量时间对应该设定目标的领域进行思考，并花更多的时间系统化地琢磨怎样解决当前问题。

大多数管理者会断断续续地花上大量的时间，评估手下工作人员的绩效和质量。擅长利用时间的人却不会。相反，他们每年一次地系统化评估员工。只需要工作几个小时，他们就能基于判断，做出各种决策，比如某人的薪水、晋升事宜、工作任务等。

善用时间的人不会在产品修正工程方面花费大量时间。他们每年一次（每次或许会持续几天）地坐下来，和销售、制造部门拟定修正的基本政策、目标和规则，判断需要多少的修正，并提前分配工程工作量。听到有人说"多亏了去年积累的经验，今年我们设法度过了库存危机"，他们可不认为这是恭维话。如果他们碰到了周期性危机，会花时间找出危机的成因，防止它再次发生。这可能需要一些时间，但从长远来看则节约了时间。

善用时间的管理者在向上沟通方面花的时间，比向下沟通要多得多。他们一般有着良好的向下沟通，但似乎做得毫不费力，信手拈来。他们不与下属谈论自己的问题，但知道怎样让下属向自己谈论手里的问题。举例来说，他们愿意用很长时间来撰写半年一封的"经理来信"，在信里通知每一名下属制定自己的工作目标、计划，以及上级该如何帮忙完成（或上级对目标的完成有哪些妨碍）。每隔 6 个月，他们可能会花一整天的时间与十来名下属里的每一个人仔细梳理"经理来信"。所以，这样的管理者不怎么担心向下沟通。

善用时间的管理者会花很多时间思考老板的问题，思考如何为老板的成功做贡献，如何为整个活动的成功、整个业务的成功做贡献。换言之，管理者对老板的工作负责，并认为这是自己身为管理者工作的一部分。如此一来，这样的管理者似乎不需要花费额外的时间，来厘清目标、观点不清造成的混乱局面。

管理者的资源：人

管理者要与一种独特的资源共事：人。人是一种需要特殊素质才能与之共事的独特资源。

因为人，也只有人，是不能"使用"的。人与人之间的关系，永远不是人与"东西"之间的关系——不能把人当成一种被动的"资源"使用。从法律上看，奴隶是"动产"，也就是"东西"。但奴役对主人的影响，并不亚于对奴隶的影响。人类关系的本质，就在于它会改变双方——不管是丈夫与妻子的关系、父亲与孩子的关系，还是管理者与员工的关系。

人不能"使用"，只能"发展"。而发展的方向，决定了人会更富成效，还是降低效率，直至完全不再具备生产力。这不光适用于受管理的员工，也适用于管理者本人——这一点，必须着重强调。管理者能否朝着正确的方向培养下属，帮助他们成长、变得更强大、更富裕，直接决定了管理者本人能否发展，能否成长，是会走向富裕还是贫困，是会越来越好还是越来越糟。

人们可以学习一些技能，比如主持会议的技能、进行面试的技能。人们可以在管理者与下属的关系结构、晋升系统、组织的激励结构当中，确定出一些有利于发展的实践。但如果把这一切都放到一边，发展人归根结底需要管理者具备一项不是靠技能或强调任务的重要性就能创造的基本素质，它需要人具备正直的性格。

如今，合格的管理者有着巨大的压力要喜欢人、帮助人、与人相处。光有这些还远远不够。每一家成功的组织里，总有一位老板不喜欢人、不帮助人、不乐意与人相处。这位老板冷漠、讨厌、苛刻，但却往往比其他任何人都培养、教育了更多的人。这样的老板往往比最讨喜的人还要赢得更多的尊重。他们对下属的要求有多严格，对自己的要求就有多严格。他们确立很高的标准，并期望人们能达到标准；他们对事不对人。尽管他们大多非常有才华，但从不认为人的才智比正直更重要。性格里缺乏这些素质的管理者，不管多么招人喜欢、多么乐于助人、多么和蔼可亲，或者多么能干、多么有才华，都是危险人物，应该被判为"不适合做管理者"。

或许有人会说，每一个职业，医生也好、律师也好、杂货商也好，都需要正直诚信。但有一点差别：管理者要与自己管理的人一起生活；管理者决定员工的工作是什么；管理者指导员工的工作，训练员工，评价员工，很多时候还决定了员工的未来。需要的是尊重地应对商家和顾客的关系、专业人士和客户的关系。可身为管理者，更像是为人父母、为人师长，在这样的关系里，光有尊重还不够，正直的性格至关重要。

现在我们可以回答这个问题了：当管理者需要天才或特殊天赋吗？当管理者是艺术还是直觉？答案是："用不着。"管理者所做的事情，可以系统地分析。管理者必须做的事情，是可以学习的（尽管不见得总有人教）。但管理者有一种素质无法学习，有一种资质无法获得，只能靠生来就具备。这种素质、这种资质，不是天才，而是性格。

管理者是怎样造就的

按照标准的定义，管理者就是负责他人及其工作的人。这太过狭义了。管理者的首要责任是向上的：他对企业负责，因为管理者是企业的一种器官。然而，向上（对上级与平级）和向下关系（对下属）对管理者的绩效都必不可少。

另一个定义是，重要性界定了管理者（不过，这个定义一般很少有人明确地说出来，多为暗指）。但在现代企业，没有哪个群体比另一个群体更重要。工人操作机器，专业人员在实验室或绘图室工作，两者都是企业运作所必需的，管理者也一样。这就是企业的所有成员都必须具备管理愿景的原因。企业内不同群体的区别不在重要性上，而在职能上。

界定管理者的最常用概念是级别和薪酬。这不光极其错误，且更极具破坏性。就算是今天我们偶尔也能看到，有比大多数管理者收入更高的所谓"一线"工人。例如，汽车行业里的模型制造员，年收入超过 35 000 美元，仍被视为工人，而且确实也是工会谈判单位里的一员。除非我们能向独立职业贡献人支付足够的薪资，给予他们晋升机会，为之提供真正专业人士的地位、尊重和自尊，否则我们是无法管理人数越来越多的这类员工的。

以级别和薪水定义管理者的想法，就和用过去的个体工商户来比喻当今的企业管理者一样荒唐。

对管理者的定义只能来自人的职能，来自期待当事人所做的贡献。把管理者与其他人区分开来的职能，是除了管理者之外其他人无须履行的职能。管理者要做的独特贡献之一，是赋予他人愿景和执行的能力。故此，归根结底，愿景和管理者的道义责任，定义了管理者。

第 7 章 | CHAPTER 7

通过目标和自我控制进行管理

任何商业企业都必须构建真正的团队，把个体的努力凝结成共同的努力。企业的每一成员做出贡献不同，但必须都朝着一个共同的目标做贡献。他们必须朝着相同的方向努力，他们的贡献必须互相配合以生成整体——没有缝隙，没有摩擦，没有不必要的重复劳动。

因此，企业绩效要求每一任务都指向整个企业的目标。尤其是，每一名管理者的工作必须以整个企业的成功为重点。管理者的预期绩效必须源自企业的绩效目标，管理者的成绩必须根据他们对企业成功所做的贡献来衡量。管理者必须从绩效角度知道并理解自己肩负的业务目标，他们的上级也必须知道对下属管理者的贡献要求和期待，并据此对其做出判断。如果达不到这些要求，管理者就是受了误导。他们的努力白费了。团队无法合作，出现摩擦、挫折和冲突。

目标管理需要付出极大的努力，使用特殊的工具。因为在商业企业里，管理者并不会自动地朝向同一个目标。恰恰相反，从本质上看，企业本身包含着三种强有力的误导元素：大多数管理者从事专门的工作；管理本身存在层级结构；不同管理层级在愿景和工作上存在区别，也因此产生了相应的隔绝。

管理层会议上最讨喜的一个故事是这样的：有人问三个石匠他们在干什么。第一个石匠说："我在讨生活。"第二个石匠一边挥动大锤一边回答："我在做全县最棒的石材切割。"第三个石匠抬起头，眼睛里闪烁着充满渴望的光芒，他说："我在修建大教堂。"

当然，第三个石匠是真正的"管理者"。第一个人知道自己想从工作中得到什么，管理者也知道。他可能会"干多少工作，拿多少报酬"，但他不是管理者，也永远无法成为管理者。

回答问题的是第二个人。技艺很重要，没有技艺，工作就无法蓬勃发展。事实上，组织倘若不要求成员发挥能力范围内最精湛的技艺，那就是在走向堕落。但要是真正的工人、真正的专业人士相信自己打磨石头或者做些无关紧要的事就算得上一种成就，那就很危险了。企业必须鼓励技艺，但技艺必须与组织整体的需求相关。

任何企业里的管理者，绝大多数与第二个人一样，以专门的工作为重。诚然，职能型管理者的人数应当始终维持在最低限度，而"综合型"管理者，也就是管理综合业务、直接对绩效和结果负责的管理者，则应当尽量地多。然而，哪怕将这一原则运用到了极致的程度，仍然会有大批管理者从事职能型工作。年纪较轻的人尤其如此。

人身为管理者的习惯，以及由此而来的愿景和价值观，总是通过自己从事的职能型和专门化工作形成的。职能型专业人士对技艺有着很高的标准，力争成为"全县最棒的石匠"。对工作不施以高标准是靠不住的。它败坏管理者，也败坏下属。在各个管理领域，重视技艺，以追求技艺为动力，都带来了创新和进步。为此，力求实现"专业的人事管理"，经营"最先进的工厂",完成"真正科学的市场调研",采用"最现代化的财会制度",应用"完美的工程技术"——这样的管理者必须得到鼓励。

但这种职能型和专门化工作对专业技艺的追求，同样也有危险。它往往会让管理者的愿景和努力偏离企业的整体目标。职能型工作本身成了目的。太多时候，职能型管理者不再根据对企业的贡献来衡量自己的绩效，而只按自己技艺的专业标准来衡量。职能型管理者爱根据技艺评价下属，并据此给予奖励和晋升。碰到事关企业绩效，但对"优秀的工程""顺畅的生产"或者"强硬的推销"有妨碍的要求，这类管理者会感到不满。若是不加以平衡，职能型管理者对技艺的合理追求会变成撕碎企业的离心力，把企业变成职能型王国的松散联邦，每个王国只关心自己的手艺，独守自己的"秘密"，只想着扩大自己的疆土而不是建设企业。

当前正在进行的技术变革，极大地加剧了这种危险。受过高等教育、为企业工作的专业人士的数量，势必大幅增加。这些专业人士对技艺水平的要求也注定越来越高。故此，将技艺或职能本身视为目的的趋势，也会变得比今天更加明显。与此同时，新技术需要专家进行更密切的协调。它要求更低级别的职能型管理者把企业看成整体，理解企业对自己的需求。新技术既要求对卓越技艺的追求，也要求各级管理者朝向共同的目标。

管理的层级结构也在加剧这一危险。"老板"做的事、说的话，甚至老板最不经意的评论、习惯和举止，在下属眼里也变得像是盘算、计划、别有意义。

"你在这地方听说的一切全是员工关系要怎样怎样，但要是老板把你叫进去斥责，却总是因为成本太高；如果说到晋升某人，好果子又一概落到那些擅长填写财务部报表的家伙身上。"这是一种最常见的小调，各个管理级别上流传着它的无限多的版本。它会带来糟糕的绩效，哪怕削减成本也效果不佳。它还表示了对公司及其管理层丧失信心，缺乏尊重。

但给下属造成如此误导的管理者并不是有心要这么做，尽管这是个普遍的问题。举个例子吧，鲍勃·麦克拉克（Bob Michalak）是一家钢厂的高层管理者。他真诚地认为人事关系是工厂管理者的最重要任务。但他谈到成本控制，是因为他认为自己必须在下属心目中树立起"讲求实际"的形象，又或者是因为他觉得自己谈及了下属的"本行"，表现得对他们的问题很熟悉。他强调财会部门的报表，无非是因为这些报表弄得他很烦躁，一如它们对下属的折磨，又或者，他不想过多地招惹审计官，免得以后收拾不了场面。但他的下属们看不见这些原因，他们看到的、听到的是成本的问题，是对报表的强调。

解决这一问题，需要一套管理者及其上级都看重工作本身要求（而非看老板脸色）的管理结构。强调行为和态度（这是当前许多管理作品的论调）解决不了问题，反倒有可能激化问题，因为它让管理者对人际关系变得更刻意了。事实上，所有熟悉当今企业的人都看到过这样的局面：管理者本来想通过改变自己的行为来避免误导，结果却把本来令人相当满意的关系变成了充满尴尬和误解的噩梦。管理者行为太过刻意，毁掉了和下属之间的轻松关系。而下属的反应则是："真要命呀，老板刚看了一本书；结果，我们本来知道他想要我们怎么做，现在却只能靠猜了。"

管理层级的差异

这个故事说明，不同管理层级在着眼点和职能上的差异会带来误导。我把这称为"厕所门失修之谜"。

西北一条铁路新上任的审计员审阅账目后发现，客运站每年更换失修的厕所门都要花掉一大笔钱。他发现，小车站的洗手间门通常都是上了锁的，钥匙可以到售票窗口索取。出于经济考量，厕所每扇门只发给售票员一把钥匙——这项节约举措是很早以前在任的一位总裁制定的，此举为公司一次性省下了 200 美元。于是，如果乘客没还钥匙就走掉的话（这种事情太常见了），站台售票员就没法打开厕所门了。然而，重做一把新钥匙（花费 20 美分）属于"资本性支出"；只有得到公司总部旅客服务部总监的许可，售票员才能进行"资本性支出"——这得等上 6 个月。然而，如果是"紧急维修"的话，售票员能自己拿主意，并用现金账户支付，而厕所门失修显然是再紧急不过的事情了，所以每一座小车站都配备了斧头！

这看起来似乎十足荒唐。但每一家企业都有自己"失修的厕所门"，也就是它在政策、程序和方法上的误导，强调并奖励错误的行为、处罚或禁止正确的行为。在大多数情况下，它们造成的后果，远比每年花两万美元修理厕所门要严重多了。

这种问题，同样无法靠态度和行为来解决，因为它的根源出在企业的结构上。它也不能靠"更好的沟通"来解决，因为沟通的前提是人们有着共同的认识，使用共同的语言，可通常而言，这又恰恰是最缺乏的东西。

不足为奇的是，盲人摸象的故事在管理人员中大受欢迎。每一层的管理人员都从不同的视角看着同一头"大象"——企业。生产部的工头，就像摸到大象腿的盲人认为有一棵树挡了自己的路，他往往只看见眼前的生产问题。最高管理层（也就是摸到了象鼻子，认为这是条蛇的盲人）中的大多只从整体上看待企业，把股东、财务问题等看成一大堆高度抽象的关系和数字。运营管理人员（摸到了大象的肚子，认为自己靠在了山坡旁），往往从职能的角度看待事情。管理的每一层级都需要特定的愿景，没有这种愿景，它就无法开展工作。然而，这些愿景又非常不同，人们站在不同层级上谈论同一个问题，却往往意识不到自己说的是同一件事；又或者，他们相信自己谈的是同一件事情，其实却南辕北辙。

卓有成效的管理必须将所有管理者的愿景和努力指向同一个目标。它必须确保每一个管理者都理解企业需要自己实现什么样的结果。它必须确保上级理解对自己的下属管理者该有什么样的期待。它必须激励每一名管理者朝着正确的方向付出最大的努力。它一方面要鼓励高度的技艺水平,另一方面也不能让追求技艺本身变成目的,因为技艺是达成企业绩效目标的手段。

管理者的目标应该是什么

每一名管理者,上至"大老板",下至生产主管或行政文员,都需要有清楚阐明的目标。这些目标应当指明每一名管理人员所在的单位应当生产出什么样的绩效。它们应当指明管理者及其所在单位需要做出什么样的贡献,以帮助其他单位实现其目标。最后,它们应当指明管理者为实现自己的目标,期待其他单位做出什么样的贡献。换句话说,从一开始就应当强调团队合作和团队成果。

这些目标应当始终源自企业的目标。在一家公司,我发现向一线主管提供公司和整个制造部的详尽陈述就足够实用和有效了,并不用具体说明他的目标。尽管这家公司非常大,单个主管的生产和公司的总产量之间存在天文数字般的差距,但这么做带来了明显的生产提升。事实上,只要我们真的将主管视为"管理层的一部分",不只是说说而已,生产提升就是理所当然的。因为管理者的定义就在于管理者的所作所为要为整体负责任,也就是说,他们"切割石头"就是"在修建大教堂"。

所有管理者的目标都应当指明,他们的贡献对公司在各个业务领域达成目标有什么意义。很明显,不是所有的管理者都要在每个领域直接有所贡献。例如,营销对生产力的贡献可能非常小。但如果公司并不期待管理者及其所在单位朝着明显事关公司繁荣和生存的某个领域做贡献,应该清楚地把这一点说出来。因为管理者必须明白,企业的成果取决于平衡多个领域的努力和成绩。这既要求每一职能及专业充分发挥技艺，又须防止不同职能和专业之间抢地盘、拉帮结派。此外，还需要避免过度强调某个关键领域。

为了让努力保持平衡，各层级所有管理者的目标应在长短期考量中实现一致。而且，所有的目标都应当包括两个方面：切实的业务目标，以及无形的目标，如管理者组织和发展、员工绩效和态度、公共责任等。不这样做，就是目光短浅，不切实际。

靠"搞运动"进行管理

适当的管理需要对目标平衡施压，高层管理人员尤其需要这么做。它排除了常见且有害的经营弊端：通过"危机"和"搞运动"进行管理。

或许有些公司的管理人员不会这么说："在这儿我们唯一能把事情办成的方法就是来上一场运动。"然而，"通过运动进行管理"是惯例而非例外。一旦没了运动，3个星期后事情就返回原状，人人都知道，人人也显然预料得到。开展一轮"经济运动"，唯一结果有可能是解雇了信差和打字员，月薪35 000美元的高管被迫做起了周薪150美元的工作——自己打印信件。然而，很多管理者没有得出这个明显的结论：归根结底，"搞运动"不是把事情做成的办法。

但除了效率低下，靠"搞运动"进行管理还会起误导作用。它把重点全放在了工作的一个阶段上，必然使其他事情受到损害。

"有4个星期，我们削减库存，"一位久为危机管理所苦的老手曾总结说，"接着有4个星期我们削减成本，再跟着4个星期强调人事关系。我们还没来得及提高客户服务一个月。这时候，库存回到了最开始的水平。我们甚至没法做好自己的工作。所有的管理都在谈、在想、在宣传上个星期的库存数字或者这个星期的客户投诉。至于剩下的工作我们要怎么去做，他们根本不想知道。"

在一家通过运动进行管理的组织，人们要么忽视自己的工作，以应付当前的运动，要么默默对运动集体怠工，以做完工作。在这两种情况下，他们都变得对"狼来了"的喊叫无动于衷了。而等真正的危机降临，所有的手都该放下日常活动齐心投入的时候，他们只会把它当成又一轮歇斯底里式的管理。

通过运动进行管理是混乱的明确信号。它承认了无能。这是管理层不知道如何规划的标志。但最重要的是，它还表明公司不知道该对管理者有什么样的期待。也就是说，因为不知道如何指引管理者，它只会误导他们。

应该如何设定管理者的目标，由什么人来设定

根据定义，管理者要负责自己的部门为直属上级单位所做的贡献，最终也即为整个企业所做的贡献。

管理绩效是对上的，不是对下的。这意味着每名管理者的工作目标必须由自己为所属较大单位所做的贡献来确定。区域销售经理的工作目标，应当由他们自己和所辖地区销售队伍为整个销售部门所做的贡献来确定。分公司总经理的目标，应当由所在分公司为母公司所做贡献来确定。

这就要求所有的管理者为自己和所属单位设计、制定目标。当然，管理高层必须保留批准或否决这些目标的权力。但目标的制定，是管理者责任的一部分；事实上，它是管理者的第一责任。它还意味着，每一名管理者应当参与到自己单位所属的更高级单位的目标设定当中。仅是"带给管理者参与感"（这是"人事关系"一行的口头禅）还不够。身为管理者，需要真正地承担责任。正因为他们的目标应该反映企业的目标，而不仅仅是满足个别管理者的期望，他们必须以积极的姿态投入到自己的目标当中。他们必须知道和

了解最终的商业目标，知道企业对他们的期待是什么、为什么这样期待，以及企业会以怎样的尺度对其进行衡量。每一单位的整个管理层，都要"心有灵犀"。只有当每一名有所贡献的管理者彻底想清楚单位的目标是什么，换句话说，也就是接受引领，积极而负责地参与到定义自己的工作当中，才可能做到这一点。而且，低层管理者只有以这种方式参与，高层管理者才知道该对前者给予怎样的期待，并提出确切的要求。

这一点非常重要，我认识的一些最卓有成效的管理者甚至会走得更远。他们让自己的每一名下属写"经理来信"，每年两次。在这封写给上级的信里，每一名管理者首先根据个人的理解，界定上级的工作目标，以及自己的工作目标。例如，简·史密斯经理设定了认为适合自己的绩效标准。接下来，她列出为实现这些目标自己要做的事情，以及她眼里自己所在单位最主要的障碍；她列出上级和公司可以提供的帮助，以及对她有妨碍的地方。最后，她概述来年为达到目标的建议。如果她的上级接受她的意见，这封"经理来信"就成为相关管理者的工作章程。

这种做法揭示出，"老板"（哪怕是最优秀的"老板"）信口而出的无心闲话，是多么容易造成混淆和误导。一家大公司采用"经理来信"的做法有10年了。然而，几乎每一封信里都写了一些让收信的上级感到困惑不解的目标和标准。每当上级问："这是怎么回事？"答案总是这样："去年春天你跟我一起下电梯时说的话，你不记得了吗？"

"经理来信"还指出了上级或公司对管理者所提要求的不一致之处。如果速度和质量两者只能保证其一，上级是否非要两全其美？公司的利益需要怎样的妥协？上级是否要求管理者发挥主动性和判断性，同时又要他们事事请求批准？上级是否要求管理者提出意见和建议，但又从不采纳或从不加以讨论呢？公司是否希望工厂一出差错就有一支小型工程特遣队可用，同时又要它全心全意完成新设计？公司是否期待管理者保持绩效标准，同时又不准它开除绩效不佳的员工？公司是不是创造了条件，以至于员工会说："只要老板不知道我在干嘛，我就能把工作做成。"

这些都是很常见的情况，它们破坏士气和绩效。"经理来信"或许无从阻止它们，但它至少让情况暴露出来，表明哪些地方必须有所妥协、哪些地方必须想清楚标准、哪些地方必须确立重点、哪些地方必须改变行为。

一如这种做法所示：对管理者进行管理，需要特别的努力，不光要确立共同的方向，更要杜绝误导。相互理解不能靠"向下沟通"和谈话来实现，它只能靠"向上沟通"做到。它要求上级愿意倾听，并采用特别设计的工具去听取低层管理者的声音。

通过测量进行自我控制

目标管理的最大优势或许在于它让管理者得以控制自己的绩效。自我控制意味着更强的激励：一种做到最好的欲望，而不仅仅是凑合对付。它意味着更高的绩效目标，更广阔的愿景。就算目标管理并不一定能让企业对管理团队的方向和努力实现统一，但却是实现自控式管理所必需的。

到目前为止，我完全没有谈到"控制"，我说的是"测量"。这是我有意为之。因为"控制"是一个模糊的词语，它意味着人引导自我、引导工作的能力，它也可以指让一个人支配另一个人。目标是建立在"控制"的第一重意义上的，但目标绝不能成为第二重意义上的"控制"，因为这会彻底破坏其初始用意。事实上，目标管理的一项主要贡献便是，它使我们能够用自控式管理取代支配式管理。

在当今的美国或美国企业界，自控式管理极为可取，这一点是没有什么可争议的。"把决策下放到尽量低的级别"或者"按结果支付薪酬"一类的说法，奠定了普遍接受自控式管理的基础。但让自控式管理成为现实，不光要接受这个概念是正确的、可取的，它还需要新的工具，以及对传统思维和实践的深远改革。

为了能够控制自己的绩效，管理者不光需要知道自己的目标是什么。他们必须能够对照目标，测量自己的绩效和结果。事实上，为企业所有关键领域的管理者提供明确和共同的测量准绳，应当是一项制度性实践。测量不一定是严格量化的，甚至不一定要精确，但它们必须明确、简单且合理。它们必须与管理者的前进方向和努力有关系，并将他们的注意力指引到应该去的地方。它们必须可靠，至少达到能够让管理者承认错误、理解错误的程度。可以这么说，它们应当是无须复杂阐释或哲学讨论，就一目了然、可以理解的。

每一名管理者都应当掌握衡量自己绩效所需的信息，而且应该迅速收到信息，以便根据所期待的结果进行必要的调整。这些信息应当直接交到管理者本人手里，而不是上级手里。它应该是自我控制的途径，而不是从上至下施加控制的工具。

在今天需要特别强调这一点，因为随着信息收集和综合技术的进步，我们获取这类信息的能力迅速提高。在此之前，与重要事实相关的信息要么无法获取，要么整合得太迟，只剩下历史意义。从前这种生产测量信息能力的缺失，在许多方面留下了不良影响。没有相应的信息，不光难以进行有效的自我控制，也难于从上至下地对管理者进行有效的控制；没有能够施加控制的信息，管理者只能在认为合适的时候才获准工作。

掌握了生产测量信息的新能力，我们得以进行有效的控制；照此使用的话，它能带来管理效力和绩效上的巨大进步。但如果这一新能力遭到滥用，用来从上至下地对管理者施加控制，那么新技术就会带来无法估量的损害，严重挫伤管理士气，大幅降低管理者的效力。此外，还需要小心地把控制维持在适当的整体角度上，要不然，管理者在运营自己所属的单位时，就不会去追求最佳绩效，而是去追求最好看的控制测量信息。

请不要把这误解为鼓吹低绩效标准或取消控制。相反，通过目标和自我控制进行管理，主要是为了达成高于当今大多数公司的标准。每一名管理者都应当严格地为自己的结果或绩效负责。

管理者（也只有他们自己）应当控制为达成这些结果所采用的做法。他们应当非常清楚地理解公司认为哪些行为和方法不道德、不专业、不健全。在限制范围内，管理者必须能够自由地决定怎样去做。唯有掌握了有关自己业务的所有信息，他们才能完全地对结果负责。

报告和程序的正确用法

自控式管理要求对我们现在采用的报告、程序和报表进行彻底反思。

报告和程序是必要的工具，但这么容易遭到滥用、这么容易造成极大损害的工具并不多。因为一旦使用不当，报告和程序就不再是工具，而是邪恶的拥有者了。

报告和程序有三种最常见的滥用形式。第一种滥用，人们普遍认为程序是确保道德的手段。并非如此，它们的原则完全是从经济出发的。它们从不判断应该做什么，而只判断怎样把事情最迅速地完成。行为正确性的问题，绝不能"程序化"（这绝对是官僚机构最可怕的行话了）；相反，程序永远无法树立正确的行为。

第二种滥用是认为程序可以替代判断。只有不需要判断的时候，也就是说在重复的条件下，已经有人进行了判断且其判断经过了检验，才适用程序。对印刷表格神奇效果的迷信，让我们的文明饱受折磨。因为迷信，我们会尝试用程序来应对特殊的、非例行情况，这最为危险。事实上，如果程序能在哪怕最惯例的流程中迅速识别出与模式不吻合、需要特殊处理、根据判断做决定的情况,那么就说明这是一套优秀的程序。

报告和程序最常见的滥用,还要算把它视为自上施加控制的工具。旨在以日常企业活动"表格"形式向高层管理提供信息的实践,尤其如此。让我们再来看看钢铁厂管理者鲍勃·米查拉克的例子——当然,他只是数万个案例之一。他要用连自己也用不着的信息填写 20 份表格,提供给会计、工程师、总部工作人员。结果,他的注意力就偏离了自身的工作。他把公司出于控制目的要求自己做的事情,当成了公司想要的东西、他工作的核心;尽管他痛恨这些事情,却又不得不把精力放在上面,而不是放在工作上。最终,他的老板也受了程序的误导甚至麻痹。

一家大型保险公司几年前开始了一个"改善管理"的大型项目。为此,它在总部建起了一个强大的组织,关注续保政策、理赔处置、销售成本、销售方法诸如此类的事情。这一组织的工作非常出色,最高管理层了解到了经营保险公司的许多事情。但公司的实际绩效从那时起就开始下降,实际表现已经持续下降至今。一线管理者花了比以前多得多的时间填写报表,少得多的时间做工作。更糟糕的是,他们很快学会把绩效放在"好看"之下。不光绩效溃败了,士气损失更大。一线经理把高层管理者和人事专家看成了敌人,瞒得过就尽量瞒,躲得过就尽量躲。

类似的故事反复出现在各行各业、规模不一的企业里。报告和程序应维持在最低限度,只有在能节省时间和劳力时才使用。它们应尽可能简单。

有一位顶尖的公司老总亲口对我讲了下面的故事。30 年前,他为公司在洛杉矶买下了一座独立的小工厂。这家工厂每年赚取 25 万美元的利润;基于这个理由,老总买下了它。在与原来的业主(他留下来担任了工厂的经理)现场考察工厂时,老总问:"你是怎样决定价格的呢?""很简单,"前业主回答,"我们每 1000 美分比你们公司少 10 美分就是了。"接下来的问题是:"那你如何控制成本呢?""很简单,"前业主回答,"我们知道我们在原材料和劳动力上出了多少钱，也知道这笔钱应当生产出多少东西。"最后一个问题是："你如何控制管理成本呢？"前业主回答："我们才不费心理会那东西呢。"

很好，老总想，引入我们彻底的控制系统以后，肯定能节省大量的钱。但一年后，该工厂的利润下跌至 12.5 万美元。销售量保持不变，售价也保持不变，但引入的复杂程序直接吃掉了一半的利润。

每家企业都应当定期了解是否还需要现行的这些报告和程序。至少，每隔 5 年，应当把所有表格都重新审查。有一次，为理清局面，我甚至提出了更加严厉的措施。那是一家老字号的公用事业公司，所用报告和表格繁茂得像亚马孙雨林，几乎要闷死自己。我提议把所有正在使用的报告暂停两个月，只有管理者主动要求恢复的报告才重新使用，其余全部取消。此举将公司的报告和表格减少了 3/4。

报告和程序应当着眼于实现关键领域结果所需要的绩效。"控制"一切，意味着什么也控制不了。而尝试控制无关紧要的东西，又总会造成误导。

最后，报告和程序应当是填写人的工具，绝不能把它们用作衡量该人绩效的指标，这是第三种可能的滥用。如果填写报表的是简·史密斯，一定不能用她填写的生产报表的质量去评判她，除非她是负责这些报表的文员。只能使用她的生产绩效来判断简·史密斯。而要确保这一点的唯一途径是，除了她完成绩效必须填写的表格和报告之外，什么报表也不用填。

管理的哲学

企业所需的管理原则，要能充分发挥个人优势和责任感，同时提供共同的愿景和努力方向，建立团队合作，让个人的目标和共同的福祉保持协调。

做到这一点的唯一原则，是通过目标和自我控制进行管理。它让共同的福祉成为每一名管理者的目标。它可以用更严格、更精确、更有效的内部控制，取代外部控制。它激励管理者采取行动，不是因为有人告诉、劝诱他们做某事，而是因为他们的任务目标需要那么做。管理者不是因别人的要求而是根据自己的判断采取行动，换言之，他们是自由行事的。

近些年来，"哲学"这个词在管理界被欢天喜地、不加克制地到处抛撒。我甚至看到一篇副总裁签名的博士论文，论述"处理采购申请表的哲学"（就我的理解能力，只能判断出这里的"哲学"意思是采购申请表乃一式三份）。但将通过目标和自我控制进行管理称为"管理哲学"是合情合理的。它以管理任务的概念为基础。它以分析管理团队具体需求和面临的障碍为基础。它以人类行动、行为和动机的概念为基础。最后，它适用于无论级别和职能的各类管理人员，也适用于无论大小的各类企业。它把客观需求变成了个人的目标，从而确保绩效。这是真正的自由，法律意义上的自由。

CHAPTER 8 | 第 8 章

从中层管理到知识型组织

20世纪50年代初,计算机和自动化刚成为新闻标题的时候,人们普遍预测中层管理即将消亡。到了1980年,大量的专家告诉我们,中层管理会消失,所有的决策都会由计算机做出,或是由建立在"总信息系统"基础上的高层管理做出。

还很少有预言这么快又这么彻底地被证伪。就在预言被广泛宣传的那一刻,中层管理热潮轰轰烈烈地开始了。它一直持续了20年。事实上,20世纪五六十年代可以叫成中层管理时代了。在所有发达国家里,劳动力大军里没有任何其他群体像中层管理者增长得这么快。

这里有一些来自制造业的例子。在经济领域中,制造业的自动化应用最广泛,计算机像几代人以前的烟囱一样常见。美国的一家大型汽车公司,最近修建了一座生产新车型的制造厂。这是该公司自1949年以来投产的第一座有类似产能的自动化工厂。蓝领和白领普通员工的人数,几乎只有从前工厂的1/3,不过,这是生产力正常提高带来的结果,并非转向自动化的结果。新工厂的高层管理团队与原来差不多大小。但中层管理团队，也就是薪水比一般的工头高、比工厂总经理低的群体，却几乎是1949年工厂中层管理团队规模的5倍。

另一家生产各种工业部件的制造企业，1950～1970年销售额从1000万美元增长到了1亿美元，销售量增长了5倍。在此迅速扩张期间，最高管理团队从3个人增加到5个人，普通职员从1000人增长到4000人。中层管理队伍（仍然按薪酬来界定），从14人增加到235人，也就是说，几乎是从前的17倍，而这还不包括销售人员。

这些例子其实还低估了中层管理人员的增长速度。就在预计中层管理人员要消失的时期，经济重心和发展的中心转到了中层管理人员比例较高的行业（远高于1950年的主导产业）。1970年，美国经济动力的象征不再是通用汽车公司，而是IBM。在IBM，或者其他任何计算机制造商，中间群体远远大于汽车或钢铁等传统制造商。在1950～1970年这20年间迅速发展的制药企业，情况也是这样。

制造业以外的增长速度就更惊人了，非商业服务机构表现得尤为明显。医院是这类机构的典型代表。

不管怎么定义，医院的高层管理人员并无增长。在较大的医院，负责人还是医院的院长，或许再加上一名助理；在社区医院，是托管人和医疗主任。从每名患者每天对应的员工人数角度来看，普通职员在减少，而非上升，他们在厨房、在维修部、在医院里劳动密集程度较低的其他区域。但中间层级，也就是技术人员、工程师、会计、心理学家和社会工作者，都有了爆炸性的增长，他们的人数至少翻了4倍，在一些大型的教学式医院甚至更快。

必要的纠正

高速发展总是会冲过目标。它注定充满无序和浪费。出于时髦而展开这样那样的活动，肯定会导致人浮于事的情况。人浮于事有时是因为时机好，迎合人数多的需求比对抗它更容易。

在这样爆炸式发展的时期，没人会太注意工作的组织化安排。然而，这种程度的规模扩张，不仅仅是数量的变化，更是性质上的变化。如果不研究、不改变工作和组织，劳动的浪费和重复、组织臃肿等问题就会接踵而至。

因此，和其他所有的热潮一样，中层管理热潮只能走向"中层管理萧条"。首先，重大经济衰退之后必然会带来大幅回调。美国1970年和1971年的经济衰退就是这样，尽管反应较为温和：针对管理和专业岗位招生的两年制大学课程出现缩减，中层管理人员的薪水略微下调（但特别紧张的航空航天和国防行业除外）。

这样的反应尽管痛苦，基本上却是健康的。当然，它总会纠偏过度，但至少它强迫管理层彻底想清楚工作是什么，需要些什么。这类思考对中层管理工作尤为重要。人浮于事在中层管理群体中造成的危害是最大的。它不光浪费了大量金钱，还破坏了绩效和动力。

人浮于事的危险

知识型工作（也就是中层管理者的具体工作）应当自始至终被严格要求。它应该精益，甚至保持略微的人手不足。臃肿的中层管理组织会破坏动力，它破坏成绩、成就和满足感，最终它破坏绩效。

中层管理热潮和由此产生的人浮于事（尤其是在大公司），打击了员工的士气和动力。人浮于事是引发大量年轻中级员工、管理者和专业人士（在20世纪五六十年代，企业、政府、学校系统和医院曾大批招募）不满、幻想破灭的主要原因。他们薪水优厚，待遇良好，但他们总是没有足够的事情可做,没有足够的挑战,没有足够的贡献,没有足够的成就,纯粹是为了琐事忙碌。太多的机构忙着让员工"互动",不让他们去干自己的工作。如果你问那些受过教育的能干年轻人(比如美国顶尖商学院最优秀的毕业生)为什么日益偏爱到小企业工作,或去中等规模的城市进行管理,他们总是回答:"至少我会有事可做。"

第一条教训是要保持中间阶层的苗条。首先要问,"真正需要做些什么?"第二个同样重要的问题是,"哪些事情不再需要完成,可以减少或取消?"所以,第一条教训就是有必要控制体重。

这尤其意味着,只有原有的中间管理活动取消了,或至少减少了,才应增设新的中间管理活动。要始终跟进中层管理预算,把绩效出众的优秀人员分配到机会和结果上去,让他们创造未来,而不是把他们浪费到问题、琐事和维持老一套上。

然而,需要给予更多思考和关注的是中层管理的工作和组织:中间级别的扩张不仅带来了数量上的变化,还带来了中间管理职能在性质上的变化。

中层管理会继续扩大,这么预测应该是稳妥的,但未来的发展必须得到指挥、控制和管理。它必须在理解中层管理性质变化,以及由此带来的职能、关系和结构变化需求的基础上进行。

出现发展的地方

40年前的中层管理人员并未消失,相反,它发展壮大了。按比例来看,今天有着比第二次世界大战前更多的工厂经理、地区销售经理和银行分行经理。

但真正出现增长的中间级别员工是制造工程师、流程专家、税务师、市场分析师、产品和市场经理、广告和推广专家。它大量出现在一个世代前鲜为人知的职能领域。新的中层管理人员是知识型专业人士。

传统的中层管理人员，在本质上是指挥官。新的中层管理人员基本上是知识供应商。传统的中层管理人员对下级有权威。新的中层管理人员基本上对横向负责，也对上负责，也就是说，对他不能行使指挥权的人负责。

首先，传统中层管理人员的工作主要是常规性的，他们不做决定，而是执行。顶多，他们实施决策，将之适应于当地条件。他们的工作是维持系统运行，而这套系统，既非他们设计，也不指望他们改变。

当然，这就是管理者传统定义的基础：对他人的工作负责，而非对自己的工作负责。这也是美国、日本两国之外（尤其是欧洲）管理传统结构的基础。

美国和日本历来是从中层管理人员中招募高层管理人员的，也就是说，从在企业里一步步晋升的人当中进行选拔。欧洲国家并不采用这种模式。在英国，管理者和"董事会"（也就是最高管理层）之间有着巨大的鸿沟，在某种程度上，迄今仍然如此。就算是在大企业，直至近来，仍然是在从未履行过管理职能，或者从没在企业里工作过的人（如出色的前公务员）里招聘董事。在荷兰，哪怕是在专业管理的大公司里，也很少有高层管理人员是从经营实务出身的。在法国的大公司，所有的顶级和资深管理岗位，一般由高等商业学院（Grandes Ecoles）的毕业生把持。他们尤其是顶层管理人员，大多先在政府里展开事业生涯，之后直接进入企业的高层管理职位。这些国家通常认为，从企业里一步步爬上来的实务运营管理者不适合最高岗位，哪怕他们是大学毕业生。德国人往往会在高层管理人员（führung）和运营管理人员（leitung）之间划一条明确的界线。

新中层管理者的决策影响

由于新的中间员工是知识型专业人士，他们的行动和决策对企业、企业的绩效能力和发展方向，都有着直接的重大影响。

这里有一些相当典型的例子。

在诸如宝洁集团的肥皂和洗涤剂业务公司、联合利华的食品业务公司、荷兰飞利浦的无线电和电视机业务公司，不管是按级别还是看薪酬，产品经理都是当之无愧的中层管理人员。产品经理没有指挥权，执行工作的是向各自的职能上级（如生产经理、销售经理、化学和开发实验室的主管等）汇报的人员，但产品经理负责市场上产品的开发、推出和绩效。产品经理还要决定是否需要开发新产品；决定该新产品的规格应该是什么样；决定新产品的价格；决定如何对新产品进行市场测试，在哪里进行；决定新产品的销售目标。产品经理没有任何直接的指挥权，不能发号施令，但他直接控制着事关品牌消费品绩效和成功的一项重大决定性因素，即广告和促销预算。

机床公司的质量控制工程师同样没有指挥权，也没有下属。但质量控制工程师通过设定质量控制标准，决定了制造流程的设计与结构，在很大程度上也就决定了制造流程的成本，以及制造厂的绩效。生产经理或厂长有权做决定，但质量控制工程师可予以否决。

税务会计师不指挥，不下达命令，除了秘书一般没有下属。然而，实际上，税务会计能对行动过程的税务结果发表意见，往往可决定该公司能做什么，又必须以怎样的方式去做，甚至对最高管理层都享有否决权。

宝洁的产品经理、质量工程师和税务会计师不是"直线"管理人员，但他们也不是"辅助人员"。他们的职能不是提建议，不是进行教学，而是从事"运营"工作。尽管他们在级别、薪酬和职能上都不属于最高管理层，却有着最高管理层的影响。

当然，有一些关键决策他们不能做，例如我们的业务现在是什么，应该是什么；业务的目标是什么；优先级别现在是什么，又应该是什么；如何分配关键的资本和人力资源。但即便是对这些决策，他们也可贡献核心知识，没有这些知识，关键决策就无法做出，至少无法有效做出。除非这些新的中层管理者根据责任和职权，将关键决策纳入自己的知识和工作，否则关键决策也起不了作用。此前我们曾提出，知识型专业人士是没有下属汇报的管理者。现在我们看到，从影响和责任的角度来说，他们属于最高管理层，哪怕前者比后者在组织位置上要低五六级。

知识型组织

中间管理层并没有像预测的那样走向消失。事实上，就连传统的中层管理者也并未消失，但过去的中间管理层正在向未来的知识型组织转变。

这需要重组个人的岗位，也需要重新构建组织及其设计。在知识型组织中，岗位都以公司的目标为焦点，哪怕是最低级的专业或管理层级亦然。它着眼于贡献，也就是说，它有自己的目标。它根据任务进行组织。它必须根据个别岗位的信息流进行思考和构建，并且它必须植入决策结构。不能再从对下单向施加权威的角度（类似传统中间管理岗位）设计它，必须意识到它是多维度的。

传统上，中层管理岗位设计得很狭窄，首要关注点是限制中层管理者的职权。然而，在知识型组织，我们要问，"这一岗位有可能做出的最大贡献是什么呢？"因此，焦点就必然从职权转到责任压力上。

需要明确的决策权

知识型组织需要明确的决策权。它要求想清楚什么样的决策权属于哪一方。知识型组织远比被它取代的简单"线性"组织复杂。除非清晰地说明决策职权，否则，知识型组织就会陷入无所适从的境地。

在设计上，知识型组织也是为了承担更大的风险。工作不再是有着清晰规范的"例行公事"。它是一种决策组织，而非除了以已知速度维持机器运转实现已知结果之外别无其他职能的机构。因此，事情会以意想不到的方式出岔子。如果决策当中未能植入"改变决策"的权限，一定会出现功能失调。

一家大型制药公司决定一年推出七种新产品，是前一年的两倍。该公司从各职能、各层级和各地区抽调组成了战略小组，在为期一年的时间里执行复杂的跨国战略。有些产品要首先在欧洲市场推出，有些要先在美国市场推出，一些要先配给全科医生，一些则先配给专科医生或医院。可产品真正上市之后，两款起初以为是弱项的药品却最为畅销。而据说最强的两款产品却碰上了不可预见的麻烦，增长大幅放缓。在制定战略的时候，没有人问过，"如果事情并未按计划发展，要由谁来负责调整计划呢？"结果，无穷无尽的报告、研究和会议之后，却并没有采取行动。最终，该公司收获的大部分利益被浪费了。两种出人意料成功的产品没有得到足够的支持，以继续拓展、利用在医学界收获的好评。竞争对手开发出了类似的仿制品，猎取了大部分好处。对遭遇意外困难的两种产品，投入的临床测试和营销努力要么大幅削减，要么大幅提升。人人都看出了这一点，但却没人有权做决定。

在新中层管理的知识型组织，对任何项目、任何程序、任何计划，都必须提出这样的问题："谁有权改变计划？"这能带来比美国中层管理传统设想中大得多的权力下放。在知识型组织，就连一线管理者也需要更多而非更少的职权。一线管理者必须也是决策的一部分，懂得决策意味着什么。他们必须获得与责任相称的职权，只不过不是知识权，而是指挥权。如果一线管理者不能获得对任务和下属的指挥权，那么一线管理者必须清晰地明白指挥权到底在什么地方。

最高管理层在知识型组织中的角色

在知识型组织中，最高管理层也不能再假设"运营人员"会按照吩咐去做事，它必须接受中间级别所做的真正决策。而运营组织也不能再以为自己可以脱离最高管理层完成任务，它必须了解高层管理决策。事实上，知识型组织的中间管理层必须承担"教育"最高管理层的责任。最高管理层必须理解知识型组织在努力做什么，它能够做什么，它认为自己的主要机遇、重大需求在什么地方，以及企业所面临的重大挑战是什么。最后，中间管理层必须坚持最高管理层在目标、战略和优先事项方面所做的业务决定。若不如此，中间级别就无法做好自己的工作。

最高管理层需要知道并理解知识型组织。前者需要与后者建立起沟通。依照传统假设，最高管理人员了解中层管理者的工作，因为前者是从后者一步步晋升而来的，但这种假设已经站不住脚了。就算是从中层管理组织晋升到最高管理层的人，也只直接接触过知识型组织职能工作的一小部分。而且，还有一些最重要的中间管理领域，也不再为最高管理岗位提供人力上的准备和检验。

事实上，这类领域里最有能力的员工，甚至根本不想进入最高管理层的工作，而宁肯待在自己的专业里。计算机专家一般希望待在本行，从事信息和信息技术方面的工作。同样，不管是在自然还是技术领域，不管是研究人还是研究经济，大多数研究员也希望继续搞研究。

不能再想当然地把知识型组织里的中层管理者视为履行日常任务、贯彻和执行最高管理层决策和命令的人。因此，最高管理层要获得效力，必须与知识型组织建立团队合作，与之往来沟通。

对最高管理层而言，知识型组织最重要的"公众"，即最需要与最高管理层建立关系的人，是高度专业化的年轻知识员工。他们往往最难理解高层管理者在尝试做什么，无法从整体上看待企业，无法关注公司的目标和绩效。然而，因为他们掌握的知识，他们很有可能一踏上事业生涯就获得影响力。在任何规模的任何企业，最高管理层都需要组织好与这些年轻知识专业人士的关系。

最高管理团队的每个成员都不妨每年找些时间，与年轻的知识员工团队坐下来谈一谈，对他们说："我没有安排。我想告诉你，我什么都没准备。我来这儿是为了倾听。你的工作就是告诉我，你认为我们这些最高管理层的人应该对你的工作有些什么了解，你认为我们该怎样做让它发挥最大生产力。你的工作是告诉我，你认为我们公司的问题和机会在哪里，告诉我，我们这些最高管理层的人可以怎么在工作中帮助你，又对你造成了什么样的妨碍。我只坚持一点，你必须做好功课，认真对待告知和教育我们的责任。"

但归根结底，在知识型组织，动员、组织、安排和指引知识，成了最高管理层的任务。不能认为知识员工（也就是今天组织里的管理者和专业人士）低人一等。他们属于中间阶层，拿中间阶层的薪水，履行中间阶层的职权。他们是晚辈，是同僚，而非下属。

总而言之，"管理"意味着用思想代替体力和肌肉，用知识代替民风和迷信，用协作代替强权。它意味着用责任替代服从，用绩效的权威替代权力的权威。故此，知识型组织是管理理论、管理思想、管理志向一直以来追求的方向。但现在，知识型组织已成为既成事实。第二次世界大战以来，管理就业的极大扩张把中间阶层变成了知识型专业人士，也就是拿薪水在工作中运用知识，根据知识做出决策，影响整个企业绩效能力、结果和未来方向的人。让这些中间级别全新的知识员工变得真正富有成效和成就，这项任务刚刚拉开序幕。它是对管理者进行管理的中心任务。

CHAPTER 9 | 第9章

为卓越配备人手

卓有成效的管理者把优势变为生产力。他们知道，自己不能以弱点为基础展开建设。为获得结果，他们动用所有可用优势——助手的、上级的和自己的。把优势变为生产力是企业的唯一目的。

管理者最先碰到的挑战，来自为优势提供的人员配置。卓有成效的管理者会根据员工能做什么事情来安排职位和晋升，其人员配置决策不是为了把弱点限制在最小限度，而是要把优势最大限度地发挥出来。据说，林肯总统听到自己的新统帅格兰特将军嗜好杯中之物，回答道："如果有别的将军能打胜仗，我宁肯亲自送一桶给他。"林肯是在肯塔基州和伊利诺伊州边境度过童年岁月的，显然知道杯中之物的危险性。但在联邦所有的将领里，只有格兰特一贯能打胜仗。任命格兰特成了美国内战的转折点。这是一次有效的任命，因为林肯选将军看中的是他打胜仗的能力，而不是因为他没有缺点。

不过，林肯是从一连串苦涩的教训中学到这一点的。在选择格兰特之前，他已经因为当事人没有明显缺点连续任命了三四位将军。

与此形成鲜明对比的是，南方阵营的罗伯特·李将军早就根据优势来配备将领了。他手下的每一名将领都是有着重大弱点的人。但李认为，这些缺点没关系——他的看法很对。这些将领里的每一个人都有一个真正优势的领域，而李要借助并有效运用的，正是这一优势。

故事里继续说，他手下的一名将领不停地下命令，完全打乱了李的计划，而且不是头一遭了。李将军通常是个很能克制脾气的人，但这一回爆发了。等他平静下来，一位助手恭敬地问："为什么不解除他的指挥权呢？"据说，李惊讶地转过头，看着助手说："这可真是个荒唐的问题——他战绩表现好啊。"

有效的人员配置以优势为基础，而非避免弱点

若是只看到人做不到什么，却看不到他能做些什么，并因此试图避免弱点而非发挥优势，这样的高管恐怕不高明。这样的高管兴许会把别人的优势看成威胁。但下属强而有效，是不会让高管受损的。

卓有成效的管理者知道自己的下属拿薪水是为了有所表现，而不是为了取悦上级。只要他们能带来客户，偶尔惹恼一个喜怒无常的明星并不打紧。

卓有成效的管理者从来不问："他跟我能相处好吗？"他们只问："他能做些什么贡献？"他们的着眼点始终是，"他在哪些地方做得与众不同的好？"他们寻找重大领域的卓越表现，而非普普通通的绩效。高管要是不首先问"这个人能做什么"，就注定要接受对方的贡献远逊于真实水平。故此，高管会提前把没有绩效的人排除在外。真正"苛刻"的老板（所有卓有成效的高管都是这样那样的苛刻老板）总是从人应该能够做好的地方着手，之后才要求这个人去做。

围绕弱点来建设，会阻挠组织的目标。但人可以构建组织的结构，让人

的弱点变成与工作和成绩无关的个人瑕疵。比方说，优秀的税务会计师约翰·琼斯，在私生活里因为无法与人相处而大受妨碍。但在组织当中，他可以独享一间办公室，不跟他人接触：让约翰·琼斯的优势变得卓有成效，把他的弱点变得无关紧要。如果高管明白，自己的任务就是要让约翰·琼斯做好他的税务会计工作，那么，对琼斯无法与人相处的弱点也就不会心存幻想了。

这一切显而易见。但是，为什么高管们不见得始终做得到这一点呢？

主要的原因在于，高管的当务之急不是安置人员，而是填充岗位，因此他们就倾向于从岗位着手，找人来填补它。这就很容易受到误导，寻找"最不称职"的人，也就是最不理想的人，而这必然导致平庸。

针对这种现象，广泛宣传的"治疗办法"是根据适合的个性来构建岗位，但这种治疗比病症还糟糕，除非是在一家非常简单的小组织。岗位必须是客观的，由工作任务决定，而不是由个性决定。

这种情况的一个原因是，组织内部岗位在定义、结构和位置上的每一点变化都会引发连锁反应。组织中的岗位相互依存，彼此嵌套。不能仅仅因为要取代一个岗位上的一个人，就调整每一个人的工作和责任：它会让十多个人连根拔起，为配合一个人而被推来操去。

维持岗位的客观性，还有一个较为微妙的原因。它是为组织提供多样化员工的唯一途径。围绕个性构建岗位，几乎必然会导致偏袒和迎合。这两样东西，任何组织都负担不起。组织需要人事决策上的公平、客观公正，否则，就会损失优秀的员工，或是破坏他们的工作动力。

躲开为适应个性而安排人员的陷阱

那么，卓有成效的高管是怎样根据优势配备人员，又不落入围绕个性构建岗位的陷阱里去呢？总的来说，他们遵循三项规则：

（1）他们不接受"岗位由自然或上帝创造"的假设。他们知道，岗位是由很容易犯错的凡人设计的。因此，他们永远对"不可完成"的岗位保持戒备心理。

这样的岗位很常见。通常，它们在书面上看起来合乎逻辑，但总是没法填补。一个又一个合格的候选人被送上去试过手，谁都做不好。半年或一年后，岗位把候选人打败了。为什么会这样呢？因为这个岗位很可能是为了配合一个不同寻常的人物创建的，专门根据他的个性特点所设计，它往往要求很难在一个人身上见到的混合气质。所以，这样的岗位就变成"没人做得了"。

规则很简单：任何连续挫败了两个或三个候选人（哪怕他们在之前的工作上都很出色）的岗位，都必须看作不适合人类，必须将它重新设计。

例如，每一本营销教材都总结说，销售管理应归入广告和促销，由同一位营销总监管辖。然而，来自大众市场品牌消费品的大型制造厂商的经验是，这个岗位是"不可完成的"。这样的企业既要在销售领域（也就是商品流动）保持高效，又要在广告和促销（打动人心）领域保持高效。这需要不同的个性，一个人身上很难同时具备。

因此，卓有成效的管理者首先会确保岗位设计得当。如果经验表明岗位设计本身就存在问题，那么卓有成效的管理者就不会浪费时间寻找天才去完成不可完成的任务，而是对岗位进行重新设计。这样的高管知道，组织的检验并不针对天才，它的本分是让普通人实现不凡的绩效。

（2）让每个岗位都足够苛刻，且有足够大的施展空间。岗位应该具有挑战性，让人把自己的优势发挥出来。

然而，大多数大型组织的政策不是这样。它们往往会把岗位弄得很小气，只有在根据特定时刻的具体绩效来设计和控制人员的时候，这么做才有意义。但我们不仅仅要在有人可用的时候填补岗位。除非是最简单的工作，任何岗位的需求都必然会发生变化，而且往往是突然就变了。这时候，"完美契合"就会立刻变成不匹配。可如果岗位一开始就足够大、要求苛刻，那么它就会促使在任人员奋起迎接变化后环境的新要求。

这条规则尤其适用于人的第一份工作，因为人应该有机会充分发挥自己的优势。比方说，新进员工简·琼斯的第一份工作就将为她确立了日后用来指引、衡量剩余事业生涯的标准。在她进入成年后的第一份工作之前，她从来没有过充分表现的机会。人在学校里只能展现潜力，只有在真正的工作里才能表现绩效，不管是在研究实验室，还是教学、商业或政府机构。不管是对新人简，还是组织的其他人员，即她的同事和上级来说，最重要的事情都是找出她真正能够做些什么。

对简来说同样重要的是，尽早发现自己是否真正来到了合适的地方，从事类型合适的工作。年轻人具备的优势，说不定适合一家组织，但在另一家组织却完全不适合，哪怕两家组织在外人看起来一样。

不光不同类型的组织是这样，同一类型的组织也是这样。迄今为止，我没见过两家大企业居然有着相同的价值观，强调相同的贡献。在一所大学里可以快乐地和富有成效的教员学习，换一所大学可能会变得迷茫、不快乐，充满沮丧。

干着第一份工作的年轻人，到了某个时候，应该问："我是在合适的地方从事合适的工作吗？"但如果最开始的工作岗位施展空间太小、太简单，设计目的是抵消他们缺乏经验，而不是发挥他们的潜力，他们就不可能提得出这个问题，更不可能做出回答了。

如果工作岗位太小，不能挑战、考验年轻人的能力，那么他们要么离职，要么立刻变成早衰的中年——尖酸刻薄、玩世不恭，缺乏生产力。各地的高管都抱怨说，许多原本心中燃着热火的年轻人，很快就变成烧焦的棍子了。这些高管只能责怪自己：是他们把岗位设置得太小，让年轻人的火焰熄灭了。

（3）卓有成效的高管知道，要获得人的优势，就必须容忍人的弱点。

出于这个原因，卓有成效的高管会问："这位候选人具备某个重大领域的优势吗？这种优势和任务相关吗？如果这个人在一个领域达到卓越，会带来显著差异吗？"如果答案是"没错"，高管就应该让这一候选人上任。

卓有成效的管理者绝不容忍如下论调："我可离不开杰克·琼斯，没了他我就麻烦了。"他们知道，出现像杰克·琼斯这样"离不开的人"，原因只有三个：他自己不胜任，只有靠着谨慎地躲开需求，他才能存活下来；他的优势遭到误用，拿去给不中用的下级垫背了；他的优势被用来拖延解决重大问题，甚至被用来遮掩重大问题的存在了。

在上述所有情况下，都应立刻将"离不开的人"调走。否则，人只会破坏自己具备的优势。

一位首席执行官决定，凡是被上级称赞为"离不开"的员工，都自动调任。"这意味着，"这位执行官说，"要么是有一个不中用的上级，要么是有一个不中用的下属，要么两者兼而有之。不管是哪一种情况，我们越早发现会越好。"

总之，晋升绩效检验证明最适合有待填充的岗位的人，必须是一条铁则。凡是与此相反的论点——"她不可或缺……""那儿的人没法接受他……""我们从不让任何没有现场经验的人去那儿"，都不用看得太重。工作岗位理应配得上最优秀的人才；绩效通过检验的人也理当获得机会。根据机会而非问题安排人手，不光造就了卓有成效的组织，还创造了热情和奉献精神。

反过来说，一贯不能发挥绩效的人，尤其是管理者，高管有责任将他开除。让这样的失败者留下，会妨碍其他人。这对当事人的下属、对整个组织，都极不公平。更主要的是，将当事人勉强留任，对他本人也是毫无意义的残酷。处在这种情况下的人，尤其是管理者，非常清楚自己的不足（不管他们是否愿意承认）。

上级要对他人的工作负责，他们也有权对他人的事业负责。故此，让优势发挥出生产力，远远不止是成效的根本因素。它是一种道义责任，是职权和地位上的责任。上级为所在的组织承担这一责任，让每一名下属的优势尽量完全发挥出生产力。但上级也是为下属承担这一责任，从人的角度来说，上级要帮助下属发挥出最大的优势。组织必须服务于个人的优势，而不管他们有什么样的局限性和弱点。

如何管理老板

无论是在企业、政府或任何其他机构，我还没有碰到哪个管理者没说过这样的话："管理下属，我没有什么大问题，但我该如何管理老板呢？"实际上非常容易：让老板的优势发挥生产力。

做到这一点，无须谄媚老板。卓有成效的高管知道，老板也是人（这一点，聪明的年轻下属往往觉得很难做到）。老板是人，所以也有着优势和局限性。围绕老板的弱点展开建设，和围绕下属的弱点展开建设一样，令人沮丧，单调乏味。因此，卓有成效的管理者会问："我的老板哪些事情做得真正优秀呢""他真正擅长做什么""我的老板需要我做些什么才能发挥绩效""她需要知道些什么才能运用到自己的优势"。卓有成效的管理者并不怎么看重老板做不到的事情。

卓有成效的管理者也知道，既然老板是人，他们就有发挥成效的途径，而且总是在寻找这些途径。

我们都是观察他人的专家，比看待他们自己更清楚地看待当事人。因此，让老板卓有成效是很简单的。但它需要围绕优势进行建设，剥离弱点。围绕上级的优势展开建设，最能让管理者也卓有成效。

3

第三部分

什么是企业

PEOPLE AND
PERFORMANCE

第 10 章
什么是企业

第 11 章
企业现实

第 12 章
目标的力量和企图

第 13 章
利润的错觉

第 14 章
管理资本生产力

第 15 章
管理公共服务机构

第 10 章 | CHAPTER 10

什么是企业

商业企业是由人，而不是力量创办和管理的。经济力量限制了管理的可行范围。它们为管理的行动创造了机会，但它们本身无法决定企业是什么、做什么。"管理无非是让企业去适应市场力量"，这一类的老生常谈再愚蠢不过了。管理不仅是要寻找这些力量，还必须创造它们。

另一个结论是，不能从利润角度去定义或解释企业。你问什么是企业，典型的商人可能会回答："创造利润的组织。"典型的经济学家也很可能会给出相同的答案。但这个回答不仅不成立，还不切题。

主流商业企业及行为的经济理论（追求利润最大化）只是用了个复杂的说法表示"贱买贵卖"的老一套，它或许足以解释特定商业企业是怎么经营的。但它不能解释所有企业的经营方式，也不能说明它们应该如何经营。利润最大化的概念其实毫无意义。

当代经济学家意识到了这一点，但他们试图挽救定理。乔伊·迪恩

（Joel Dean），当代最杰出、最多产的商业经济学家，至今仍坚持这样的定义。以下是他的定义。

经济理论的一个基本假设就是，追求利润最大化是每一家企业的基本目标。但近年来，理论家广泛描述的利润最大化指的是长期，指的是管理层而非所有者的收入，包括了非财务收入，比如高度紧张的管理者有越来越多的休闲，以及公司管理层之间更融洽的关系；为了限制竞争、维持管理控制、抵消工资要求、防范反垄断诉讼等特殊考量所拨备的资金。这个概念变得太过一般化，太过含混不清，似乎包含了人一辈子的大多数目标。

这种趋势反映出，理论家愈发意识到，许多公司，尤其是大型企业，并不是根据边际成本和收入角度的利润最大化原则经营的。⊖

一个"变得太过一般化，太过含混不清，似乎包含了人一辈子的大多数目标"的概念，根本不是概念。这等于是换了种方式说："我不知道，我不明白。"如果一个定理要成立，得把所有东西都说成是例外，那么它显然毫无意义、毫无用处。

利润最大化概念的危险在于，它把利润率变成了传说。只要考察过利润最大化理论与现实（如乔伊·迪恩所描述）之间差异的人，如果得出结论说"利润率并不重要"，并不算没有道理。事实上，约翰·肯尼思·加尔布雷思（John Kenneth Galbraith）就在《新工业国》（*The New Industrial state*）里得出了这个结论。⊜

然而，利润和利润率至关重要，对社会甚至比对当事的企业还重要。只不过，盈利不是商业企业和商业活动的目的，而是一项限制因素。利润不是企业行为或决策的解释、原因或理由，而是对其效力的检验。就算坐在董事

⊖ Joel Dean, Managerial Economics (Prentice-Hall, 1951), p. 28.
⊜ Houghton Mifflin, 1967.

会里的人是天使而非商人，他们仍然要考虑利润率，哪怕他们个人对赚取利润全无兴趣。

对任何企业来说，头一项检验不是追求最大化的利润，而是赚取足够的利润，弥补经济活动的风险，避免损失。

混乱的根源在于一种错误认识：以为企业中人的动机，即所谓的利润动机，能够解释他们的行为，或是指引他们采取正确的行动。到底有没有利润动机这种东西，是很值得怀疑的。它是古典经济学家为了解释静态均衡理论无法解释的经济现实而发明的。从没有证据能证明利润动机的存在。我们早就发现了经济变化和增长现象（也就是最初提出利润动机要解释的现象）的真正解释。

不管是否存在利润动机，理解企业行为、利润和利润率都用不着它。吉姆·史密斯做生意赚钱，只涉及他本身，还有记录人善恶行径的天使（如果有的话）。它并没有告诉我们吉姆·史密斯做些什么，绩效如何。光是听说有人到内华达沙漠去挖铀矿赚大钱，我们并不知道他们的工作是怎么一回事。光是听说心脏专家努力谋生，甚至尝试造福人类，我们并不知道他们的工作是怎么一回事。利润动机和它衍生出来的利润最大化概念，与企业的职能、企业的目的，以及企业管理工作都不相干。

事实上，利润最大化这个概念比不切题还糟糕：它有危险。它是社会上对利润性质产生误解，对利润怀有深层次敌意（这是工业社会里最危险的一种疾病）的重大原因。公共政策因不理解商业企业的性质、职能和目的所导致的最重大失误，它得负主要责任。认为利润和公司的社会贡献能力存在内在矛盾的主流信念，它也得负主要责任。事实上，企业只有在赚取高额利润的时候，才能对社会有所贡献。说句不好听的，不管今天的一些社会学家怎么想，一家快要破产的公司，不大可能是一家值得效力的企业，也不大可能是社区里的好邻居、好成员。

企业的目的

要知道什么是企业，我们首先要从它的目的入手。企业的目的必须在自身之外。事实上，它必须来自社会，因为企业是社会的器官。企业目的唯一有效的定义是，创造客户。

创造市场的不是上帝、自然或经济力量，而是管理企业的人。企业满足的需求，或许早在企业提供满足途径之前，客户就感觉到了。与饥荒中的食物一样，它可能支配着客户的生活，占据着他们所有清醒的时刻，但除非商人采取行动，把它变成有效的需求，它就始终是一种潜在的渴望。只有满足了需求，才出现了客户和市场。潜在客户也可能并未察觉自己的渴望，例如，在施乐复印机和计算机问世之前，没人知道自己想要这样的东西。完全没有渴望的情况也有——直到企业通过创新、信贷、广告，或者销售能力将它创造出来。总之，是企业的行动创造了客户。

客户决定了企业是什么。客户为一种商品或服务支付费用的意愿，把经济资源转化成了财富，把东西变成了商品。企业认为自己生产什么并不是最重要的，与企业的未来与成功也没有关系。客户认为自己在买什么，认为什么东西有价值，这才是决定性的——它决定了企业是什么，它生产什么，它是否会繁荣发展。而且，客户购买的、认为有价值的东西，从来不是产品，而始终是效用，即产品和服务为他们做了些什么。而我们很快就会看到，客户重视的价值是什么，往往并不明显。

客户是企业的基础，也是维持它存在的基础。客户带来了就业。为满足消费者的需求，社会将生产财富的资源委托给了企业。

企业的两大职能

因为企业的目的是创造客户，所以它有且只有两大基本职能：营销和创新。营销和创新能带来结果，其余的都是"成本"。

营销是企业最独特的职能。企业和其他所有人类组织的区别就在于企业销售产品和服务。不管是教堂、军队、学校或政府，都不这么做。凡是通过营销产品或服务满足自我的组织，都是企业。没有营销职能，或者以营销为附带职能的组织，就不是企业，绝不能用企业的方式进行管理。

在西方，塞勒斯 H. 麦考密克（Cyrus H. McCormick，1809—1884）第一个认识到了营销是商业企业独特而核心职能、创造客户是管理的具体工作。历史书上只说他发明了一种机械收割机，但他其实还发明了现代营销的基本工具：市场调研及市场分析、市场地位的观念、定价政策、服务推销员、为顾客提供零部件及服务，还有分期贷款。他在 1850 年完成了这一切，直到 50 年后，美国各地才广泛效法他的做法。

在很大程度上，1900 年开始的美国经济革命是一场营销革命。然而，在美国企业，具有创造力的、积极进取的开创性营销仍然很罕见。50 年前，美国企业对营销的典型态度是"工厂生产什么，销售部就卖什么"。今天，它越来越多地变成"我们的工作就是生产市场需要的东西"。不管执行上有多么欠缺，这种态度本身就改变了我们的经济，其程度丝毫不亚于 20 世纪的技术创新。

市场营销太基础了，不能像对待制造或人事等部门一样，把它视为企业内的一项独立职能（单独的技能或工作）。当然，营销需要单独的工作，进行一些独特的活动，但营销首先是整个企业的核心层面。从最终结果的角度来看，即从客户的角度来看，它就是整个企业。故此，对营销的关注和责任，必须渗透到企业的各个领域。

在美国的制造企业里，IBM 可能是营销方法最优秀的实践者，IBM 也是展现营销力量最合适的例子。IBM 的一举成名，不在于技术创新或产品领先地位。它刚进入计算机领域的时候，完全是个新手，没有专业技能或科学知识。可在计算机早期技术领先企业（如通用自动计算机公司、通用电气和美国无线电公司等）以产品为中心、以技术为焦点的时候，经营 IBM 打孔卡的销售员却问道："我们的消费者是什么人？他们看重什么东西？他们怎么购买？他们最需要些什么？"结果，IBM 公司接管了市场。

从销售到营销

尽管企业界百般强调营销和营销方法，但对太多的企业来说，营销仍然是一套说辞而非现实。"消费主义"证明了这一点，因为消费主义对企业的要求就是营销。它要求从客户的需求、现实和价值着手。它要求企业把自己的目标定义为满足客户需求。它要求企业将对客户所做的贡献作为奖励基础。经过了整整20年的营销宣传，消费主义却成了一场有力的民众运动，足以证明实践营销的企业并不多。消费主义是"营销之耻"。

但消费主义也是营销的机会。它强迫企业不光在宣言里，也在行动中以市场为重心。

最重要的是，消费主义应该驱散了一种普遍存在的困惑：为什么真正的营销这么少。管理者谈到营销的时候，大多指的是所有销售职能的有组织绩效。这仍然是销售，这仍然是以"我们的产品"为出发点。它仍然在寻找"我们的市场"。真正的营销从消费者的人口统计数据着手，从消费者的现实、需求和价值着手。它不问"我们想卖什么"，它问"顾客想要买的是什么"；它不说"这就是我们的产品或服务"，它说"这些就是顾客寻找的满意度、价值和需求"。

事实上，销售和营销是对立的，它们不是同义词，甚至并不互为补充。

有人会说，卖的东西总是有需求的。但营销的目的是淘汰销售。营销的目的是要深刻地明白和理解客户，让产品和服务适合他们，实现自己销售。

在理想情况下，营销应当带来愿意购买的客户。这时候需要做的就是准备好产品或服务，也就是准备好物流而非销售，准备好统计分配而非促销。我们现在距离这个理想还很远，但消费主义清晰地表明：企业管理正确的座右铭应该越来越多地改为"从销售到营销"。

企业是经济增长和发展的器官

光是营销并不能造就一家商业企业。静态经济里没有商业企业，甚至连商人都没有。静态社会下的中介人是以固定服务费为酬劳的经纪人，或者不创造价值的投机者。

商业企业只能存在于不断扩大的经济中，或至少认为变化很自然、可以接受的经济中。企业是发展、扩大和变化的特定器官。

所以，企业的第二个职能是创新，也就是提供不同的经济满足感。企业仅提供一般的经济商品和服务是不够的，它必须提供更好、更经济的商品和服务。企业不一定非要发展壮大，但它必须不断变得更好。

创新可以带来较低的价格，价格是经济学家最关注的数据，原因很简单：它是唯一能够用量化工具处理的数据。创新也可以带来更优秀的新产品、新的便利性，或是定义了新的需求。

最具生产力的创新是创造了全新满足潜力的不同产品或服务，而不仅仅是改进。通常，这个不同的新产品成本更高，但整体效果是让经济更具效率。

抗生素药物的费用远比过去所有医生用来对抗肺炎的冷敷法要高。计算机的成本远比加法机或打卡分拣机要高，打字机远比鹅毛笔要高，施乐复印机的成本比复写纸或者油印机要高。而且，如果我们找到了癌症疗法，花费一定会比第一流的葬礼还要多。

故此，产品的价格只是创新价值或整个经济过程的一个测量指标。我们可以把价格与单位产出（药物的价格与它减少的住院天数，或是延长的工作寿命年限）联系到一起，但就算这样也还不够。我们真正需要的是价值量度。创新带给了客户什么样的经济价值呢？只有客户才能判断，只有客户才知道自己的经济现实。

创新也可以是为原有产品找到新用途。如果销售员成功地把冰箱卖给因纽特人，防止食物被冻住，那么他就是一位不亚于发明了全新流程或产品的创新者。把冰箱卖给因纽特人保存食物，以免食物冻得过了头，实际上就是创造了新的产品。诚然，从技术上说，这还是原来的老产品，但从经济上看，这是创新。

首先，创新不是发明。创新是经济术语，而不是技术术语。非技术性创新（社会或经济创新）与技术性创新至少可谓同等重要。

不管发明蒸汽机是多么重要，两项非技术性创新对现代经济的崛起产生了同样大的作用：银行信贷撬动了购买力，并将概率数学应用到经济活动的实际风险上，即保险。有限责任公司和随后发展起来的公开上市有限责任公司这两项创新也同样重要。分期贷款（英国的说法——租购更准确）具有同等影响力。它让人得以利用投资的未来收益，偿付提高生产的手段。因此，它使得19世纪的美国农民购买了提高生产力的农具，在用较低成本获得更多收成之后再付款。在今天的贫穷欠发达国家，分期付款也为经济发展提供了强大动力。

和营销一样，商业企业不能再把创新视为单独的职能。创新并不局限于工程或研究，而是遍及整个企业的所有环节、所有职能、所有活动。它不能仅限于制造业务。流通领域的创新和制造领域的创新一样重要，保险及银行领域的创新也毫不逊色。

传统上，产品和服务创新的领导权，集中在一个职能部门，该部门不对其他任何事情负责。重型工程或化学技术企业尤其如此。保险公司也是这样，有专门的部门负责开发新险种；有其他的部门负责销售方面的创新，保险赔付政策管理上的创新，索赔和解上的创新，甚至还有一个部门可能负责公司资金投资方面的创新。而所有这些，都属于保险公司的业务。

但针对系统化、有目的的创新，最佳的组织方式是把它作为企业活动，而非职能性工作。与此同时，企业的每一个管理单位都有责任进行创新，有明确的创新目标。这些单位都应该负责为公司的产品或服务贡献创新。此外，它们还应该有意识地努力推动自己所在特定领域的技艺：销售、会计、质量控制或人事管理。

创新可以定义为赋予人和物质资源更强财富生产能力的任务。创新对发展中国家尤为重要。这些国家拥有资源，它们贫穷是因为没有能力用资源来生产财富。它们可以引进技术，但为了让引进的技术发挥作用，它们必须自己设计社会创新。

一个世纪以前，现代日本的奠基人就意识到了这一点。他们刻意让自己的国家依赖西方的技术，直至近年仍保持这种依赖。但是，他们将自己与手下员工的精力都引导到社会创新上，让整个国家变成强大的现代社会与经济体，同时仍保留日本独特的个性与文化。

故此，创新对经济发展至关重要。实际上，经济发展首先是企业家的任务。

管理者必须将社会需求变成有利可图的商业机遇，这也是创新的定义。今天，我们如此清晰地意识到社会、学校、医疗保健体系、城市和环境的需求，就更需要对此加以强调。这些需求和19世纪的需求并没有太大的不同，在19世纪，企业把当时的需求转换成了增长型产业——城市报纸和有轨电车、钢框架摩天大楼和学校教科书、电话和药物。新的需求同样要求有创新业务。

对生产财富的资源进行生产性利用

企业必须利用生产财富的资源，履行创造客户的目的。因此，它有责任对这些资源进行生产性利用。这是企业的管理职能。在经济方面，这叫作生产力。

这些年，人人都在讲生产力。提高生产力（更好地利用资源）既是高水平生活的关键，也是商业活动的结果。这并不是什么新奇说法。我们现在应该认识到，现代经济的苦难根源，即失控的通货膨胀，是生产力不足导致的缺乏病。但我们对生产力其实所知甚少，事实上，我们尚无法对其进行衡量。

生产力指的是生产各要素间达成平衡，以最小的努力实现最大的输出。这与每名工人或每小时工作的工作效率很不一样，传统标准与它非常疏远，对它反映得非常模糊。

传统标准建立在18世纪的信条上，即劳动力是唯一的生产资源，体力劳动才是切实的努力。这些标准还表达了荒谬的机械论，即所有的人类成就最终都能够用肌肉力量单位来衡量。现代经济中，生产力的提高从来不是靠肌肉努力来实现的。它总是来自取消肌肉劳动，让别的东西来代替劳动者。当然，替代劳动者的途径之一是资本设备，即机械能。

至少同样重要，但直至最近都乏人注意的还有，取代人工劳动（不管是熟练工还是非熟练工）实现的生产力提高，使得劳动者变成了知识工作者，如管理人员、技术人员和专业人士。

稍做思考即可发现，经济学家十分重视的资本形成率是次要因素。在安装设备和使用设备之前，必须有人规划、设计设备，这是一种概念性、理论性和分析性的工作。经济发展的基本因素必须是"大脑形成"率，也就是一个国家生产出具有想象力和愿景、受过教育、掌握理论和分析性技能的人的速度。

然而，资本设备的规划、设计和安装，只是通过大脑取代肌肉而提高生产力的一部分。工作性质发生的直接变化（也就是从要求熟练或非熟练体力劳动的工作，转变为需要理论分析、概念规划的工作）同样重要。

20世纪50年代分析美国和欧洲企业生产率差距的时候，首次发现了上述因素的贡献。诸如斯坦福研究所和经济合作组织等机构所做的研究清楚地表明，西欧和美国之间的生产率差距与资本投资无关。虽然资本投入和设备都是相同的，欧洲许多行业的生产率却比美国的相应行业低2/3。唯一的解释是，欧洲产业管理人员和技术人员的比例低，组织结构糟糕，过分依赖体力技能。

1900年，美国典型的制造企业在管理技术人员和专业人员上的花费，在每100美元直接人力工资里占到5～8美元。今天，很多制造行业这两项开支已达相同的水平，尽管按直接人力工资率计算的增长比例更大。除了制造、运输和矿业，在分销、金融、保险和服务行业（美国经济的2/3），生产力的提高主要是规划代替劳动，大脑代替肌肉，知识代替汗水实现的。

生产力出现最大增幅的地方，肯定是在知识劳动当中，尤其是管理领域。企业（尤其是财会部门）中与生产力相关的词汇已经过时得会造成误导了。会计所称的"生产性劳动"指的是照料机器的体力劳动者，而他们实际上是最没有生产性的劳动。会计所称的"非生产性劳动"，也就是所有为生产做贡献，但不看管机器的人，则是一锅大杂烩。它既包括前工业时代生产力低下的体力劳动，如清洁工，也包括一些传统上的高技能、高生产力劳动，如模具制造工，又包括新型的高技能劳动，如维修电工，还包括高知识员工，如监管员、工业工程师和质量控制人员。最后，会计揉成一堆的"管理费用"（一个散发着道德非议气味的词语）包含了本应是最具生产力的资源，如管理人员、研究人员、规划师、设计师和创新家。不过，它或许还包含了一些纯粹寄生性的甚至是破坏性的因素，体现为由于组织失当、士气低落或目标混乱，即管理不善，导致的高昂员工成本。

我们需要生产力概念考虑到付诸产出中的所有努力，并根据它们与结果的关系来加以表示，而不是假设劳动就是唯一的生产性努力。但要是这样的概念对努力的定义仅限于有形的、具有直接成本的、可测量的活动（也就是会计对努力的定义，会计眼里努力的象征），它仍然有所不足——哪怕已经前进了一大步。有些对生产力有着巨大甚至决定性影响的因素，从来无法用可见的成本数字来体现。

首先是知识，这是一种应用得当便最具生产力的资源，但要是遭到误用，它又最为昂贵，而且毫无生产力。知识型员工是必需品，是高性价比的工人。他们在学校里度过了很长的时间，这代表了极高的社会投资。

其次是时间，这是一种最容易变质的资源。是稳稳当当地持续使用机器和人，还是有一半的时间闲置，会给生产力带来巨大的差异。昂贵的资本设备闲置，以及浪费能干、高薪工人的时间，是最没有生产力的事情。同样不具生产力的做法，是在有限的时间里投入过多的生产性努力，比如在拥挤的厂房里三班倒，或是让老旧或精密仪器 24 小时无间歇运转。

最具生产力的时间，是管理者自己的，当然，它也可能成为最没有生产力的时间。不过，在所有生产力因素中，这是最乏人关注、最缺乏分析、最欠缺管理的一项。

生产力也是产品结构（product mix）的函数，即同一种资源不同组合方式的平衡。每一位管理者都应该知道，不同组合市场价值的差异，往往与构成该组合的努力不成正比。很多时候，两者之间甚至没有明显的关系。一家公司使用固定的原材料、依靠不变的技能要求，投入恒定的直接和间接劳动，生产数量恒定的产品，它既可能赚到财富，也可能走向破产，一切取决于产品结构。显然，这表明同一种资源的生产力有着可观的差异，但这种差异无法用成本体现，也无法用成本分析来检测。

还有一种重要因素，我称为"流程结构"（process mix）。公司怎样做最具生产力，是采购产品还是自行制造？是自行组装还是外包装配流程？是通过自己的流通组织以自家品牌宣传产品，还是把产品卖给使用独立品牌的批发商？公司最擅长什么？怎样才能最具生产力地利用自己的专业知识、能力、经验和信誉？

不是所有的管理层都要事事亲力亲为，也不是每一家企业都必须进入这些客观上看利润最为丰厚的活动。每一支管理队伍都有特定的能力和局限性，每当它想要超越这些限制，就很可能失败，不管所尝试的业务活动本身有多赚钱。

擅长经营高度稳定企业的人，无法适应多变的或者快速发展的企业。而经验表明，在飞速扩张的公司里成长起来的人，等公司进入巩固期后，有可能对其造成破坏。擅长经营长期研究型企业的人，在新奇或时尚商品的高压销售方面不大可能做好。利用公司的特定能力及管理，观察到公司的具体局限性，是生产力的一个重要因素。综合性企业可以优化资本的生产力，但在另一些同等重要的方面，可能生产力相当低，并获得很糟糕的结果。

最后，生产力受组织结构以及企业中不同活动平衡的影响极大。如果没有明确的组织，管理者要浪费时间去搞清楚自己应该做什么，而不是实际去做，公司的稀缺资源就被浪费了。如果高层管理人员只对工程感兴趣（或许因为公司所有的高层管理人员都是搞工程出身），而公司却需要集中关注营销，那么它就会缺乏生产力，由此带来的损害会比每名工人每小时产量下降带来的损害更大。

对会计和经济学家通常会考虑的因素（劳动生产力、资本和原材料）而言，这些因素是附加的。然而，它们完全同等重要。

因此，我们不仅需要在生产力的定义中体现所有这些影响因素，还需要设定囊括了所有这些因素的目标。我们必须确定准绳，衡量资本替代劳动力对生产力造成的影响，以及知识替代资本和劳动力这两者对生产力造成的影响；我们需要有途径区分创造性管理成本和寄生性管理成本的差异，评估时间利用情况、产品结构、流程结构、组织结构和活动平衡对生产力的影响。

不光单个管理层需要生产力的恰当概念和测量手段，整个经济也需要。没有这样的概念和手段，使得我们的经济统计数据出现了巨大的缺口，严重地削弱了我们的所有经济政策。它挫败了我们对抗萧条和通胀的一切努力。

利润的作用

利润不是原因，而是结果，是企业通过营销、创新和生产力带来的绩效结果。这是一个必要的结果，服务于企业的基本经济职能。利润首先是对绩效的检验，也是唯一有效的检验。20 世纪初，苏联尝试废除利润（尽管 20 世纪 50 年代之前，他们把利润称为资本公积金）就发现了这一点。

利润还有另一种同样重要的作用。它是承担不确定风险带来的奖金。经济活动，正因为是活动，所以着眼于未来，而关于未来，只有一点可以确定：它充满不确定因素，有风险。英语里的"风险"是"risk"，它的源头是阿拉伯文，意思是"挣回每天的面包"。正是通过承担风险，商人才能挣回每天的面包。因为商业活动是经济性的，它总是尝试带来改变。它总是干自己砸自己脚的事儿，不是让现有的风险更有风险，就是带来新的风险。

经济活动有着漫长的未来；基本的决策需要 15 年甚至 20 年才能完全发挥效果，重大投资才能尽数收回。早在 100 多年前，人们就意识到，经济发展的先决条件是"延长经济的迂回"。尽管我们对未来一无所知，但我们知道，我们所投入的未来，风险呈几何级数增长。

光是利润，就可以为明天的就业提供资本，创造更多的岗位，也创造更好的岗位。

这又是经济发展的一种定义，即用于需要创造额外新岗位的投资在增加。

今天的会计师或工程师比其祖父一代人在农场生活得更好，这不是因为前者工作更努力。相反，前者的工作远不如长辈们辛苦。前者生活得更好，也不是因为他们是比祖父们更好的人。他们与祖父一代是同一种人，与曾祖父一代也是同一种人。今天的会计师或工程师能得到如此高的报酬，又工作得没那么辛苦，是因为对他们及工作岗位的资本投资无限高于祖父一代人。1900 年，祖父那代人开始谋生的时候，美国每个农民的资本投资最多 5000 美元。而为了创造会计师或工程师这样的岗位，社会至少要在学校和教育上面投入 50 000 美元的资金和费用。接下来，用人单位还得在每个岗位上额外投资 25 000 ~ 50 000 美元。创造更多更好岗位的所有投资，都来自经济活动的盈余，也就是来自利润。

最后，利润为经济满意度，以及从医疗保健到国防，从教育到歌剧等方方面面的社会服务买单。这些都要靠经济生产的盈余来偿付，也就是说要来自经济活动生产的价值与其成本之间的差额。

近年来，商业人士对利润往往心怀愧疚。这一指标说明他们对利润解释得不够好，对自己的工作也解释得不够好。人只要一谈利润动机、利润最大化一类的废话，就没法为利润找到正当的存在理由了。

不需要为获取利润道歉，因为利润是经济和社会的必需品。恰恰相反，生意人应该感到内疚、有必要道歉的是，没能为经济和社会职能运转贡献足够的利润；只有利润，才能让它们发展起来。

德国企业高管、政治家兼社会哲学家瓦尔特·拉特瑙比同时代的西方人更深入地思考过企业的社会责任感，他提出用"责任"一词代替利润。诚然，利润并非企业的所有责任，但却是企业的首要责任。未能产生足够利润的企业，既损害了自己受托照料的资源的完整性，又损害了经济的发展能力。它辜负了社会对自己的信任。

最起码，企业需要最低限度的利润，即足以承担未来风险所需的利润，能让自己继续营业、维持资源的财富创造能力完整所需的利润。这种必需的最低利润通过设定限制条件、检验其效力，影响着企业的行为和决策。管理层为了管理，需要一个至少与最低利润相当的利润目标，以及根据这一要求衡量企业盈利表现的标杆。

那么，什么是管理企业呢？它遵循对企业活动的分析：通过营销和创新创造客户，这是管理企业永远需要具备的企业家特质。管理企业需要行政绩效，但它也遵循创业目标。结构遵循战略。

管理企业还必须是一件创造性任务，而不是适应性任务。管理层越是主动创造、主动改变经济条件，而不仅仅是被动适应，那么它对企业的管理就越是得当。

对企业性质的分析结果表明，管理尽管最终单纯由绩效来检验，但仍是一种理性活动。具体来说，这意味着企业必须设定目标，表达理想中的结果，而不是像最大化利润理论里暗示的那样，瞄准有可能性的结果。把人的眼光固定在理想结果上，确定了目标之后，就可以提出如下问题：在现实层面上必须做出什么样的让步。这需要管理层来决定企业参与哪些业务，应该从事哪些业务。

第 11 章 | CHAPTER 11

企业现实

　　人们普遍抱怨，管理者没有拿出充分的时间思考未来，或是对未来没有进行充分的思考。这是管理者工作日里反复出现的主题，也是管理文章和书籍里反复出现的主题。

　　这个抱怨是有根据的。管理者应该对企业的未来多花时间、多做思考。他们还应当对其他很多东西，比如管理者的社会和社区责任等多花时间、多做思考。他们和所在企业，因为这些疏忽付出了昂贵的罚金。对未来的疏忽只是症状而已；高管们轻视明天，因为他们跳不出今天。这也是症状。真正的病根在于，缺乏根本的知识和体系让企业应对经济任务。

　　今天的工作耗掉了管理者所有的时间，但做得好的却很少。很少有管理者会对自己在眼下任务上做出的绩效印象深刻。他们觉得自己陷入了"竞争循环"里，被倒进他们托盘上的东西追着跑。他们知道，试图"解决"这个或那个"迫切"问题的死机程序是达不到正确和持久效果的。即便如此，他们却急着从这套死机程序跑向另一套。更糟糕的是，他们知道，不管"解决"多少次，同样的问题还是会反反复复地出现。

所以，在思考应对未来之前，管理者必须首先能够在更短时间里迎接今天的挑战，带来更大的影响，获得更好的绩效。要做到这一点，就需要使用一套系统化的方法处理今天的任务。

经济任务的三重维度

经济任务有三重不同的维度：①当前业务必须有效；②必须确认、实现它的潜力；③必须为了不同的将来把它变成不同的业务。每一重维度都需要采用不同的方法，每一重维度都提出了不同的问题，每一重维度都得出了不同的结论，但它们不可分离。所有这三重维度必须在同一时间（今天）完成。所有这三重维度都必须由同一家组织、同一批人力、知识和资金资源，在同一条企业流程中执行。未来不能等到明天再做；它必须在今天，并主要靠与今天任务相关的决策和行动来完成。反过来说，做什么工作才能实现未来直接影响到了现在。任务彼此重叠，它们需要一套统一的战略。要不然，就无法真正完成。

要解决上述任务中的任何一个（更不必说三者要同时解决），必须理解企业的真正现实，把它看成一个经济系统，了解它实现经济绩效的能力，懂得可用资源与可行结果之间的关系。否则，就无法逃避"竞争循环"。这种认识没有现成可用的，而是要针对每一家企业单独发展。不过，潜在的假设和期待基本上是共同的。企业诚然不同，但若不考虑规模及结构、产品、技术及市场、文化及管理能力的话，企业也大同小异。企业有着共同的现实。

大多数企业大部分时候其实适用两种概括性假设：一种概括的是企业的结果和资源，另一种概括的是企业的努力。合在一起，它们带来了有关企业任务在性质和方向上的若干结论。

这些假设基本上听起来有其道理，大多数企业人士也很熟悉，但很少有人把这些假设融合成一套有机的整体。几乎没人从中汲取行动结论，不管这些说法多么吻合人们的经验和知识。因此，很少有管理者根据这些，也就是他们自己的假设和期待采取行动。

结果与资源在企业之外

结果和资源都不存在于企业内部，两者都在企业外面。企业内部没有利润中心，只有成本中心。有一点可以说得很肯定，任何企业活动，不管是工程还是销售，是制造还是会计，都只消耗企业的努力，产生成本，而它们是否有助于获得结果，却有待观察。

结果不依赖企业内部的任何人，也不依赖企业控制范围内的任何东西。它们依赖外面的人——市场经济下的客户、管制经济下的政治当局。企业的努力是能变成经济结果，还是白白浪费，总是由外面的人决定的。

任何企业都具备的独特资源也是一样：知识。其他资源，不管是金钱还是实体设备，不会给企业带来任何区别。让企业变得独特，以及它所拥有的特别资源，是企业运用各种知识（从科学和技术知识，到社会、经济和管理知识）的能力。只有从知识的角度着眼，企业才能变得独特，故此也才能生产出在市场上有价值的东西。

然而，知识并不是企业的资源。它是普遍的社会资源。它不可能长期保密。有一句古话说得很深刻："凡是某个人能做出来的事情，总有其他人能再做出来。"所以，企业的这项决定性资源，就与企业的结果一样，大部分在企业之外。

没错，我们可以把企业定义成一个把外部资源（知识）转换成外部结果（经济价值）的过程。

结果来自机会：资源投入机会

结果是靠利用机会而不是解决问题实现的。解决问题带来的无非是恢复常态。解决问题充其量能消除企业产能的限制来得到结果。但结果本身，必然来自利用机会。

资源，是用来产生结果的，必须分配到机会上，而非问题上。此外，人不可能摆脱所有的问题，但可以将问题限定在最小限度。

经济学家对企业利润最大化谈得很多。无数批评家指出，利润最大化是一个模糊的概念，毫无意义。但"机会最大化"则是企业任务的一个有意义甚至精确的定义。它意味着，效力（effectiveness）才是企业必不可少的东西，不是效率（efficiency）。切题的问题不是如何把事情做对，而是如何找到对的事情去做，如何把资源和努力集中在对的事情上。

领导地位及结果

经济结果只有靠领导地位来获得，而不能靠单纯的竞争。利润是在一个有意义的领域做出独特甚至独一无二的贡献所得到的奖励，而什么有意义，则由市场和客户决定。利润只能靠提供一些市场认为有价值并愿意为此付款的东西来赚取。价值始终暗示，让一种产品脱颖而出的额外特点，为产品赋予了难以言说的领导素质。真正的垄断是例外，毕竟，真正的垄断就与传说里的神兽——独角兽一样神秘（除了政治强制的政府垄断之外，石油输出国组织或许是这方面一个突出的例子）。

这并不意味着企业必须是产业巨头，也并不意味着它要在每一条产品线、每一个市场、每一种技术上都保持第一。庞大并不等于领导。在许多行业，最大的公司并不是利润最丰厚的公司，因为它必须负担自己不能做得独一无二的产品线、供应市场，或是采用这样的技术。第二位甚至第三位往往更可取，因为它有可能集中在市场的一个细分部分里，集中在一种类型的客户身上，集中在一种技术的应用上，而真正的领导地位大多来自这些东西。事实上，很多公司相信自己能够或者应该在市场或行业里的每一件事上保持领导地位，反而是妨碍这些公司实现这一点的主要原因；它让这些企业分散了资源，而绩效要求资源集中。

一家渴望得到经济结果的公司必须在某种对市场或客户具有真正价值的东西上掌握领导地位。它可能是产品线上狭窄而重要的一个方面，可以是服务，可以是流通，可以是将设想迅速以低成本转化为市场可售产品的能力。

除非掌握这样的领导地位，否则，企业、产品、服务就会沦为边缘。它或许看起来仍然是领导者，仍然保持着大块市场份额，或许气势汹汹、历史悠久，或许身后有传统，但从长期来看处于边缘地位无法生存，更无法产生利润。它靠着他人的惯性勉强存在。一旦经济陷入不景气，它迟早会被挤出市场。

任何领导地位都是暂时的，且很可能是短命的。没有一家企业能牢牢地保持领导地位。企业结果所仰赖的市场，企业视之为资源的知识，人人都能接触到。所有的领导地位都仅仅是暂时的优势。这其实也就是说，利润只来自创新者的优势，一旦创新成为常规，利润就消失了。在企业界（就和在物理系统中一样），能量总是趋于扩散的。企业很容易就从领导地位沦为平庸，而平庸者，又有3/4后来沦为边缘。结果总是从赚取利润，沦为赚取一笔充其量与能力价值相当的费用。

那么，管理者的任务就是逆转通常的沦落路线。让企业的焦点离开问题，着眼于机会，创造领导地位，对抗平庸趋势，用新的能量和新的方向代替堕落的惯性和势头。

企业内部的努力和成本

第二组假设涉及企业内部的努力及成本。

凡存在的都要老去。大部分管理者把大部分时间用来解决问题，已经算说得很委婉了。确切地说，他们把大部分的时间用来解决昨天的问题。管理者在抵消过去上用的时间比什么都多。

在很大程度上，这不可避免。今天存在的东西，必然都是昨天的产物。企业本身——它现有的资源、努力及其分配，它的组织及其产品，它的市场，还有它的客户，必定表达了昨日的决定和采取的行动。企业的人员，也绝大多数是在昨天的企业中成长起来的。他们的态度、期待和价值观形成于早前的时间；他们爱把从过去得来的教训应用到眼下。事实上，每一家企业都把过去发生的事情视为常态，对凡是与过去模式不相吻合的东西，都强烈抵触，视为异常。

无论当初做出的决策、采取的行动有多么明智、高瞻远瞩、勇敢无畏，它们总会事过境迁，变成企业的常规行为和惯例。无论当初形成的态度多么恰当，等到了持有这些态度的人升入高层决策岗位，造就它们的世界早就不复存在。事件永远不会如期发生；未来总是有所不同。一如将领们总是在为刚过去的那场战争做准备，企业中人也往往会根据上一次的繁荣或萧条做出反应。所以，凡是存在的东西都会老化。人类的任何决策或行动，一旦做出，就开始老旧。

恢复常态的努力一概是徒劳的；"常态"仅仅是过去的现实。人们的任务不是把昨天的常态强加给已经改变的今天，而是改变企业及其行为、态度和期待，以及它的产品、市场、流通渠道，适应新的现实。

凡是存在的东西，就有可能被分配到错误的地方。商业企业不是一种自然现象，而是一种社会现象。在社会场合下，极少数的极端事件（10%，最多20%），可以对90%的结果负责；而绝大多数的事件只能解释10%的结果。市场上也是这样：数千客户里的少数大客户带来了大批订单；生产线上数百种产品里的少数几种带来了最大的销售量，等等。销售努力同样如此：数百名销售员里的寥寥数人几乎带来了2/3的新业务。工厂里仍然是这样：少数产品占了最多的吨位。研究还是这样：实验室里总是同样的几个人带来几乎全部重要的创新。

它差不多还适用于所有的人事问题：大量的怨气总是来自少数几个地方，或是同一群员工；大量的旷工、跳槽，对待议系统的建议、事故等，莫不如此。在纽约电话公司（New York Telephone Company）进行的研究表明，就连疾病领域也是这样。

这个对正态分布的断语，有着广泛的暗示。

第一点暗示是，尽管90%的结果来自最初10%的事件，但90%的成本却是剩下90%没有结果的事件带来的。换句话说，结果和成本成反比关系。

第二点暗示是，资源和努力通常会自动分配到90%基本上得不到结果的事件上。它们根据事件数量的多寡来自动分配，而不是按结果来分配。事实上，最昂贵、最有生产潜力的资源（训练有素的员工）也总是自动分配得最糟糕。因为大量事件带来的压力，因为人迎难而上的骄傲感而得到强化——哪怕这些困难的事情并无生产力。所有的研究都证明了这一点。请让我举几个例子。

某大型工程公司素以自己技术服务团队素质高、名声好而自豪，这支团队里有好几百名昂贵的工程师。他们确实是一流。但对他们的分配做一番分析后可清楚看出，尽管他们工作努力，但贡献甚少。他们大多从事"有趣"的问题，尤其是小客户的"有趣"问题，可就算解决了这些问题，带来的业务也很少。汽车行业是该公司的主要客户，占公司1/3的购买量。但记忆所及，技术服务人员几乎从不涉足汽车公司的工程部门或工厂。工程师们的反应是，"通用汽车公司和福特并不需要我，他们自己有人"。

同样，在许多公司中，销售人员配置不当。大多数销售人员（以及最高效的销售人员）通常会把精力放在难以卖出的产品上。这些产品难卖，不是因为过了时，就是因为是二流货色，是管理层出于虚荣心才拼命地想要让它们变成赢家。而明天的重要产品却很难得到必要的销售努力。在市场上获得轰动性成功（也正应该全力以赴努力销售）的产品，往往遭到轻视。销售员们共同的结论是，"反正它们不用额外费力就能卖得很好了"。

许多公司以同样的方式来分配研究部门、设计人员、市场开发力度，甚至广告宣传力度：只看重交易量而不看重结果，只看重难度而不看重生产性，只看重昨天的问题而不看重今天和明天的机会。

第三点重要暗示是，收入资金和成本资金一般不是同一条资金流。大多数商界人士是在思想之眼里看它们的，大多数会计陈述假设：收入流反馈到成本流里，反过来成本流又反馈到收入流里。但这并不是封闭循环。收入显然要为成本产生必要的资金。但除非管理层不断有意识地将努力引导到能产生收入的活动上，否则成本往往会自动分配到什么也带不来的活动上，分配到纯粹的繁忙琐事上。

从努力和成本的角度看，从资源和结果的角度看，企业往往会漂向精力分散的方向。

故此，就必须不断重新评估和重新定向，而且，期待最小的地方需求最大，也就是说，让当前的业务有效。当前是企业最需要履行效力的时候；当前需要最敏锐的分析和最大的精力。可人们总是受到危险的诱惑，不断修补昨天的破衣服，却忘了设计明天的款式。

零敲碎打的做法不够。要真正理解企业，管理者必须完整地看待它。管理者必须把它的资源和努力视为整体，看到它们分配到产品和服务、市场、客户、最终用户和分销渠道上。管理者必须看到哪部分的努力放到了问题上，哪部分的努力放到了机会上，从而必须权衡不同的方向和分配方式。部分分析很可能带来误传和误导。只有从整体上将整个企业看成一个经济系统，才能带来真正的认识。

集中是实现经济结果的关键。经济结果要求管理者把努力集中到最少量且又能带来最大收入的产品、产品线、服务、客户、市场、分销渠道、最终用户上。对主要带来成本（因为产量太小或太分散）的产品，管理者必须将关注度限制到最低水平。

经济结果要求员工的努力集中到少数能产生显著业务结果的活动上。

有效的成本控制需要将工作和努力集中到少数改善成本绩效能显著影响企业绩效和结果的领域，也就是相对较小的效率增幅就能带来经济效力大幅增长的地方。

最后，人力资源必须集中在少数重大机会上。高级人力资源（工作要靠知识才能有效进行）尤其如此。对企业中最稀缺、最昂贵但也可能是最有效的人力资源（管理人才），就更是如此。

今天，在实现效力的所有原理中，只有集中原理反复被违背。当然，这种情况不仅仅存在于企业当中。政府试图在每件事上都插一手。当今的大学试图成为针对所有人的全能型机构，把教学和研究、社会服务、咨询活动等全部结合到一起。而企业，尤其是大型企业，在分散精力方面表现得毫不逊色。

不久以前，人们很流行批评美国产业界"计划报废"的做法。批评产业界尤其是美国产业界强制推行"死亡标准"，一贯受人青睐。遗憾的是，这些批评没瞄准地方：产业界这么做是理所应当的，而且很多时候它也并未真正做到。

美国大公司素来感到自豪的一点是，自己愿意也能够提供任何专长，来满足各种需求，甚至刺激需求。许多企业夸口说，它们从不主动放弃某种产品。结果，大多数大公司在产品线上积累了成千上万的品目，可很多时候，能热卖的产品不超过 20 种。然而，这 20 种甚至更少的产品却贡献了收入，承担了其余 9999 种卖不出去的产品的成本。

事实上，美国在当今世界竞争力上存在的基本问题，恐怕就是产品杂乱。如果正确地分配成本，我们大部分行业的主要生产线是完全具有竞争力的，哪怕我们的工资高、税收负担重。只不过，我们白白消耗了自己的竞争优势，对不计其数的各类专业给予补贴，这些专业里只有极少数能自负成本。举个例子，在电子产品方面，日本便携式晶体管收音机的竞争力无非就是日本人把精力集中在了这一产品线上的少数几款产品上，反观美国制造商，却不受控制地开发出了各种没什么本质区别的产品。

对员工活动，我们这个国家同样浪费。我们的口号似乎是"让我们凡事都做上一点点"——人事研究、高级工程、客户分析、国际经济、运筹研究、公共关系等。因此，我们有了庞大的工作人员队伍，但在任何领域都不曾集中足够的精力。

当然，我要强调，这些只是假设。它们必须靠实际分析进行检验；对特定企业的特定时期，有一两条假设说不定并不适用。然而，它们有充分的可能性为高级管理者理解企业奠定必要的分析基础。它们是分析三种企业任务所需的出发点：让当前的企业有效；发掘企业潜力；创造企业未来。

不管是看似简单的小企业，还是非常复杂的大公司，都需要具备此种认识。不管是对事关今天效益的紧迫任务，还是对自此多年以后的未来工作，也都需要具备此种认识。对任何认真对待自己企业责任的管理人员，它都是必备的工具。这种工具，管理人员不能随心所欲地自己塑造，也不能妄加滥用。他们必须主动参与制造并使用。设计和开发这种工具，以及运用它的能力，应该是企业管理者的标准配备。

第 12 章 | CHAPTER 12
目标的力量和企图

西方世界有一家公司可以与西尔斯 - 罗巴克（Sears，Roebuck）相提并论，那就是玛莎百货（Marks & Spencer）。后者甚至在销售和利润增长方面多年略微领先。

和西尔斯一样，玛莎百货是一家连锁零售企业。1884 年，它的第一家"便士集市"开张，与理查德·西尔斯（Richard Sears，西尔斯公司的创始人）向中西部农民投出第一份廉价可靠手表的邮购订单差不多是同一时期。1915 年，玛莎公司当时正在建立多家商店。自此以后它一直迅速成长。不过，1963～1972 年这 10 年，是其最引人注目的增长期，也就是英国历史上著名的"滞胀"期（通货膨胀且经济发展停滞）。在这一艰难时期，玛莎百货的销售量增长了一倍多（从 1.84 亿英镑增加到 4.63 亿英镑，按当时汇率换算成美元，是从 4.60 亿美元增加到 11 亿美元）。利润增长同样迅速，从 2200 万英镑涨到 5400 万英镑（5500 万～1.35 亿美元）。同样了不起的是利润率，几乎达到税前的 12%，只要能有这个数的一半，其他零售商（西尔斯–罗巴克除外）就心满意足了。

以社会革命作为企业使命

20世纪20年代中期，将1915年的"便士集市"发展成为下辖多家门店的大型连锁店的4个连襟弟兄——西蒙·马克斯（Simon Marks）、伊瑟尔·西夫（Israel Sieff）、哈里·萨契尔（Harry Sacher）和诺曼·拉斯基（Norman Laski），拥有了一家成功企业。他们本可以躺在功劳簿上享受可观的财富，但1924年，西蒙·马克斯到美国仔细考察了西尔斯–罗巴克公司之后，他们决定重新思考自己企业的目的和使命。他们认定，玛莎百货的业务不是零售，而是社会革命。

玛莎百货重新定义了自己的业务，它颠覆了19世纪英格兰的阶层结构，为工人和中低阶层提供比上等阶层质量更好的高档商品，同时价格又是工人和中低阶层客户一定承受得起的。

在20世纪20年代的英国，肯定不只玛莎百货一家企业认为第一次世界大战后英格兰社会发生的飞速变化带来了巨大的机遇。然而，让玛莎百货独树一帜、大获成功的，是它把"我们的业务是什么，又应当是什么"的定义，转换成了清晰、具体、能有效操作的多个目标。

这首先需要决定全力以赴集中到一个基本的战略目标上。

玛莎百货是一家连锁商店，与同类企业一样，它提供海量的多样化产品，这些产品除了低廉的价格之外，别无共同之处。现在，公司决定集中精力在服装上（后来很快又增加了家用纺织品，如毛巾和窗帘）。

这是一个理性的决定。当时的英格兰，服装仍然受阶层决定，有着清晰可见的阶层差异。然而，第一次世界大战之后，整个欧洲都产生了时尚意识。同时，能生产价格便宜、高品质面料和服装的大规模生产设施应运而生

（在很大程度上，这是第一次世界大战期间对制服的巨大需求带来的结果）。新的纺织材料，如人造丝和醋酸纤维进入了市场。只不过，在英格兰，还没有出现针对大众的廉价时尚设计服装的大规模分销系统。

短短几年，新玛莎百货就成为英格兰顶尖的服装和纺织品经销商，且此后一直保持这一地位。到 1972 年，服装销售占玛莎百货总销售额的整整 3/4，即 3.27 亿英镑（约合 8 亿美元）。

第二次世界大战后，同样的想法应用到一种新的主要产品类别上：食品。第二次世界大战期间，从前素来抗拒饮食创新的英国人，学会了接受新食物。1972 年，玛莎百货的食品业务占了剩下的 1/4 销售额。

玛莎百货从 20 世纪 20 年代初甚至 30 年代初的成功多样化连锁店，有意识地转变成了一家与众不同、有可能是全世界最大的"专业"营销商。

目　　标

集中决策使得公司制定出了具体的营销目标。这一决定促使它判断自己的客户是什么人，又应当是什么人；它在什么时候需要什么样的门店；采取什么样的价格政策，瞄准哪些市场进行渗透。

玛莎百货要攻克的下一个领域是创新目标。玛莎百货需要的服装和纺织品在当时是不存在的。和其他所有大型零售商一样，玛莎百货从质量控制着手，但它很快把自己的质量控制实验室变成了研究、设计和开发中心。它开发新面料、新染料、新工艺、新混搭等。它开发设计和时尚。最后，它走出门，寻找合适的制造商，一开始还得给予有些厂商以帮助，因为现有的传统生产线制造商显然并不急于把自己的筹码扔到一家试图告诉自己怎样经营买卖的莽撞暴发户上。而等到第二次世界大战结束后，玛莎百货进入加工食品、烘焙食品和奶制品行业，也采用了同样的创新方法。

玛莎百货还在营销上确定创新目标。20世纪30年代初，它首先开创了消费者研究，当时，这一任务太过超前，玛莎百货甚至要自己开发所需技术。（1929年之前，通用汽车公司进行过一场消费者调查活动。不过，我怀疑玛莎百货并不知道这件事，因为就算是在美国汽车行业，知晓内情的人也不多。）

玛莎百货为关键资源的供给和开发设定目标。它早期仿效、改编了西尔斯的管理者招聘、培训和发展项目。它为财务资源的系统化开发、控制和利用指标设定目标。它为旗下的实体设施，以及零售门店的发展设定目标。

靠着这些资源目标，玛莎百货又开始为生产力设定目标。玛莎百货的控制和测量方式原本借鉴自美国。20世纪二三十年代，它开始自己设定目标，不断改善关键资源的生产力。

因此，玛莎百货的资本有着奇高的生产力，这显然是其成功的关键因素之一。可还有一个基本上遭到忽视但其实同样重要的关键因素是，据我所知，玛莎百货零售门店的生产力，比任何地方，包括西尔斯-罗巴克，以及美国零售行业公认的门店管理高手克雷斯吉（Kresge），都要高。

直至20世纪20年代末，玛莎百货的扩张主要是靠开设新店来实现的。自20世纪30年代起，玛莎百货的扩张逐渐变成了靠提高每家门店的生产力、提高每平方英尺销售面积的销售量来实现。从门店数量来看，玛莎百货仍然只是一家中等规模的连锁店——只有250家门店。相比之下，西尔斯有上千家门店，杰西潘尼百货（J. C. Penny）也一样。就算以英国的标准看，玛莎百货的门店本身并不大，每家店的平均销售面积仅为20 000平方英尺⊖。（相比之下，美国大型超市的面积可达到10万平方英尺。）可这些小门店每年能卖出价值400万美元的东西，比其他许多公司最成功的零售门店高好多倍。唯一的解释就是每家门店的库存量不断更新，也就是商品、展示

⊖ 1平方英尺 = 0.092 903平方米。

和每名消费者的销售额不断更新。门店销售空间是零售商的可控资源；玛莎百货成功地提高了零售空间的利用效率，这是它辉煌绩效的核心。

玛莎百货为自己的社会责任，尤其是对自己有重大影响的领域——自己的工作团队和供应商设定目标。它引入了员工经理（staff managers）一职（事实上，玛莎百货称为"员工女经理"，因为这些经理都是女性）到门店照看员工，照料其个人问题，确保员工得到明智而善意的对待。人事管理仍然是门店经理的工作。设立员工经理的原因是为了让她们成为公司"员工的道德心"。

类似地，玛莎百货也为自己与供应商的关系设定目标。供应商与玛莎百货合作越是成功，就越是依赖后者。防范供应商被公司剥削，成了玛莎百货管理层的关注点。它着手设计了一套"外包"制度（putting out system），与18世纪初前工业革命时代的前身不一样，不是要让供应商变得贫困，丧失安全感，相反是要让供应商富裕起来，赋予其安全感。

利润：结果而非目标

玛莎百货有利润目标吗？答案是：从未有过。在玛莎百货，利润目标不受欢迎。显然，该公司利润很高，也有很强的利润意识。但是，它认为利润不是目标，而是企业的要求，也就是说，不是目标而是需要。按照玛莎百货的看法，利润是把事情做对带来的结果，而非商业活动的目的。利润是由达成公司目标必须做什么样的事情来决定的，利润率是公司在履行为市场和客户效力职能方面是否称职的测量指标。它首先是一种限制条件；除非利润足以承担风险，否则公司无法实现其目标。

我不知道玛莎百货的最高管理层怎样在早期，也就是20世纪20年代末和30年代初就意识到了自己所做决策的重要性。他们可能没有总体规划。

但那些年进入公司，受命从事生产力目标和标准创新及发展的年轻关键管理人员，都充分意识到公司投入到了一个全新的业务定义当中，而且他们也知道这一定义是什么。他们对公司的社会及商业目标保持了高度的自觉。他们知道，从绩效目标和绩效标准的角度，这些业务目标对自己意味着什么，要求自己做出什么样的贡献。

玛莎百货从一开始就将目标转换成了工作任务。它彻底厘清了每个目标领域需要什么样的结果和贡献。它根据结果将责任分配给某个人，并认为该人需要对结果负责。它根据目标来衡量绩效和贡献。

经验教训

玛莎百货的故事再次肯定了厘清"我们的业务是什么、又应该是什么"这一点的核心重要性。但它还表明，光是想清楚本身还不够。企业的基本定义，它的企图和使命的定义，都应该转换成目标。否则，它们就始终只是洞见、良好的意愿和经典警句，绝不会成为成就。

玛莎百货的故事带出了目标的具体要求，现列于下。

（1）目标必须来源于"我们的业务是什么，它会成为什么，它应该是什么"。目标不是抽象的。它们是执行企业使命的行动承诺，是对照衡量绩效的标准。换句话说，目标就是企业的根本战略。

（2）目标必须具备可操作性。它们必须能够转化成具体的指标、具体的任务。它们必须能够成为工作和成绩的基础与动力。

（3）目标必须尽量集中资源和努力。它们必须从企业的发展方向中筛选出最基本的元素，集中人力、金钱和物质设施等关键资源。因此，它们必须具有针对性，而不能涵盖方方面面。

（4）必须有多个目标，而不是单独目标。

当今管理界对目标的大部分讨论，集中在寻找"唯一正确的目标"上。这种寻找不仅有可能徒劳无功，更可能造成损害和误导。

管理企业要平衡多种需求和方向，这就需要多重目标。

（5）事关企业生存的各个方面，都需要目标。任一目标领域的具体方向和目的，取决于当事企业的战略。但哪些领域需要目标，对所有企业都是相同的，因为所有企业的生存都依赖相同的因素。

企业首先必须能够创造客户。故此，它需要营销目标。企业必须能够创新，否则竞争对手会淘汰它们。企业需要有创新目标。所有的企业都依赖于经济学的三要素，即人力资源、资本资源和实体资源。因此，这三大要素的供应、使用和发展必须有目标。企业要生存，资源就必须根据生产力进行配置，资源的生产力就必须发展。因此，需要有生产力目标。企业存在于社会和社区当中，因此它要履行社会责任，至少要承担起对环境影响的责任。因此，企业需要有社会层面上的目标。

最后，必须有利润，否则就无法达到上述目标。它们都需要努力，即成本。它们的资金来源，只能出自企业的利润。它们都带有风险，因此需要利润来弥补其潜在损失的风险。利润不是目的，但它是要求由具体企业及其战略、需求和风险客观决定。企业不应该问：我们希望赚到多少利润？而需要问：在各个目标领域，需要多少利润来承担资本成本、业务风险和生存需求？

因此，必须在以下八个关键领域设定目标：

- 市场营销
- 创新
- 人力组织
- 财务资源

- 实体资源
- 生产力
- 社会责任
- 利润要求

这些关键领域的目标让我们能够做到五件事：①用寥寥几句整体性地陈述组织和解释全体业务现象；②用实际经验检验这些陈述；③预测行为；④在制定决策时就评估决策的合理性；⑤让各级管理者分析自己的经验，同时改善绩效。

工作和任务的基础

目标是工作和任务的基础。

目标决定了企业的结构、必须开展的关键活动，以及最重要的——任务的人员分配。目标是设计企业结构的基础，也是设计具体单位和管理人员工作的基础。

上述八个关键领域都需要目标。没有具体目标的领域会被忽视。除非我们确定每个领域要测量什么、使用什么测量准绳，否则就根本看不到这个领域。

商业企业关键领域可使用的测量手段基本上还是一团混乱。除了市场地位，我们甚至没有足够的概念可用，测量手段就更谈不上了。对于利润率这样的核心东西，我们只有一把尺子，我们没有真正的工具能判断必要的利润率是什么样的。在创新和生产力方面，我们甚至不知道该做些什么事情。在其他领域（包括财务和实体资源），我们只有些意向声明，我们没有实现它们的标准和测量手段。

然而，要了解每个领域，拿出一份进展报告就够了。有了进展报告，每家企业就能够判断怎样根据目标进行工作了。

如何使用目标

对于目标，我们还知道一件事：如何使用它们。

如果目标只是一些良好愿望，它们毫无价值。它们必须分拆到工作当中。工作总是具体的，总是有（至少应该有）明确的、毫不含糊的、可测量的结果，有截止期限，有责任的具体分配。

可目标一旦变成紧箍咒，就会有害无益了。目标总以期待为基础。期待，充其量是在知晓信息的前提下进行猜测。目标表达了对企业外部因素的评价，这些因素不受企业的控制。世界也并非静止不动。

使用目标的正确方式，类似航空公司使用班次表和飞行计划。班次表假设，上午9点从洛杉矶飞往波士顿的航班应该在下午5点到达，但如果那一天波士顿下暴风雪，飞机就会降落在匹兹堡，等待暴风雪结束；飞行计划假设，飞机应该在30 000英尺⊖的高度飞行，途经丹佛和芝加哥，但如果飞行员遭遇乱流或强逆风，他会请求地面控制许可他再上升5000英尺，改道明尼阿波利斯—蒙特利尔航线。但没有班次表和飞行计划，航空公司就无法运营。如果97%左右（或在可接受的有限偏差之内）的航班不能按原定时间和计划飞行，那么，管理得当的航空公司会另外换一位运营经理。

目标不是命运，是方向。目标不是命令，是承诺。目标不能决定未来，它是调动企业资源和精力创造未来的手段。

⊖ 1英尺 = 0.3048米。

CHAPTER 13 | 第 13 章

利润的错觉

大多数商界人士似乎并不知道关于利润和利润率的最重要的一件事。他们对彼此、对公众所说的利润和利润率,来自商业行为和公众理解。

有关利润的最重要事实是,其实并没有利润这么一回事,只有成本。

所谓的"利润",以及公司账目里显示的"利润",其实主要是三个方面的量化成本:主要资源(资本)的真正成本;对各种经济活动中可量化的真正风险和不确定性承担的必要保险费用;未来岗位和养老金的成本。收入超过成本的唯一例外,真正的"盈余"来自垄断利润,比如现在各石油出口国(尤其是阿拉伯国家)通过欧佩克榨取的利润。

资本成本

200多年来,所有的经济学家都知道存在"生产要素",即三种必要资源:劳动力、"土地"(实体资源)和资本。而过去10年,我们大家应该都已经明白，没有"免费"资源可言。资源都有成本。事实上，对真正的"资本成本"，经济学家远比大部分商界人士懂得多，也更能接受。一些经济学家甚至设计出了简洁的方法来判断资本成本，测量企业赚取资本成本的绩效。

我们知道，第二次世界大战之后直至20世纪60年代全球通胀开始发病，所有发达国家的资本成本差不多都高于每年10%。资本成本是用户为了得到金钱必须付出的部分。顺便说一下，它在不同法律形式之间的变化不大（比如作为贷款借出的钱，通过销售债券筹到的钱，以及靠卖出股份得到的钱）。决定资本成本的，首先是一部分经济学家所说的"真实成本"，大概每年在3%～4%；其次是资金管理的高昂成本，哪怕是在非常高效的大银行里，资金管理的费用也很高，至少是每年2%；再次是无法得到偿还的风险，这是真正的损失风险，当然，对一些用户来说是很高的；最后，是金钱本身价值损失的风险，即通胀的风险。任何人使用金钱，不管金钱的来源如何，也不管他获得金钱采取什么样的法律形式，不管是从银行短期贷款、长期抵押贷款，还是通过长期债券（如联邦政府发放的债券），或是销售普通股所得，总是要偿付上述四种"成本费"，而且这四种费用，都属于真正的成本。

我们知道，所有企业必须偿付这些成本。我们也知道，很少有企业真正赚到足够的钱来偿付这些成本，第二次世界大战后资本成本很少跌破10%，碰到通胀的年份，它们当然还要高得多。但是，很少有企业在税后的收入持续高于7%。可惜，到目前为止，只有极少数企业似乎知道存在这样的成本，知道自己是否负担得起这部分成本的企业就更少了。可即便是这些极少数的企业，也从不讨论它，从不在公布的账目里对照检验自己的绩效。赚不到资本成本和赚不到工资或原材料成本一样，都属于未能弥补成本。

风险和不确定性是真正的成本

经济活动是将现有资源投入未来的期待当中。故此，这就是对风险和不确定性（产品流程和设备的淘汰；市场、流通渠道和消费者价值的变化；经济、技术和社会的改变）的投入。对未来的一切投入，概率总是负的；人类无法确定地知道未来。因此，概率总是偏向损失而非收益。在一个像如今这样快速变化的时代，风险和不确定性显然不会变小。

这些风险和不确定性无法精确预测。但对未来投入最低限度的风险是能够确定的，事实上，还能以相当的概率来量化。例如，凡是尝试过这么做的企业（比如施乐和IBM，多年来都对产品和技术进行此种测定），都知道事实上的风险比哪怕是最保守的"商业计划"里设定的水平也要高得多。

人们早就把自然事件蕴含的风险（如火灾）作为常规的业务成本了。不为此类风险预留适当保险费的企业，理所当然地会被看作危害了受托生产财富的资产。经济、技术和社会风险与不确定性，都是实实在在的。它们也需要足够的"保险费"，而提供这笔费用的，就是企业的利润和利润率。

因此，对任何管理层，正确的问题都不是"这家企业能够产生的最大利润是多少"，而是"为承担企业未来的风险，最低需要多少的利润率"。如果利润率达不到这个最低限度（据我所知，大多数公司达不到），那么企业就无法涵盖自己真正的成本，危及了自己，也让经济陷入贫困。

未来岗位和退休金的成本

利润还是明天的岗位和退休金。两者都是企业的成本，同样也是经济的成本。企业收益，不管是保留在企业中，还是交付出去（回到资本市场），都是未来岗位资本形成的最大单一来源，也是未来养老金资本形成的最大单一来源——至少在美国是如此。

"经济进步"最令人满意的定义是，经济为新岗位投入更多资本（故此创造出能带来更好生活、更高工作生活质量的岗位）的能力稳步提高。1965年，通货膨胀尚未让有意义的数字难以获得之前，美国经济中每一个就业岗位的投资便从 35 000 美元涨到了 50 000 美元。由于未来最大的投资需求和机会来自能源、环境、交通、医疗以及粮食生产行业，在这些行业，每一个就业岗位的资本投入比消费品行业（近 25 年来在经济中占主导地位）的平均水平高得多，故此，相应的要求也将急剧提高。

与此同时，1948～1960 年"婴儿潮"之后，所需的岗位数量也在大幅增长。接下来的几年，我们每年都必须把就业者的总人数提高 1%，即大约 100 万人，才能跟上人口统计数据。还是在同一时期，领取退休金的人数也会增加（就算只是因为达到退休年龄的工人寿命更长了），领取退休金人士的期待也在提高。凡是未能生产足够资本（收益）以负担岗位与养老金扩张的企业，都无法弥补自身的预期及量化成本，也无法弥补经济的成本。

三点结论

上述三种成本——资本成本、经济活动的风险溢价，以及未来的资本需求，在很大程度上是互有重叠的。所有公司都应该恰当地负担这些成本（不管哪一种成本在企业中所占比例最大），否则，公司就有可能运营在真正的、确凿可证的亏损状态下。

从这些基本前提出发，我们得出了以下三点结论。

（1）"利润"并非资本主义所独有。它是任何经济体系的前提条件。

（2）未来的成本、风险和不确定性的成本，要靠生产和流通的现有收入与现有支出之差来买单，这些成本与工资，或者付给供货商的款项一样，都完完全全属于"经济现实"。由于公司的账目应该体现"经济现实",所以应当把这些成本展现出来。当然,与会计师计算的"营业成本"不大一样,它们没那么精确可知。但在一定限度内,它们又是可知的,不见得比成本会计要考虑的大部分因素或折旧数字更宽泛、更模糊。而且,对管理企业、分析企业绩效而言,这些成本更为重要。

(3)最后,不管是为了自己也好,为了社会也好,企业中人务必牢记:没有"利润"这种东西。只有"成本":开展业务的成本,维持业务的成本;劳动力和原材料成本;资金成本;当前岗位的成本,未来岗位和养老金的成本。

"利润"和"社会责任"之间不存在冲突。要赚到足够的钱来承担真正的成本,只有所谓的"利润"才做得到。这正是企业的经济和社会责任,事实上,也是它独有的社会和经济责任。赚到足够的利润以担负真正的资本成本,负担未来的风险成本,承担未来工人和退休人士的需求,这样的企业并没有"剥削"社会。没有做到这些的企业才是"剥削"社会。

第 14 章 | CHAPTER 14

管理资本生产力

在过去一个多世纪里，除了萧条最严重的几年，走市场经济路线的发达国家的资本生产力持续提高。这或许是现代企业最主要的一项成就，也是其他成就最终赖以为基础的一项成就。在一定程度上，这种成就是创业性质的：资本从生产力迅速跌落的原有领域稳定地转移到生产力更高的新领域，也就是技术和社会创新出现的领域。

但资本生产力的稳步增长，同样也是管理不断努力改善企业中给定单位资本生产工作量的结果。商业银行信贷就是一个例子。

提高利润率最简单的方法

来自过去 100 年的证据相当清楚：只要企业人士有目的地不断为之努力，资本生产力是可以维持甚至提高的。

事实上，在资本生产力上努力，是改善企业利润率的最简单通常也是最迅速的方法，它能带来最大的影响。一家企业的总利润，是利润率乘以周转资本，即资本的生产力。如果一种产品的生产成本为 94 美分，售价是 1 美元，那么利润率就是 6%。如果生产者的资本一年周转一次，那么总资本回报率就是 6%。如果资本周转速度能提高到每年 1.2 次，那么资本总回报率就将提高到 7.2%。

在竞争激烈的市场，提高 20% 的利润率通常非常困难，甚至根本不可能实现。但把资本周转率从每年一次提高到 1.2 次，基本上只需要持之以恒的例行辛苦工作。事实上，考虑到我在这一领域颇有几年的经验，我愿意做出预测：任何认真对待工作的人，都有能力做出这种程度的改进，也就是在四五年时间里将资本生产力提高 20%。

知道资本在哪里，它做了些什么

然而，尽管资本生产力这么重要，能带来这样大的回报，但重视它的企业管理者却并不多，用系统化工作提高它的人就更少了。此外，在医院等公共服务机构（最近几年，这些机构的资本生产力比私营企业下跌得更厉害），情况同样如此。

一个原因（或许也是最重要的一个原因）在于，对企业的资本生产力，管理者掌握的信息普遍不够。诚然，大多数企业知道，自己的全部资本一年周转多少次。但公司内部某项业务（如一家造纸厂或一家百货公司）的资本年周转率，是多种元素的结合体。人们必须单独管理各项主要元素，这首先就要求进行测量。可很少有管理层知道企业资本中有哪些有意义的组成部分，更别说单项元素的资本生产力能够达到多高、应该达到多高了。

因此，管理资本生产力的第一步是判断自己公司里的资本主要投资到了哪些领域。大多数情况下只有寥寥几个地方。例如，在典型的制造企业里，资本会投到机械及设备，原料、物料及成品库存，应收账款中，这些加在一起，大多占总投资的 3/4；在典型的百货商场，资本会投到：货架空间（或销售面积）、应收账款和库存（在零售行业，为便于管理、体现意义，库存一般要进行细分，如服装、家居用品和家具、电器）。在这些领域，有多少资本用到了生产性工作上呢？它的周转时间是多长？它的回报或贡献是多少？接下来我们可以问：它能够产生多少回报？应该产生多少回报？为了达成目标，我们必须怎么做？

让资本运转得更努力，或者更聪明

管理层还需要学习管理资本生产力的几条基本规则。

人们可以通过两种途径提高资本生产力：一是让资本运转得更努力；二是让它运转得更聪明。顺便说一句，资本生产力之所以比另外两项主要资源（物质资源和人力资源）更容易管理，这也是一个主要原因。要提高人力资源的生产力，只能通过让人们工作得更聪明来实现；要提高物质资源的生产力，只能通过让它运转得更努力来实现。

把库存策略性地放在区域仓库，好让等量的库存可维持更大的销售量，这就是让资本更努力地运转。控制产品组合，扩大贡献大的产品所占的销售比例，或是缩小贡献小的产品所占比例，这是让资本更聪明地运转。通常，人们能同时做到这两点，但提前预料哪一种方法在特定情况下更恰当、效率更高而风险小，这是很困难的。针对每一项业务的每一主要领域，两者都需要彻底考虑清楚。

固定资本和营运资本需要不同的方法

每一家企业都有"固定资本"，即永久性投入建筑、机械和设备上的资金。此外，还有"营运资本"，即暂时耗费在库存上的钱，或是放贷给客户的钱（通常称为"应收款项"）。固定资本和营运资本，尽管都是资本，却需要不同的方法去管理它们的生产力。许多企业使用复杂的方法制定投资决策，但一旦资本投资决策完成，人们对花钱所得的资本资产的生产力情况却往往只掌握了惊人稀少的信息。

大多数商界人士知道，停工时间是固定资产最大的浪费。但很少有人认识到，标准成本核算模型假设（也必须如此假设），一套固定资产（如钢铁厂里的轧机、商店里的每单位销售面积或医院里的病床）会按预先设定的标准持续生产。换句话说，标准成本会计模型并不测量也不控制固定资产的最大成本源头：资本无生产力带来的成本。

同样，成本核算也必须假设"标准"的产品组合，哪怕不同组合的收入和成本千差万别（在各类重大固定资本投资上，医院病床表现得最为明显）。对大多数固定投资来说，管理非生产时间和产品组合是改善资本生产力最有效的途径。不过，要做到这一点，人们首先要知道有多少时间未能运转，以及为什么会这样。人们必须知道各种产品组合的经济性。换句话说，除了会计模型里的分析性数据，人们还必须掌握资本生产力的经济信息。然后，人们一般就能极大地提高时间利用率，同时也就极大地改善固定资本的生产力了。

但营运资本需要不同的测量方式，也需要不同的管理方式。不像固定资产，它不是"生产资本"，而是"辅助资本"。它不"创造"财富，也就是不提供商品或服务。它把商品和服务推向市场，或为维持生产日期和买家付款日期之间的时间差。因此，必须问的问题是："它为什么东西提供辅助？它应该为什么东西提供辅助？"

应收账款——企业赊欠给客户的款项，就是明显的例子。公司往往会用收回的贷款比例来衡量自己的信贷管理。你经常会听人说："我们的信贷损失不到1%，所以我们的信贷工作做到了第一流。"制造厂商从事的不是银行业，从资本成本上看，也没法与银行竞争。他们放贷是为了让销售赚钱。那么，从创造市场、推出产品、销售和利润的角度看，信贷政策以低损耗为限制条件，而不作为目标或测量准绳，它真正的目标应该是什么呢？每一家提过这个问题的企业都发现：①它把大量的信贷放在了回馈最少的地方；②它把最少的信贷放在了回馈最多的地方。如果企业系统化改善应收账款上的资本生产力，那么企业在三四年中，就可以只用如今放在信贷上的 2/3 的资金，维持更大、利润更丰厚的销售量。

无形固定资本：时间

最后，似乎很少有管理层知道，企业还有一些重要领域通常很少被视为"资本投资"，当然也不会出现在资产负债表上。但它的行为在经济上又非常类似固定资本，也必须加以管理，以求实现"资本的生产力"。这些领域，就是时间是重要成本因素，且在任何固定时期，其他成本相对固定、缺乏弹性的地方。销售力量是这方面的主要代表，医院的护理人员也如此。这是"固定的人力资本"。从经济上来说，必须把它无条件地当成"固定资本"来加以管理。

销售人员的销售能力存在极大的差异，再多的培训都无法克服，甚至无法明显缩小。但最能干的销售人员，或者最敬业的护士，只掌握一种资源：时间。时间和销售人员拨打的销售电话与实际成交的订单数有着相当恒定的关系。没有用来工作的时间，是这类"固定人力资产"中主要的成本要素，哪怕它们通常是完全隐性的。这意味着，和所有的固定资产一样，管理层首先需要知道时间的生产力，尤其是有多少应该用来工作的时间实际上未能用于工作，以及为什么会这样（例如，因为销售人员用了 2/3 的时间来填写各种文书，而没用于销售）。有时候，只要很小的调整，就能带来实质性的生产力提高。例如，在一些医院，安排一名基层文员来负责所有的文书工作，就能让护士花在本职工作（她们受训要做的事情，也是医院付薪水希望她们做的事情——照顾病人）上的时间翻一倍。

在生产三要素间寻找平衡

生产力是三种"生产要素"——资本、自然资源和人力资源，结合起来实现的结果。以降低其他两项因素的生产力为代价来提升资本生产力，或者以降低资本生产力为代价来提升人力资源的生产力（过去25年有太多企业这么做），都是很危险的做法。

企业管理者必须了解并接受如下事实：自己拿薪水是为了管理生产力，尤其是资本生产力，因为归根结底，这是所有其他生产力赖以为基础的东西；可以对资本生产力加以管理；资本生产力必须得到管理。

第15章 | CHAPTER 15

管理公共服务机构

服务机构是我们社会中日益重要的一个组成部分。学校和大学、研究实验室、公共设施、医院和其他医疗保健机构,以及职业、行业和贸易协会等形形色色的"机构"和商业企业一样多,因此,也同样需要管理。它们都指定了人员履行管理职能,这些人拿薪水从事管理工作,尽管可能不叫"管理者",而叫作"行政人员""主任""执行人员",或者其他诸如此类的头衔。

这些"公共服务"机构(姑且给它们这样一个通用的名称)是现代社会里真正在发展的领域。事实上,我们现在已经是一个"多中心"的社会,而不仅仅是"商业"社会。

所有公共服务机构,都要由经济活动产生的经济盈余来偿付。因此,服务机构在20世纪的发展,是企业成功履行经济任务最好的证明。只不过,举例来说,和19世纪初的大学不同,服务机构不仅仅是"奢侈品"或"装饰品"。可以这么说,它们是现代社会的主要支柱,是主体结构里的承重部件。要让社会和经济正常运转,它们就必须履行职能。这些服务机构不仅仅构成了现代社会的主要开支，美国（和大部分其他发达国家）半数的个人收入也用在了公共服务机构上（包括政府经营的机构）。和这些"公共服务"机构比起来，无论是"私营部门"（商品经济）还是法律、国防、治安等传统政府职能，都只占当今发达社会总收入流的一小部分（远比 1900 年时要小），即使军费开支有了巨大的增长。

发达工业化城市社会的每个公民，都依赖公共服务机构的绩效，因为我们的社会是通过教育、医疗保健、知识和流动性等形式（而非更多的"衣食住行"形式）来获取经济产能和生产力进步带来的果实的。

然而，来自服务机构绩效的证据并未给人留下深刻印象。当今学校、医院和大学的发展，超出了上一代人的想象。它们都分配到了天文数字的预算，可各地的此类机构总"处在危机"当中。一两代人之前，人们对它们的绩效视为理所当然。如今，人们批评它们欠缺绩效。19 世纪对社会服务的管理镇定自若、毫不费力（邮政服务就是很好的例子），可今天，它们需要不断提高的庞大补贴，服务绩效却很糟糕。每个国家的公民都抱怨，理应为自己服务的公共机构"官僚主义"盛行，管理不善。

服务机构可以管理吗

服务机构对这种批评的反应是变得具有"管理意识"。它们越来越多地转向企业学习"管理"。在所有的服务机构，"管理人员的培养""目标管理"以及其他许多企业管理的概念和工具越来越流行。这是一个健康的现象，但仅此而已，这并不意味着服务机构理解了自身管理的问题。它只意味着，服务机构开始意识到，眼下自己没有得到管理。然而，尽管公共服务机构发挥"绩效"是特例而非规则，这些特例仍可证明，服务机构也能发挥绩效。

极少数成功的服务机构到底做了什么让自己得以发挥绩效呢？这就是我

们要问的问题。它是一个管理的问题，只不过，这种管理很特殊。从大部分方面看，服务机构与商业企业的区别并不大。它面临着类似（尽管并不完全相同）的挑战，即争取让工作富有成效。在"社会责任"上，它也与企业没有明显区别。在管理者的工作和任务上，在组织设计和结构上，甚至在最高管理层的任务和结构上，服务机构也与商业企业的区别不大。从内部看来，分歧往往只不过是术语而非实质的差异。

但服务机构在根本上是一种有别于企业的"生意"。服务机构有不同的目的，有不同的价值观，需要不同的目标，为社会做出不同的贡献。服务机构的"绩效和结构"与企业完全不同。"绩效管理"是服务机构与企业存在明显不同的领域之一。

为什么服务机构未能发挥绩效

针对服务机构未能发挥绩效，有三种流行的解释：

（1）它们的管理者不是"企业型"的；

（2）它们需要"更优秀的人才"；

（3）它们的目的和结果是"无形的"。

流行的观点是，只要实施"企业型"管理，服务机构就能发挥绩效。商会、总统和皇家委员会，甚至一些国家的部长，全都说：只要行政人员以"企业型"方式行事，服务机构自然就能发挥绩效了。当然，当今服务机构的"管理热潮"，基本上也建立在这种信念的基础上。

但这个诊断是错误的，开出"企业型"处方，对服务机构的弊病是不适合的。正因为服务机构不是企业，才出现了绩效问题。"企业型"通常意味着要求服务机构控制成本。但企业的特点，主要是集中在结果上，即资本回报、市场份额等。

可以肯定的是，所有机构都需要效率。由于服务领域通常没有竞争，服务机构也不像竞争市场里企业那样，有外力施加的成本控制。但服务机构的基本问题不在于成本过高，而在于缺乏效力。它们可能非常有效率——有些机构的确如此，但它们往往没做正确的事情。

把许多政府服务设立为独立"公共企业"的各种尝试，就是基于只要是"企业型"，公共服务机构就能发挥绩效的信念。这么做带来了一些或许有益的作用，比如摆脱琐碎小气的公务员管理条例，但很少能实现预期中的主要功效，即绩效。成本可能会下降，但对机构完成使命必不可少的服务，却可能在"效率"的旗号下遭到轻视，甚至被砍掉。

用"企业型"方法解决公共服务机构绩效不彰的问题，最好和最坏的例子恐怕都来自纽约港务局，它设立于20世纪20年代，目的是管理纽约港横跨纽约州与新泽西州地区的汽车交通。港务局从一开始就强烈地追求"企业型"。它在桥梁、隧道、码头、筒仓和机场的工程上非常出色。它的建设成本已经很低，完全受到了控制。它的财务状况一直很好，因此，总能以非常优惠的利息借到贷款。从目标和使命上，它确实是"企业型"——用它与银行的地位来衡量，也的确如此。于是，它不关心纽约大都会地区的交通政策，尽管它的桥梁、隧道和机场带来了纽约街道上的大部分交通流量。它并没有问："谁是我们的利害相关人？"相反，它以"政治的""非企业型"为由，拒绝这类问题。因此，人们逐渐认为，在纽约的交通和运输问题上，它的地位微不足道。而当它需要支持的时候，它发现没有任何人支持自己，除了银行家。结果，港务局可能真正变得"政治化"了，也就是效率很高，却没有任何实效。

实现更好的绩效并不需要更好的人才

和任何企业一样，服务机构不能指望超级明星来出任自己的管理和行政岗位。机构太多，没有那么多的超级明星可供配备。如果服务机构不能靠资质普通甚至略微偏低的人来经营和管理，那它就根本运转不了。这也就是说，如果我们不能将任务妥善组织，让人们光靠努力就能以满意的水平完成，那么组织就无法运转。此外，没有任何理由相信，出任我们"服务"机构管理和专业职位的人不符合资格，能力不足或不够诚实，或是不如企业管理者那么勤奋。基于同样的道理，我们没有理由相信，把企业管理者放到服务机构的管理岗位上，他们就一定比当前的"官僚"们做得更好。事实上，我们知道，他们自己会立刻变成"官僚"。

这方面的一个例子是美国在第二次世界大战期间的经历，当时大量本来在自己的公司表现出色的企业管理者进入了政府岗位。许多人迅速成了"官僚"。这些高管并没有改变。但在企业里，他们能够获得绩效和结果，换到政府里，他们却发现自己基本上是在制造各种程序和官样文章，并为此深感沮丧。

同样，卓有成效的企业人士晋升成企业内部"服务人员"的负责人（比如铁腕销售经理晋升为"营销服务副总裁"）之后，往往一夜之间就变成了"官僚"。事实上，企业内部的"服务机构"——研发部门、人事部门、营销或制造的服务人员等，显然就像整个社会的公共服务机构一样难以发挥绩效，哪怕企业人士总爱批评公共服务机构是"非企业型"，是"官僚"把持的。

无形的宗旨可以带来可衡量的目标

针对服务机构欠缺绩效的原因，最后一种解释最深思熟虑，乍看起来也最为合理：服务机构的宗旨是"无形的"，所追求的结果也是"无形的"。这充其量只说对了一半。

"我们的业务是什么"的定义始终是"无形的",不管是在企业还是在服务机构。例如,以西尔斯-罗巴克的说法为例,"我们的业务是为美国家庭充当消息灵通、见多识广的买手",这个定义就是"无形的"。又如,以贝尔电话公司为例,"我们的业务是为消费者服务"听起来就像是道貌岸然又空洞的陈词滥调。乍一看,这些说法似乎并不能转换成具有可操作性的条款,定量条款就更不必谈。日本的索尼说"我们的业务是电子娱乐",IBM对自己的业务定义是"数据处理",这同样是"无形的"。然而,这些企业清楚地表明,从上述"无形"定义中推演出具体且可衡量的目标和指标,并不是太困难的事情。

教会以"拯救灵魂"为宗旨,这个定义的确是"无形的"。至少,簿记工作不在这个世界里。但教会出席率是可测量的。对于"让年轻人回到教堂",道理也一样。

学校的宗旨是"让人格全面发展",这诚然是无形的。但"在小学三年级教会孩子阅读"和无形一点也不搭边,它能够轻易地以相当的准确度进行衡量。

"打破种族歧视"同样是个不具备清晰操作性的定义,更无法测量。但提高建筑行业黑人实习生的人数,则是一个可量化的目标,能够测量它是否实现。

若不对照具体的、有限度的、明确定义的目标,成就是永远无法实现的,在企业是这样,在服务机构也是这样。只有定义了目标,才能按照实现程度分配资源,才能设定优先次序和期限,才能指定专人对结果负责。但有效工作的触发点,是机构对宗旨和使命的定义,这些东西尽管"无形",但不一定空洞。

人们常说,服务机构和企业的区别在于,服务机构有大量的利害相关人。没错,服务机构的确有着各种各样的"利害相关人"。不只孩子和家长关心学校，老师、纳税人和整个社区也关心学校。同样道理，医院必须让患者满意，还必须让医生、护士、技术人员、患者的家属满意，让纳税人、雇主和工会（在美国，大多数医院从雇主和工会的保险费得到了大量的支持）满意。但企业同样有着各种各样的"利害相关人"。每家企业都至少有两种不同的客户，大多数时候，它们的客户种类非常多。此外，员工、投资者和社会大众，甚至管理层本身，也是"利害相关人"。

预算带来的误导

服务机构和企业之间的一个根本区别是服务机构的偿付方式。企业（垄断行业除外）是靠满足客户来偿付的。只有生产出客户想要又愿意买的东西，企业才得到偿付。因此，客户的满意度是衡量企业绩效和结果的基础。

对比来看，服务机构通常靠预算分配来偿付。它们的收入主要是从一般性收入流分配而来的，分配情况与机构做什么不挂钩，这种收入主要是靠税费或献金得来的。此外，典型的服务机构一般享有垄断权力，预期受益人往往无从选择。

靠预算分配来偿付，改变了"绩效"和"结果"的含义。对以预算为基础的机构，"结果"指的是更多的预算；"绩效"则是维持或增加自己预算的能力。对以预算为基础的机构，最重要的检验，也是事关生存的头等要求，就是获得预算。而顾名思义，预算和实现目标没有关系，而是看实现目标的意图。

这意味着，第一，不管以预算为基础的机构怎样鼓吹效率和成本控制，都并不真正视之为真正的美德。以预算为基础的机构，基本上是用预算的规模和自己员工的规模来衡量重要性的。故此，用较少的预算和较少的员工实现结果，是没有"绩效"的。它实际上可能对机构造成损害。不把预算彻底用掉，只会让预算制定方（立法机关或预算委员会）把下一个财政周期的预算削减掉。

今天，随着以预算为基础的机构在各地都占据了主导地位，这种疾病四处流传。此外，在以预算为基础的机构，为了让新项目或计划获得批准，严重压低其总成本的"笼络"手法也是屡见不鲜。

划拨预算给机构，本来是为了让它经受得起绩效的严峻效率考验，事实显然与此严重不符，但预算拨款给"效力"造成了更大的危害。预算让人们难以提出一个简单的问题：机构的"业务"应该是什么？这个问题始终存在"争议"，而这样的争议，很可能会让支持者变得疏远，所以，以预算为基础的机构对它总是避而远之。这样一来，机构最终会变得自欺欺人，也欺骗公众。举个来自政府的例子：美国农业部从不愿意问自己，它的目标到底是"农业生产力"还是"支持小型家庭农场"。几十年来，它一直知道这两个目标并不像最初设想的那样是一回事，事实上，这两者甚至越来越矛盾。然而，承认这一点，会引发争议，危及农业部的预算。结果，美国的农业政策挥霍了庞大的金钱和人力资源，却只搞了些勉强可称为公关的活动，即展示自己对小型家庭农户的支持。然而，真正有效（从前也确实非常有效）的活动应该是消除小型家庭农户，代之以生产力更高的"农业企业"（由企业经营的高度资本化和机械化的大型农场），使得农业不再是什么"生活方式"，这可能才是该做的正确事情。但它显然不是美国政府建立农业部的目的，也不是国会批准农业部预算打算做的事情。

再举一个非政府的例子，美国的社区医院，它"私有"但"非营利"。各地的社区医院都愈发对自己的使命和目标感到模糊，由此也损害了它的效力和绩效。医院应该是"医生的设施"（这是美国大部分资深医生的主张）吗？它是应该专注于社区居民的主要健康需求，还是应该尽力做好每一件事，并"跟上医学的所有进步"——不管某些设备的成本有多高，而又使用得那么少？它应该为预防医学和健康教育投入资源，还是像英国医疗制度下的医院那样，仅限于在重大健康损害发生之后施以补救？

上述医院"业务"的每一种定义都有道理，每一种都值得开上一场听证会。卓有成效的美国医院将会是一种多目标机构，力争在各项目标之间达成平衡。然而，大多数医院却假装这些有待判断的基本问题根本不存在。不出所料，医生们感到困惑，而医院履行职能、完成使命的能力遭到损害。

讨好所有人会一事无成

对预算拨款的依赖，有碍于优先事项的确定和努力的集中。但如果稀缺资源不集中在少数优先事项上，什么事情都完成不了。鞋类制造商约翰·多克斯（John Doakes）占有工装靴市场的22%，也可以拥有一桩有利可图的生意。如果他成功地将自己的市场份额提高到30%，再加上工装靴市场不断扩大的话，他就做得非常好了。他不必太关心从别人那儿购买工装靴的其余78%的用户，至于购买时尚女鞋的用户，更是与他半点关系也没有。

把这与依靠预算的机构对比一下。为了获得预算，它需要得到几乎每一个可以称作"利害相关人"的批准，至少也得是他们的默许。一家企业或许可以完全满足于22%的市场份额，但要是被78%（甚或是小得多的份额）的"利害相关人"拒绝，对以预算为基础的机构来说是致命的。这意味着服务机构很难确定优先事项，它必须努力取悦所有的人，每件事都做一点点，而实际上，这就等于什么也完成不了。

最后，以预算为基础，让服务机构难以放弃错误的东西、旧有的东西、过时的东西。因此，服务机构比企业更顽固地死守着早已不具生产力的努力。

没有机构会喜欢放弃自己的原有做法，企业也不例外。但在一家根据绩效和结果得到偿付的机构，不具生产力、过时的做法，迟早要遭到客户的淘汰。在以预算为基础的机构，却没有这种强制执行的纪律。因此，以加倍努力来回应缺乏绩效的诱惑极大。确切地说，因为没有绩效，将预算翻倍的诱惑极大。

人类采取行为往往以哪些行为受到奖励为根据，不管这里的奖励是指金钱还是晋升，是与老板的合影，还是老板亲切地拍拍当事人的后背。过去50年，行为心理学家教给了我们这一课。企业或者任何按照结果或绩效来偿付的机构，必须"赚取"自己的收入，因为不满意、不感兴趣的客户是不必付钱的。而靠预算获得资金，或是享有垄断地位、客户只能与它打交道的机构，是根据它"值得"（而非"赚到"）多少来奖励的。它是按照良好意图和"程序"得到偿付的。只要不疏远重要的利害相关人，它就能得到偿付，至于它是否让任何利害相关人满意反倒无足轻重。这就是偿付方式给服务机构造成的误导，让它把"绩效"和"结果"定义成了维持或增加预算。

什么样的做法管用：确定优先事项，分配资源

相对少见的能实现效力的例外服务机构，比绝大多数只能完成"项目"的机构更具启发意义。这表明，服务机构的效力是可以实现的，尽管绝不容易。它揭示了不同类型的服务机构能够做些什么，需要做些什么。它暴露了局限性和缺陷。但它同时又显示，服务机构的管理者只有做出了承担风险的决策以确定优先事项、对资源进行分配，才能够去做一些不受欢迎、具有高度"争议性"的事情。

第一个例子（或许也是最简单的例子）是贝尔电话系统（Bell Telephone System）。电话系统是一种"自然"垄断。在特定的地区，电话服务供应商必须享有独家的权利。因此，电话服务在本质上就存在垄断。公共电话服务的用户必须能接入其他所有用户，故此也就意味着垄断性服务享有地区独家经营权。随着整个国家或大洲都采用同一套电话系统，这种垄断必然会扩展到越来越大的地区。

一个人没有电话大概也能生活，尽管在今天的社会，会非常不方便。但任何行业、部门或企业里的专业人士，都必须拥有电话。住宅电话服务可能仍属于"可选项"，但商用电话服务却是必备项。贝尔电话公司的第一任负责人西奥多·韦尔（Theodore Vail），在20世纪初就预见到了这一点。他还清楚地看到，美国电话系统和其他所有工业发达国家的电话系统一样，很容易被政府接管。为了防止这种情况，韦尔彻底思考了电话公司的业务是什么，又应该是什么，并提出了他著名的定义："我们的业务是服务。"⊖对电话公司"业务"的完全"无形"的陈述，让韦尔得以设定具体的目的和目标，确定了绩效和结果的测量准绳。他的"客户满意度"标准和"服务满意度"标准让全国不同地区各电话公司经理展开竞争，也成为判断和奖励管理人员的标准。这些标准从客户出发确定了绩效的测量方式，如接线员接通电话的时间，或申请安装电话到电话安装完成的等候时间。它们有意识地将管理者的注意力转向结果。

韦尔还彻底思考了什么人是自己的"利害相关人"。由此，他得出结论，让各州的公共事业委员会有效行使州的监管职能，是电话公司的任务。在20世纪初，这比韦尔确定的"服务"目标更叫人震惊。但韦尔认为，在关

⊖ 这个观点实在太过异端，所以，1897年韦尔第一次提出该主张时，电话公司的董事们干脆炒掉了他。但10年之后，由于缺乏明确的绩效目标，要求对电话公司国有化的声浪越演越烈，连共和党里持进步主张的非激进派人士也持这一立场，董事们只好重新邀约韦尔就任。

键领域进行全国范围的垄断，只有接受监管才能躲过国有化的命运。帮忙把19世纪末充满民粹主义、效率低下、装腔作势的腐败公共事业委员会改造成卓有成效、受人敬重、见多识广的对手，符合电话公司自己的生存利益。

最后，韦尔意识到，电话系统要依赖自己获取资金的能力。电话收入的每1美元，都需要3～4美元的先期投资。因此，还必须把投资者视为"利害相关人"，电话公司必须设计以投资者需求和期待为侧重点的金融工具和金融政策，并让电话公司的证券（债券或股票）成为一种独特、首选的金融"产品"。

美国的大学

美国的大学自1860年到第一次世界大战期间的建设，也说明了服务机构该如何设计以发挥绩效。美国的大学应时而生，主要靠的是少数人的努力：安德鲁 D. 怀特（Andrew D. White，1868～1885年任康奈尔大学校长）、查尔斯 W. 爱略特（Charles W. Eliot，1869～1909年任哈佛大学校长）、丹尼尔·科伊特·吉尔曼（Daniel Coit Gilman，1876～1901年任约翰霍普金斯大学校长）、戴维·斯塔尔·乔丹（David Starr Jordan，1891～1913年任斯坦福大学校长）、威廉·雷尼·哈珀（William Rainey Harper，1892～1904年任芝加哥大学校长）和尼古拉斯·默里·巴特勒（Nicholas Murray Butler，1902～1945年任哥伦比亚大学校长）。

这些人都有一个共同的基本见解：传统的"学院"（基本上就是18世纪培训传道士的神学院）已经变得彻底过时，缺乏生机，没有生产力。事实上，它正很快死去；1860年，美国的大学生人数比40年前少得多，而且，40年前美国的总人口基数也更小。这些建设新大学的人有着共同的目标：创造一种新的机构，真正的"综合性大学"（university）。他们都意识到，尽管欧洲有牛津大学、剑桥大学和德国大学的例子，能提供许多借鉴，但美国的新大学必须是一种美国所独有的机构。

然而，除了这些共同的信念，他们在"大学应该是什么样子、大学的目的和使命是什么"等问题上分歧很大。哈佛大学的查尔斯·爱略特认为，大学的目的是以独特的"风格"教育精英领导群体。他执掌下的哈佛会是一家"全国性"机构，而不仅仅像过去的哈佛学院那样，是狭隘地方主义的"得体波士顿人"的"大学"。但它也要振兴波士顿，振兴整个新英格兰地区，让它们重新回到道德精英的主导地位，就像早前清教徒神学家及其接班人——合众国建立之初的联邦党人领袖等"精英"执掌时那样。哥伦比亚大学的巴特勒，以及芝加哥大学的哈珀（但哈珀的程度比不上巴特勒）认为，大学的职能是系统化地应用理性思考，分析现代社会的教育、经济、国内政策和外交事务等基本问题。约翰霍普金斯大学的吉尔曼认为大学是先进知识的生产者；事实上，约翰霍普金斯大学最初也仅限于进行先进研究，不开展本科教育。康奈尔大学的怀特则以造就"受过教育的公众"为目标。

这些人都知道，他们必须做出妥协。每个人都知道，自己必须让一部分"利害相关人"和"公众"满意，而这些人对大学又有着截然不同的看法。例如，爱略特和巴特勒两人是在一家传统基金会的基础上建设新大学的，他们必须让现有的校友和教师满意，至少也要安抚对方。他们必须对吸引和维持财政支持的需求极度敏锐和谨慎。以艾略特为例，他始终坚持"道德领导"，发明了第一个"就业办公室"，并着手为哈佛毕业生在商界寻找高薪就业机会。巴特勒则意识到，哥伦比亚大学是后起之秀，自己的对手们早已抢下了同时代的慈善富翁（比如芝加哥大学拉拢到了洛克菲勒），他发明了大学里的第一家"公共关系"办公室，只以接近富人、获得捐赠为目的（最终做得极为成功）。这些创始人确立的定义并未延续太长时间。就算在爱略特和巴特勒还在世的时候，他们的机构也摆脱了其控制，变得目标分散、优先事项混淆。在20世纪的整个过程中，上述所有的大学（还包括很多其他的大学，如加利福尼亚大学、各州立重点大学等）都朝着共同的类型聚拢。今天，"综合性大学"已经变得面目模糊、没有特色了，但创始人的印记并未被彻底湮灭。尽管现代美国大学的每一位创始人都要做出妥协，迎合多种"利害相关人"，但他们也都为大学确立了目标和定义，以便在衡量绩效时找准优先事项。显然，要想不被自己的服务压得喘不过气来，今天的"综合性大学"必须将创始人一个世纪之前所做的工作再做一次。

医院：新兴的解决方案

人们越来越清晰地看出，医院问题的解决办法，同样要靠彻底想清楚目标和优先事项。西屋电气公司（Westinghouse Electric Corporation）下设的医院咨询集团找到的办法或许最具潜力，他们意识到美国医院有着多种职能，但每一种职能都可以组织成有着独立设施、员工和目标的自治"分权化"部门。因此，传统的护理医院可以照料如今"全职"医院负责的少数真正病人；"流动"医疗医院开展诊断和门诊工作；"流动"外科医院负责绝大多数外科患者，如接受了白内障手术、扁桃体切除手术或骨科手术的患者，他们并未生病，也不怎么需要医疗护理，但在拆线或石膏凝固之前，他们需要一张床（和便盆）；精神病单位，多为门诊或隔夜护理；疗养单位，与优秀的汽车旅馆没太大区别（例如，照料刚生下了健康宝宝的健康母亲）。所有这些医疗机构都有着共同的服务，但它们每一个都是独立的医疗机构，有着不同的目标、不同的优先事项、不同的绩效标准。

成功的要求

服务机构最为多样化。它们唯一共同拥有的元素是，出于这样那样的原因，它们不能通过市场竞争来进行绩效检验。但不管各类服务机构有多大的差异，它们首先都需要机构管理者和领导者设立纪律，一如前例所示。

（1）他们需要回答如下问题："我们的'业务'是什么？应该是什么？"它们需要接受与从前不同的定义，仔细思考，甚至在互有冲突的不同定义之间找到平衡（就像美国大学新创时期的校长们那样）。服务机构不需要是"企业型"，它们更需要是"医院型""大学型""政府型"等。它们需要尽可能地经受绩效检验。换句话说，它们需要彻底厘清自己的职能、目标和使命。

（2）服务机构需要从功能和使命的定义中得出清晰的目标和目的。它们需要的不是"更优秀的人才"，而是能系统化完成管理工作、有意识地让自己和所在机构关注绩效和结果的人。它们需要效率，也就是成本控制。但首先，它们需要效力，也就是对正确结果的强调。

（3）接下来，它们需要想清楚该集中在哪些优先事项上以便选择目标、设定成就和绩效标准（确定最低限度可接受的结果）；设定最后期限；根据结果动手展开工作；指定人员为结果负责。

（4）它们需要确定绩效测量指标，比如电话公司所测量的"客户满意度"。

（5）它们需要采用这些测量指标对自身努力进行"反馈"，也就是说，将从结果得来的自我控制构建到系统当中。

（6）最后，它们需要对目标和结果进行有组织审核，确定哪些目标不再发挥优异的作用，或是被证明无法实现。它们需要找出令人不满意的绩效，以及过时、不具生产性或两者兼而有之的活动。它们需要一种放弃此类活动的机制，而不是把金钱和精力浪费在没有结果的地方。

最后一项要求可能也是最为重要的要求。由于服务机构不承受市场的检验，它与企业不一样，用不着放弃昨天的产品或径直破产，但人们对这一项要求的认识最不充分。

没有成功能"永远"持续。然而，放弃昨天的成功比重新评估失败更加困难。成功孕育了傲慢（hubris，这是一个希腊单词，意思是成功带来的嚣张最终会破坏成功）。它造就了依附情绪、思考和行动的惯性，以及虚假的自信。过时的成功或许比失败更加有害，尤其在服务机构中，昨天的成功变成了"政策""美德""信念"，甚至成了"神圣的经文"，它的破坏力更大——除非机构通过自律反复思考自己的使命、目标、优先事项，并通过政策、优先事项和行动所得的结果建立反馈控制。美国陷入今天这样的"福利大锅饭"，主要是因为20世纪30年代新政的福利计划大获成功，我们非但没能即时放弃它，反而把它误用到20世纪五六十年代极端不同的城市移民问题上。

让机构发挥绩效并不需要"伟大的人"。相反，它需要一套制度，一如服务机构当前的"管理热潮"所假设的那样，制度的基本要素与企业绩效的基本要素没有太大的不同。但应用方式却完全不一样，因为服务机构不是企业，两者的"绩效"有着很不一样的意思。

今天几乎不存在管理人员不足的服务机构，大部分机构管理过度，程序、组织结构和"管理技术"数不胜数。所以，现在要学习的是怎样管理服务机构，让它发挥绩效。这或许是20世纪剩余阶段里最重大的管理任务。

4

第四部分
为绩效而组织和管理

PEOPLE AND
PERFORMANCE

第 16 章
创新型组织

第 17 章
组织的基石

第 18 章
怎样把它们结合到一起

第16章 | CHAPTER 16

创新型组织

　　每一本管理书籍上都提及甚至强调创新的需求，但除此之外，管理书籍对管理层和组织需要怎么做来激发、引导和实现有效创新却并不怎么关注。它们大多只强调管理的行政职能，也就是跟上潮流，改进已知做法，改进基本上已经在做的事情，诸如此类的任务。对如何发挥企业家职能，有效、有意识地创造不同的新做法，它们进行的思考很少，探讨的篇幅也不多。

　　管理书籍对创新管理的这种忽视，只不过是反映了企业的现实而已。所有管理层都强调需要创新，但大小企业很少有把创新组织为一项独特的重要任务的。可以肯定的是，过去30年，即自第二次世界大战结束后，"研究"成为时尚。大笔的金钱花在研究上面，但许多公司得到的结果是改进，而非创新。

　　在公共服务机构，情况更是如此。

　　过去，把重点放在行政职能上，忽视创新，理由很充分。20世纪初期，管理第一次成为关注主题的时候，人们最需要的是学习如何构建和引导应运而生的大规模人类组织。基本上，那时候创新完全没被看成管理者的任务。人们认为那是"发明家"的任务，"发明家"在自己的作坊里工作，或许再加上一两个帮手。即便有组织的研究实验室（形成于1900年前后）取代"发明家"，"创新"仍然是"专家"的工作，与科学和技术相关的，是"研究"的事。

此外，1920～1950年，有关管理的大部分基本研究形成期间，创新的空间并不大。与一般看法相反，那些年，不管是在技术上还是社会上，都不是激烈变革的时代。总的来说，那些年的技术大多建立在第一次世界大战前，也就是1914年（不少甚至来自1900年之前）铺就的基础上。尽管经历了巨大的政治动荡，但社会和经济制度保持停滞。事实上，社会和经济观念也差不多是这样。过去50年发挥作用的伟大革命性观点，来自生活在或者至少是根源于19世纪的思想家。

然而，眼下我们可能进入了一个快速变化的时期，它的基本特点不像刚刚过去的数十载岁月，倒更类似于19世纪后半叶。在19世纪末，平均每隔几个月，就会出现一项全新的重大发明，并几乎立刻造就出一种全新的重要产业。这一时期始于1856年，那一年，西门子的发电机和帕金斯的苯胺染料问世。1911年，出现了现代电子管，也标志着这一时期的结束。在这一时期，出现了打字机、汽车、电灯泡、人造纤维、拖拉机、电车、合成药物、电话、收音机和飞机，这只是我信手拈来的例子。换句话说，这一时期迎来了现代世界。

相比之下，1914年之后直至20世纪50年代末（可操作的计算机首次诞生），再无真正的全新重要行业出现。

1870～1914年，世界的工业版图迅速变化。平均每10年左右出现一个新的重要工业区：美国和德国出现于1860～1870年，俄罗斯西部和日本在其后20年出现，中欧（旧奥匈帝国的西部和意大利北部）在1900年登场。第一次世界大战和第二次世界大战之间，再无新兴重要工业区加入"工业俱乐部"。

然而，眼下急剧变化的迹象却正在浮现，比如巴西和中国就正临近"起飞点"。换言之，如今，有迹象表明，基本的经济关系马上要出现迅速变化和波动。1971年，美元放弃"关键货币"地位，结束了昨日的常态，迎来了一个国际经济、货币和信贷出现重大创新和快速变化的时期。

社会领域的创新需求同样强烈。公共服务机构必须学习如何创新。

19世纪末不只是一个技术创新活动层出不穷的时期，在经济和社会制度上也是这样。而第一次世界大战之后的50年，技术上侧重于延续性，而非迅速的变化与创新，在经济和社会制度上也是这样。我们今天的政府，基本上是第一次世界大战时期创造的。英国的地方政府改革，始于19世纪中叶，它着手重新定义了人类最古老的制度之一——政府，同时创造了新的制度、新的关系，更重要的是，还为政府确立了新的任务。到1860年，英国实际上已经造就了现代政府机构。现代福利国家的构建，是在德国俾斯麦执政后不久开始的。大约在同一时间，即19世纪80年代，美国政府在政府的艺术与实践方面做出了一项重大贡献：监管委员会。20世纪30年代新政改革里的每一项举措，20多年前（第一次世界大战前的进步时代）都曾经讨论过、制定过，不少甚至在地方和州一级付诸实践过。

伟大的美国的大学，是1860～1900年六七位高瞻远瞩的大学校长的创新产物。现代医院基本上是在1900～1920年设计而来的。部队军种的成形，始于19世纪中期两次重大战争冲突——美国南北战争和1870年的普法战争。自此之后的发展均为线性发展——更大的部队，更多的火力，更强的装甲，但战略战术基本上相同，甚至更加强调"硬件技术"。就连坦克、飞机这样的激烈技术革新，在很大程度上也融入了传统的命令结构和传统的军事理论。

如今，社会和政治创新的需求再次变得紧迫起来。现代大都市需要新的政府形式。人与环境之间的关系必须得到彻底的思考与重构。现代政府的管理不再有效了。世界的危机，首先是制度危机，故此我们迫切需要制度创新。

商业企业，它的结构和组织，它将知识整合到工作、将工作整合到绩效中的方式中，并且将自身整合到社会与政府的方式中，同样是有着重大创新需求、存在创新机遇的领域。是的，社会和经济领域需要另一段创新活动层出不穷的时期了——就像19世纪下半叶那样。

但与19世纪截然不同的是，当前的创新必须构建到现有组织内部。大型企业，以及同样巨大的公共服务机构，不光要具备越来越强的行政管理能力，更要具备越来越强的创新能力。

首先，它们能运用100年前人们做梦也不可企及的人力资源和资本。但发明或研究，与将发明或研究所得结果转换成新业务、新产品或新制度，这两者之间的比率也有了重大变化。现在人们普遍接受（哪怕只是一种经验），在产生想法上每花1美元，就必须花10美元"研究"怎样把它变成新发现或新发明。在"研究"上每花10美元，就至少需要100美元用在开发上，而开发上每花100美元，在市场上推出、确立新产品或新业务就需要花1000～10 000美元。只有当新产品或新业务在市场上站稳了脚跟，才能叫作"创新"。

创新并非技术术语，创新是经济和社会术语。它的标准不是科学或技术，而是经济或社会环境上的变化，是人作为消费者、生产者、公民、学生或教师在行为上的变化。与其说创新造就的是新知识，倒不如说造就的是新财富或新的行动潜力。这意味着，大量的创新努力必须来自控制着开发和营销所需人力资源与金钱的地方，也就是说，来自现有的企业和公共服务机构，来自这些已经聚集着训练有素的人才和可支配资金的地方。

公共服务机构或许尤其需要这样。100多年前，公共服务机构不多，而且规模很小。那时候的任务，主要是创造之前从未有过的新机构。如今，公共服务机构规模庞大，主导着社会、政治和经济版图。它们代表了现有的官僚机构，现有专业知识最集中的地方，现有的任务和进行中的项目。如果它们无法创新，我们所需要的新机构也就不大可能进行有效创新。它很可能会遭到大政府、大军队、大高校和大医院等肌肉巨人扼杀。

这并不意味着小企业，甚至孤胆创业家，不再继续扮演重要角色。民粹派的说法，即渺小的个体被巨头挤出了市场，再荒唐不过了。过去25年，创新成长性企业都是从小企业起家的。小企业大多比巨头做得更出色。

除了受政府保护的垄断行业（如铁路建设等），在每一个行业，几年前还名不见经传的小型初创企业都迅速占据了重要的市场地位，证明自己远比巨头企业擅长竞争。一如前文所说，对通过自然发展或蓄意政策形成的大企业，情况尤其如此。在化工、电气设备等行业，通用电气等传统巨头在许多市场迅速失去了地位和份额，有着创新优势的中小型新创企业渐占上风。

置身如今这样渴求创新的老牌企业，不能创新就注定要走向衰落和灭亡。而在这样的时代，管理层不知道怎样管理创新，也是不称职、不胜任工作的。管理创新将日益成为管理层，尤其是最高管理层要应对的挑战，也是检验他们能力的试金石。

创新的例子

尽管创新型企业是少数，在大公司中更是身影寥落，但这样的企业的确存在。或许有人会提到法国的雷诺、意大利的菲亚特、英国的玛莎百货、瑞典的 ASEA（相当于瑞典的通用电气公司）、日本的索尼，或者两次世界大战期间德国的乌尔斯泰因出版社。美国的例子是 3M 公司（明尼苏达州圣保罗的明尼苏达矿业及制造公司，Minnesota Mining and Manufacturing，取其首字母则为3M）、贝尔实验室，或者美洲银行（Bank of America）。这些公司显然能够毫不费力地创新，毫不费力地接受组织中出现的变化。它们的管理层很少像人们想的那样有机会问："我们应该怎样保持组织的灵活性，让它愿意接受创新呢？"事实上，这些管理层都忙着寻找合适的人员与资金，开展组织内部的创新活动呢。

创新型组织并不仅限于企业。美国的曼哈顿计划，在第二次世界大战期间研制出了原子弹；日内瓦的CERN（欧洲核子研究中心，欧洲各国联合进行核子研究和原子能和平利用的组织），在第一任总干事维克多·韦斯科普夫（Victor Weisskopf）执掌期间，都是创新型组织的极佳例子。两者都开展科学和技术创新，两者也都在社会方面有所创新。如今流行的"团队"或"矩阵"组织形式，就主要是曼哈顿计划发明的。由于两家机构集中了许多大学教授，而教授的天然栖息地大学，则是出了名的抗拒改变、难于创新的地方，前两者的特殊之处也就更加引人注目了。

这些例子表明，一家组织的创新能力是管理层的职能，与组织所在行业、组织的规模或年龄关系不大，"管理者差劲"或者国家的"文化与传统"等常见借口无从解释它。

研究里也找不到解释。贝尔实验室（可能算是生产力最高的工业研究实验室）确实素来强调对自然规律的基础研究。但雷诺和菲亚特在研究上并不特别出色，它们成为创新型组织的原因，在于它们能迅速把新设计和新车型投入生产、投向市场。最后，美洲银行的创新主要体现在它的客户业务上，以及它的金融结构与信贷、它的库存与销售政策等方面。

这些例子意味着，创新型组织将创新精神制度化，养成了创新的习惯。这些组织成立之初，很可能有一个人是个了不起的创新家，他可能成功地围绕自己建立了一家组织，将自己的新设想和新发明转换成成功的商业现实。

100年前，德国的维尔纳·冯·西门子（Werner von Siemens）就是这么做的；70年前，A.P. 贾尼尼（A. P. Giannini）是这样建立美国银行的；第二次世界大战之后，宝丽来公司的埃德温 H. 兰德（Edwin H. Land）也是这么做的。但贝尔实验室、3M 或者雷诺公司，并不曾有过这样的天才创始人。创新型组织设法像一家组织那样进行创新，也就是为了富有生产力地持续创新而组织成人类的群体。它就是为了让改变成为常态而进行组织的。

这些不同的创新型组织在结构、业务、特点甚至组织与管理哲学上，都很不一样。但它们的确有一些共同的特征。

（1）创新型组织知道"创新"意味着什么。

（2）创新型企业懂得创新的动态。

（3）它们拥有创新战略。

（4）它们知道，创新的目标与目的，与管理的目标与目的不同，测量尺度必须与创新的动力相得益彰。

（5）创新型组织里的管理层，特别是高层管理人员，扮演着不同的角色，有着不同的态度。

（6）创新型组织有着不同的结构，因此在设置上有别于管理型工作和管理型组织。

创新的意义

首先，创新型组织知道"创新"意味着什么。它们知道，创新不是科学或技术，而是价值。它们知道，创新并不是发生在组织内部的事情，而是发生在组织外部的变化。创新的测量尺度是看它对环境的影响。因此，商业企业的创新，必须永远以市场为导向。以产品为导向的创新，有可能带来"技术的奇迹"，但回报却令人失望。从技术上讲，IBM 的计算机多年来都与竞争对手的产品"差不多好",而且,直至 20 世纪 60 年代,大部分新技术是竞争对手们开发的。但竞争对手是先看产品能做些什么,然后到处寻找应用。IBM 公司则从用户的需求入手,让技术去适应需求,从而在短短几年就占据了市场的主导地位。

全球制药企业当中的杰出创新人士将自己的目标定义为,推出能明显改善医疗实践和患者健康的新药。他们没有从研发的角度定义创新,而是从医学实践的角度来定义。同样,贝尔实验室总是从这个问题开始:"什么能为电话服务带来不同?"

然而,正是这些最关注市场的创新人士,带来了一些最重要的技术或科学进步。例如,贝尔实验室创造了晶体管,确立了信息理论的基本数学工作,实现了计算机的部分基础发现。

从消费者或客户最重大的变化需求入手,往往会带来一种最直接的方式对新科学、新知识和新技术下定义,也为根据基础发现组织针对性和系统性的工作带来了最直接的方式。

创新的动态

创新型企业都对创新的动态有所认识。它们认为,创新不是确定的,或者它们至少知道,不管是什么样的因果模式里,都涉及了太多的因素,任何人都不可能完全了解。然而,它们也并不相信创新是杂乱无章、无法预测或预见的东西。

有一种能便利寻找此类所谓"创新易发点"的指标,是流程、技术或行业的基本经济弱点。每当一个行业享受着不断增长的市场需求,却又不能够将需求转化为利润率时,我们就可以很有把握地说,改变流程、产品、分销渠道或客户期待的重要创新能带来极高的回报。

例子比比皆是。造纸行业是其中之一：世界各地的造纸行业都享受着迅速扩大的消费需求，多年来，消费需求的增长速度都达到了每年5%～10%，但它们却不能利用资本赚到可观的回报。钢铁行业的局面也非常类似。此外还有人寿保险行业，它提供的产品，客户早就想买，而且，生产者和消费者都希望保持有人活得比正常寿命更长（这样的行业真的不多），但却非得靠着"硬销"的方法去卖，而且还得克服极大的买家阻力。

同样，在经济或市场不同层级之间存在明显差距的地方，也蕴含着创新机遇。

举例来说，20世纪60年代，拉丁美洲的主要增长行业并不是制造业，而是零售分销业。大量的人口涌入城市，从自然经济过渡到货币经济。当然，这些人大多非常贫穷。但他们聚集到一起，就代表了庞大的全新购买力。然而，大多数拉美国家的分销系统仍停留在前城市化模式，也就是小商店，资金不足，管理不善，库存不丰富，资金周转极为缓慢。每当有企业家提供现代化的分销，就一定会瞬间成功——西尔斯－罗巴克最先意识到这一机遇。

创新机遇的另一个领域是利用业已发生但尚未显现出经济冲击力的事件带来的结果。人口发展，即人口变化，就是最重要的一种，它们也是最为确定的。知识的变化不那么确定，领先时间很难预测，但它们同样带来了机遇。接下来最为重要的但也最难确定的，是认知上的变化、视野上的变化，以及人们期待上的变化。

例如，医药行业的成功，在很大程度上是因为它预测到了认知根本变化带来的影响。第二次世界大战后，各地的健康保健都成了一桩"好买卖"。药物是教育程度低下的穷苦农村人口最容易获得的唯一健康保健途径。尽管农村缺少医生和医院，药物却仍然可以分发，以有效地解决大量健康问题。理解了这一点并闯入发展中国家的制药公司发现，伴随着药物采购，它们得到了"全面发展"。

最后,当然还有些创新不属于上述任何模式,这些就是出人意料的创新,是改变世界而非利用世界的创新。这样的创新,是企业家动手想要做点什么,促成事情的发生。这是真正重要的创新。这就是亨利·福特式的创新,他设想到某种当前不存在的东西,即一个大众市场,然后动手去促成它的实现。

这类创新并不在概率分布的范围内,或者至少位于可能性极低的极端位置。它们显然也是风险最大的创新。这样的创新,每成功一例,就对应有99例是彻底失败、闻所未闻的。

创新企业必须认识到,这些非典型的创新确实存在,而且极为重要。必须留心观察它们。但由于其固有的性质,这样的创新无法纳入商业企业内部的系统化、有意识组织活动。它们是无法管理的。

尽管它们有着压倒性的重要性,但却非常罕见,足以称为例外。专注于概率模式、据此组织创新战略的企业,是能够创新的。在这个过程中,它会对例外的、了不起的、真正的历史性创新非常敏锐,从一开始就意识到它并利用它。

要管理创新,管理者不一定非得是技术专家。事实上,一流的技术专家很少擅长管理创新,他们全神贯注地投入到自己的专业当中,很难看到专业之外的发展。冶金学家不大可能认识到塑料行业基础新知识有什么样的重要性,哪怕塑料在相当短的时间内,会淘汰冶金领域大量值得人自豪的产品。同样的,创新管理者不一定要是经济学家。顾名思义,经济学家只有在创新造成巨大影响之后才关注创新。创新管理者需要预见到弱点和机会,这不是经济学家的强项。创新管理者需要学习创新的原貌,了解它的动态、模式和预测性。为管理创新,管理者必须至少对创新的动态有所知晓。

创 新 战 略

和所有企业战略一样,创新战略始于如下问题:"我们的业务是什么,又应该是什么?"只不过,创新战略对未来的假设有别于对现行业务的假设。对现行业务的假设认为,当前的产品线和服务,当期的市场和分销渠道,当期的技术和流程,都会持续下去。现行业务战略的首要目标,是让已经存在或已经建立的业务实现最优。

创新战略则强烈地假设,凡是存在的,都会老去。它假设,现有的产品线和服务,现有的市场和分销渠道,现有的技术和流程,迟早会衰落,而且往往很快。

因此,现行业务战略的支配性策略可以说成"更好,更多",而创新战略的核心则必须是"新而不同"。

创新战略的基础是有计划地、系统化地淘汰旧有的、垂死的和过时的东西。创新型组织不会在捍卫过去上花费时间和精力。系统化地放弃过去的做法,可以释放资源,尤其是释放稀缺资源,即有能力的人,让他们从事新的工作。

不愿意这么做,或许是现有大型企业里最大的创新障碍。通用电气公司未能成功转型成计算机生产商,主要的原因就在于,它不愿意或无法提供高质量、具备所需绩效能力的管理者和专业人士。没错,通用电气公司的确将许多优秀人才分配到了计算机团队,但极少有人愿意长时间待在那里。他们从研究实验室或大型部门的岗位上调过去没多久,就哭闹着说,"没有老一套真的不行呀",接着就回到原先的任务上,改善已经知道的东西、已经完成的东西。

新的尤其是尚未诞生的未来创新,与现行业务的大数量、大收入以及繁多问题比较起来,总是显得微不足道。因此,如果现有企业希望创造未来,就必须坚定不移地、系统化地放弃过去。

创新战略里的第二点，是要明确地意识到，创新努力必须志存高远。创造全新的东西，比对现有产品稍做修改要困难得多。

迈克尔·卡米（Michael J. Kami）成功担任过 IBM 和施乐公司长期规划部门的负责人，他指出了一项规律：为实现公司目标所需的结果，创新努力的预期结果至少要是它的 3 倍。这可能还说得少了。对于改进类的工作，如增加新产品、升级产品线、拓宽市场等，成功率大概是 50%。完全失败的项目不应该超过一半。

创新的运作方式不是这样的。这里的假设必须是，大多数的创新努力不会成功。"天才设想"十有八九会变成无稽之谈。而经过深入分析、看起来值得一试的可行设想，十有八九会失败，最好的结果也无非是成为孱弱的侏儒。创新的死亡率很高，也应该很高。

因此，创新战略以建立新业务为目的，而不是要让原有的生产线生产出某种新产品。它以创造新的绩效能力为目的，而不是改善原有的绩效能力。它以创造价值新概念为目的，而非更好地满足现有的价值期待。创新努力以创造明显差异为目的。存在明显差异的东西，就不再由技术决定。明显的差异，不由科学的质量造就，也不由采用的代价有多昂贵、推广有多困难来决定。明显的差异来自对环境的影响。

创新努力获得"成功"的概率平均为 1/10。这当然就是创新努力要志向高远的原因。胜出的那一次尝试，必须弥补其余 9 次失败尝试的损失，并带来自己的结果。

伯纳德·巴鲁克（Bernard Baruch）今天为人所知，主要是因为他在第一次世界大战期间担任过美国的战争经济负责人，也是从伍德罗·威尔逊（Woodrow Wilson）到哈里·杜鲁门（Harry Truman）等多位总统的朋友、知己和顾问。但早在巴鲁克成为美国政界元老之前，他就以风险投资家身份积累起了可观的财富。他那个时代（也就是第一次世界大战前 30 年）的其他金融家都参与房地产和铁路债券进行投机，可巴鲁克却在寻找全新的创新企业。他显然对技术所知不多（至少也是佯装无知）。他投资人而非点子。他总是在企业的萌芽阶段就开始投资，这时候，除了对有想法的人多支持几年之外，并不需要太多的金钱。他投资的原则是，每 10 笔投资中有 8 笔都会失败，最终一无所得。但他坚持（他自己的记录也证明，这个想法没错），10 笔投资里只要有两笔取得成功，他就能收获极为丰厚的回报，远比最精明的投资者在现有业务中能达到的水平高。

创新并不是以线性发展方式往前推进的。在很长的时间里，有时甚至长达数年，它要求投入努力，却没有结果。最初冒头的结果，通常微不足道。事实上，最初的产品基本上不是顾客最终要买的。最初的市场往往也并非主要市场。最初的应用，一般不是最终变得真正重要的应用。

新技术的社会影响很难预测，有时甚至根本无法预测。凡是真正新颖的东西，都是很难预测的，例如 20 世纪 50 年代经过彻底的市场调查研究，仍然极大地低估了计算机市场的规模。但更难以预料的，还是真正新颖的事物最终实现成功的速度。"时机是关键"，所有的创新都是这样。然而，时机又完全无法预测。计算机、抗生素、复印机，所有横扫市场的创新莫不如此。但每一个结果快得出人意料的成功创新，都对应着五六个最终实现成功但多年来进展都缓慢得让人绝望的创新。这方面的突出例子，或许是蒸汽动力的船只。1835 年，它的优越性就站住了脚跟，但直到 50 年后，它才最终取代了帆船。事实上，在"帆船黄金时代"（golden age of sail），以风帆为动力的快船（great clippers）是在蒸汽轮船充分发展起来之后，才进入完美阶段的。也就是说，将近半个世纪，蒸汽轮船都是"明天"的东西，始终成不了"今天"。

但经过令人沮丧的漫长酝酿期之后，这项成功的创新极速上升。短短几年,它就成了一门重要产业,造就了一条全新的重要产品线、一个全新的大市场。但在到达这一点之前,人们无法预测它何时起飞,甚至无法预料它到底会不会起飞。

测量和预算

创新战略需要与现行业务不同的测量尺度、不同的预算使用和控制方法。

对创新工作施以适合现行业务的例行财会测量,是起误导作用的。它削弱了创新努力,就像让一个6岁的小孩子背着100斤重的担子去远行一样。更何况,它也不能进行真正的控制。最后,创新成功时,它还可能造成威胁。因为到了那时,创新需要适合快速增长的控制,也就是说,控制方式要能揭示什么样的努力和投资可以收获成功果实、避免过度扩张。

成功的创新型企业很早以前就学到了这一点。

最古老、最有名、最成功的管理控制系统,大概来自杜邦公司。该公司早在20世纪20年代就为自己的所有业务设计了一套模型,关注投资回报率,但这套著名的模型里并不包含创新。只要业务、产品线或流程处在创新阶段,它的资本分配就不纳入资本基数,杜邦下属各分公司根据这一资本基数来预测必须赚到多少的回报。创新费用也不计入支出预算。两者都单独开列在外。只有等新的生产线进入市场,连续两年的销售量都达到了盈利规模,它的测量和控制才被并入负责开发的分公司的预算当中。

这确保了分公司总经理不会抗拒创新,认为它威胁到了自己的盈利记录和绩效。它还确保了对创新努力的费用和投入进行严格控制。这么做,使得人们在创新的每一阶段上都可以问:"我们最终期待些什么""风险因素是什么""不成功的概率有多大""我们有没有正当的理由继续进行这一创新努力"。

现行业务的预算和创新工作的预算，不仅应当分开，还应当区别对待。对现行业务，问题始终是："这一努力有必要吗？没有它行不行？"如果答案是"我们需要它"，接下就要问："我们所需的最低限度支持是多少？"

而对创新努力，最为重要的一个问题是："这是合适的机会吗？"如果答案是肯定的，接下来要问："在这一阶段，可以富有成效地投入使用的优秀人才和关键资源，最大限度是多少？"

对创新努力使用独立测量系统，使我们可以评估决定创新战略的三个因素：最终的机会、失败的风险、所需的努力和支出。如果不然，就有可能把努力持续投入机会相当有限而失败风险很高的地方。

举例来说，20世纪60年代，制药公司投入了大量研发力量，生产了多种广谱抗生素。在当时，合成出药效比市场上现有药物好得多的新型广谱抗生素，可能性已经非常低了。换句话说，不成功的风险很高。与此同时，机会已经变得比10年前少很多。就算拿出了药效比现有药物好得多的抗生素，也要与医生们熟悉且学会使用的优秀同类产品一较高下。就算是在科学上实现重大突破，也完全有可能生产出"跟风产品"。另外，在一个已经得到彻底研究的领域，找到真正新东西所需的支出和努力，也在飞速提升。传统的市场思维，也就是着眼于市场规模、认为"更好"的新产品就一定能带来更大成功的想法，具有彻底的误导性——事实上，它也真的误导了相当多的制药企业。

因此，给成功的创新制定每年"带来5%的利润增长率"一类的目标，再有害不过了。在最初3～5年，有时更长，创新都不见得会带来利润增长，它们甚至完全表现不出任何利润。接下来的5～10年，它们的成长率会达到每年40%上下，而不是每年5%。只有等它们进入相对成熟的阶段，才可以按比较低的百分比来预测其年度增长率，但到了这时候，它们也不再是创新了。

因此，创新战略要求创新人员具有高度的自律精神。他必须在没有传统预算和财会措施支持的条件下展开运作，而传统预算和财会措施能够为当前努力与投资的结果提供相对快速、合理、可靠的信息。他很可能受到诱惑，不断向无法带来任何结果的创新努力中投入人力和资金。彻底想清楚自己期待得到什么样的结果，以及在什么时候得到这样的结果，是管理创新的重要环节。这些期待，必然要为层出不穷的事件所改变。但除非这一路上针对实际的操作设有中间结果、具体进展和"解散"条件，否则，创新是无法管理的。

20世纪20年代末，杜邦开展化学聚合物研究（并于10年后最终开发出尼龙）的时候，没人能够预测，掌握聚合物技术能否带来合成橡胶、纺织纤维、合成皮革甚至新型润滑油（当然了，到了最后，聚合物技术带来了上述所有新产品）。直到研发过程已接近尾声，人们才清楚地看到，合成纤维将成为第一种重要的商业产品。但从一开始，杜邦以及负责的研究科学家卡罗瑟斯博士（Dr. Carrothers）就系统化地制定了路线图，借以说明有望实现什么样的发现和结果，以及什么时候能实现。这张路线图每隔两年或三年就会根据现有结果加以变动，但它始终会顺着道路指向下一阶段。只有等到博士找到聚合物纤维、能够开展大规模研发工作之后，杜邦才给予了大规模的投入。在此之前，杜邦只需要维持卡罗瑟斯博士和几名助手的费用罢了。

失败的风险

创新战略必须以明确接受失败风险（以及接受或许更危险的"几近成功"的风险）为基础。

决定什么时候放弃创新努力和指导什么时候开始同样重要。事实上，前者可能更为重要。成功的实验室主任知道什么时候放弃无法产生预期结果的研究方向。不怎么成功的实验室主任却始终抱着一线希望，被项目的"科学挑战性"冲昏了头脑，或是受了科学家不断许诺"明年就有突破"的愚弄。失败的实验室主任则无法放弃项目，无法承认看似精彩的设想其实是在浪费人力、时间和金钱。

但有相当数量的创新努力最终只达到几近成功的地步，而非彻底的成功或失败。几近成功有可能比失败更加危险。符合人们期待、有望"彻底改变"行业的产品或流程，一次又一次地沦为产品线的次等附庸，既算不上足以立刻放弃的失败，又算不上造就了不同的成功。有些创新，一开始的时候看起来很"兴奋"，可还在酝酿期时，就被更加创新的流程、产品或服务所取代。还有些创新，志在"家喻户晓"，最终却成了只有少数客户愿意购买但不愿意掏钱的"特制品"。

因此，对管理创新而言，想清楚并写出自己的期待尤为重要。等创新变成产品、流程或业务之后，再将期待与现实相比较。如果现实明显低于预期，就不能投入更多的人力或金钱。相反，人们应当问："我们是否应该放弃这个？怎么放弃？"

伯纳德·巴鲁克70年前就意识到了这一点。有人问他，有没有不特别成功也不特别失败的创新投资呢？他回答说："当然有，但我会尽快卖掉它们，能卖多少算多少。"他接着补充说："在我的早年岁月，这一类的创新投资花掉了我所有的时间。我一直以为自己能够改变它们，让它们变成我们最初期待的成功，但我从没做到过。而且，我发现，我错过了真正的机会，我错误地把钱分配到'合理的投资'里，而不是放到未来真正的大机会上。"

创新的态度

多年来，人们一直认为高层管理者和员工对变革施加的阻力，是管理上的核心问题。无数的书籍和文章撰写过该主题，无数的研讨班、讨论会和课程致力于解决它。然而，在解决此问题上到底取得了多大进展，仍然令人质疑。

事实上，只要我们还在说"变革的阻力"，就无法解决它。倒不是说不存在这样的阻力，也不是说它不是重大的障碍。只不过，关注变革阻力，是对问题做了错误的定义，让它多多少少变得不那么容易处理了。正确地给问题下定义，让它易于解决，是造就、构建和维护创新型组织的挑战，在创新型组织里，变革是常态而非例外，是机遇而非威胁。因此，创新是态度和实践。它首先又是最高管理层的态度和实践。创新型组织为最高管理层赋予了不同的角色，体现了最高管理层与组织关系的一种不同概念。

在管理文本所讨论的传统管理型组织中，最高管理层就是最终裁判。实际上，这意味着，管理层最重要的权力是否决权，它最重要的角色是向没能彻底想清楚、没能彻底执行的提议和设想说不。许多年前，英－荷－美食品和肥皂巨头联合利华的一名高管编了一段顺口溜，讽刺了这个概念：

　　顺着这棵树，
　　从根到树冠，
　　点子往上爬，
　　然后挨了毙。

在创新型组织里，管理层的首要工作恰恰与之相反：它是要把不切实际、半生不熟的狂野想法变成具体的现实。在创新型组织，最高管理层认为听取设想、认真对待是自己的工作。在创新型组织，最高管理层知道新设想总是"不切实际"的。它还知道，需要大量愚蠢的点子才能孵化出一个可行的点子，初期阶段无法判断哪些是愚蠢想法，哪些是天才闪光。两者要么显得一样的不可行，要么显得一样的精彩纷呈。

因此，创新型组织的最高管理层不光要"鼓励"设想（这是所有管理人员都听过的教导）。它还不断地问："要变得切实可行、有现实意义、卓有成效，这个设想必须怎样改进？"创新型组织会快速思考最疯狂、表面上最愚蠢的设想，寻找新东西，直至对其可行性进行评估。

创新型组织的最高管理层是创新的主要"动力"。它把组织的设想用来刺激自己的愿景。接着，它又努力让设想成为整个组织的关注点。创新型组织的最高管理层将新想法和新工作打扮成组织能量和创业纪律。

不过，这预示着重新构建企业中最高管理层和人力群体的关系。当然，传统的组织仍然存在。事实上，从组织结构图来看，创新型组织和最严格的官僚组织可能没多大区别。创新型组织也不一定特别"宽容"、特别"民主"。但可以这么说，创新型组织在正规的组织骨架旁边构建了一套神经系统。传统的组织侧重于工作的逻辑，而额外的这套关系则侧重于思想的逻辑。

在创新型企业中，高层管理人员一般会主动安排（尽管不一定是定期）与整个组织的年轻人见面，而且，高层不给会面安排"议程"。相反，高层与年轻员工一起坐下来，问道："你看到什么样的机会？"

在3M公司最主要的成长和发展时期，它完全不是一家宽容、自由的企业。两三名高管把它控制得非常紧，负责全部决策。但它鼓励（甚至是命令）最初级的工程师，不管有什么主意，不管主意多疯狂，都可以与最高管理层沟通。公司会一次次地告诉提议的工程师："你的设想我理解不了，但你愿意自己试试看吗？"如果回答是肯定的，工程师就把自己的设想写出来，附加一份预算要求——很多时候，公司会暂时解除他其余所有的职责，再给他一笔能维持一两年生活的小钱，让他放手去干。就是这样，3M公司从一家不起眼的小型研磨机生产商，变成了美国最大的企业之一。

然而，3M公司对年轻工程师实行严格的责任制。当然，也不是所有人都取得了成功。事实上，每10个人里只有一两个能成功。一个设想失败了，公司不会对员工进行追究——至少第一次不会。但如果工程师未能承担责任、组织任务、着手研究、切实地评估进展，不让最高管理层完全了解项目进展，公司绝不容忍。

创新型组织需要贯穿整个企业的学习氛围。它造就和维护了持续学习。任何人在任何时间，都不得认为自己"完成了"学习。学习是组织所有成员都需开展的持续过程。

变革的阻力来自无知，来自对未知的恐惧。人们必须先把变革看成机会，这样就不会产生恐惧。日本人把变革看成机会，因为他们的工作有保障，不担心自己或同事因为支持新东西就丢了饭碗。而且，即便是在日本，如果工人们知道组织人浮于事，自己的工作确属于多余（严重超编的日本国家铁路就是一例），也会出现强烈的抵抗变革情绪，哪怕绝对的就业安全，是得到法律保障的。但靠着把持续的变革化作个人得到成就、认可，收获满意的机会，日本也克服了恐惧和无知。在日本，接受培训的人提出新点子，并不会得到金钱奖励，哪怕这个点子很宏大，也有利可图。但哪怕这个点子是一项非常小的改进，提议者也会获得地位、认可和公众好评。

我们不必到日本去学习这一点。美国企业广泛应用的"建议制度"，无不说明了同样的道理。凡是以认可、成就和参与为奖励的建议制度，都是成功的制度。工厂里以这种方式采用建议制度的部门，很少会遇到变革阻力，哪怕人们担心就业保障，担心工会的限制。如果建议制度不这么做（大多数地方如此），那么不管它对成功的建议给予多么丰厚的金钱奖励，它本身都算不上成功。它不能实现建议制度倡导者当初的承诺——影响工人的行为和态度。

创新结构

寻找创新，需要单独组织，并建立在现行管理型业务之外。创新型组织认识到，人们不能同时创造新的又照顾旧的。它们认识到，维护当前业务对组织中人是非常艰巨重大的任务，他们没有太多时间能去创造明天的不同新业务。创新型组织还意识到，关照明天也是一件极为重大而艰巨的任务，不能因为担心今天而分散精力。两项任务都必须完成，但它们是不同的。

因此，创新型组织把新东西放到独立的、专注于创造新东西的组织元素里。

最古老的例子可能是20世纪20年代初杜邦公司设在特拉华州威尔明顿的开发部。这个单位只关注创造明天，但它不是研究部门——杜邦公司还有一家独立的大型研究实验室。开发部的工作是开发新业务；它既着眼于技术、产品和流程，也着眼于生产、财务和营销。3M公司也设立了与研究实验室并行且独立的业务开发实验室。

1952年，通用电气公司进行大规模重组，随后成为世界各地大型企业重要组织变动的原型，但它并未理解创新需要单独组织结构的重要性。根据计划，通用电气公司每一项"产品业务"的总经理既要对现行业务负责，又要对创造明天的不同新业务负责。这似乎有一定的道理。事实上，它也是从"产品业务的总经理应当尽量像独立企业的总裁一样采取行动"这一设想推导出的必然结论。但它不管用，总经理不能创新。

一个原因在于现行业务带来的压力，总经理既没有时间也没有动机放弃自己正在管理的东西。另一个同样重要的原因是，真正的创新很少是现有业务的延伸，它很少与今天的范围、目标、目的、技术或流程相吻合。当然，人们只能对今天的范围、产品、技术、流程甚至市场进行定义。最重要的创新机遇总是落在现有定义之外，从而也就落在现有分权化产品业务的"指定范围"之外。过了10年左右，通用电气公司逐渐从挫折中得出了正确的结论，并开始独立组织创新，把它放在现有产品部门和分公司之外，采用的形式非常类似杜邦公司多年来的创新努力组织方式，即纳入独立的"业务开发"组织单位。

较之欧洲的大学，美国的大学有着更强的创新能力，也更常为人称道。主要的原因显然不是美国的学者不怎么抗拒改变。只不过，美国的大学可以很轻松地成立院系甚至新学院，去做新的事情。相比之下，欧洲的大学往往受法律和传统的压力，把新的活动安排在现有的院系之内。这不但立刻引发了一场"古代对现代的战争"，传统学科把新学科看成威胁，与之展开战斗。而且，按照规律来看，传统学科还总是剥夺成功创新所需要的资源。比如说，最能干的年轻学者会有更大的压力去坚守把持了晋升机会的"安全"传统领域。重大创新要想迅速在欧洲学术界打开局面，通常需要"突破性机构"。19世纪末，英国在传统大学系统之外成立皇家学院之后，物理和化学立刻迎来了大发展时期。200多年后，类似的突破性机构——伦敦经济学院，为经济和社会学领域的教学工作创造了真正的创新机遇。在法国，拿破仑系统化地在大学制度之外建立了巴黎综合理工学院和巴黎高等师范学院等精英院校，将之作为教学研究的创新载体，让"工程师和教师需要培训也能够受到培训"的全新概念有效确立起来。德国在第一次世界大战前的十多年里，设立了独立的科研机构"威廉皇帝学会"（现在的马克斯-普朗克科学促进协会），一个主要原因就是要获得在旧有学科之外发展新学科、新方法的自由，即获得创新的自由。

同样，研发原子弹的曼哈顿计划和欧洲核子研究中心，设立在现有的学术和政府机构之外，正是因为它们的目的是创新。

创新是一项"业务"

与此同时，创新型组织认识到，创新要从一开始就组织成一项"业务"，而非一项"职能"。具体而言，这意味着抛开传统的时间顺序：先是"研究"，接着"开发",再接着是"制造",最后是"营销"。创新型组织认为这些实用技能都是开发新业务这一流程的一部分。这些工具各自在什么时候发挥作用,以什么样的形式发挥作用,由局面的逻辑决定,而非按照事先规定的时间顺序决定。

因此,一旦决定了要注意的新东西,就要安插项目经理或业务经理对其负责。这名管理者可以来自任何职能部门,通常他也会借助初始阶段能动用的所有职能,例如在研究之前先营销,在还不知道产品能否问世之前,着手为未来的业务制定财务规范。

传统职能组织工作,是从我们今天所处的地方到我们要去的地方。创新职能组织工作,是从我们想去的地方,回到为了达到该目的地现在必须做的事情上。

创新的设计原理是,设立在现有结构之外的团队,是"自治单位"。它不是传统意义上的"分权业务",但它必须自主,必须独立于运营组织之外。

在大企业内部组织创新单位的一种办法,是将它们组合到一起,构成创新团体,向最高领导层的一名成员报告,该成员别无其他职能,只负责指引、帮助、建议、审查并引领运作中的创新团队。杜邦的开发部实际上就是这样。创新有其自身的逻辑,与现行业务的逻辑不同。不管创新单位彼此之间在技术、市场、产品、服务上有多么大的区别,它们都有一个共同点:它们具有创新性。

就算这些自主团队组织仅限于从事迫切需求的创新,这些领域的创新也迥然有别于企业现在所做的事情。我们可能需要把创新单位设立为真正的创业机构。

美国的几家大公司,如通用电气和西屋,以及欧洲的好几家大公司,都以与"创业家"展开合作的形式安排创新活动。创新活动组织成独立的公司,母公司拥有大部分控制权,一般而言有权按事先确定的价格将小股东的股份全部买下。但创业家，也就是直接负责开发创新的人，是自负责任的主要股东。

这种关系的一个优点在于，它简化了补偿问题。在管理型组织里，创新人士能获得极优厚的薪水，就与高级研究科学家或高级营销人员一样。但在创新活动中，高薪资极不可取，它也负担不起。与此同时，按结果补偿创业家是极为可取的。但创新努力的结果，很多年都不大可能看清楚。因此，诱使创业家接受低薪资，直至实现结果，同时许诺成功后以股份形式或特别奖金的形式给予丰厚奖励，这样的补偿办法是很合适的。公司与"创业家"之间建立"伙伴关系"，促成了这一可能。它还（也是一个不小的优势）缓解了在公司结构内设立独立创新组织带来的摩擦（尽管不可能完全消除）。

但不靠伙伴关系，假设税法允许的话（很多国家不再认可这种做法），也能实现相同的结果。例如，3M从未对领导项目团队的年轻工程师采用伙伴关系。它也从未设立过独立的企业，让创业家成为该企业股东。尽管如此，创业人员的薪水全都保持在较低水平，直至创新自我证明，实现成功。接下来，创业人员不光有机会继续待在自己创建的团队里管理它，所得的薪资与他一手建立的业务的规模和绩效相称，还能得到可观的奖金。

这种"联合形式"（创业家成为合作伙伴和股东）是否能普遍推广开来，不光取决于税法，也取决于经济和组织的结构。但原则很重要：创新人士的报酬应当与创新过程的经济现实相当。这个过程风险高、交货时间长、奖励（如果成功的话）极高。

无论创新团队是独立的公司，还是只是独立的部门，创新型企业都可以应用一些系统管理的设计原则。它会有管理型部门，负责管理已知的东西、已经在做的事情。它还有创新的单位，独立于管理型单位，与后者合作，但做自己的事情，自负其责。两种单位都独立向最高管理团队报告，与最高管理人员共事。在现有组织中创新，需要接受相当复杂的混合组织设计。它既不是集权的，也不是分权的。在这样的公司里，职能性组织、联邦分权组织、模拟分权组织和团队，可能紧邻彼此，一起合作。

创新型组织，抵御停滞而非变化的组织，是公立和私营管理层的重大挑战。我们可以自信地断言，这样的组织是有存在可能的，我们周围就有很多。但如何让这些组织变成普遍情况，如何让它们为社会、经济、个人发挥生产力，仍然是一项基本上未解决的任务。种种迹象表明，不远的未来将是创新的时期，技术、社会、经济和制度都将飞速变化。因此，在20世纪的最后25年，创新型组织必须发展成一项核心制度。

CHAPTER 17 | 第 17 章

组织的基石

为组织设计基石的时候,组织者面临着以下四个问题。

(1)组织的单位应该是什么?

(2)哪些组件应当连在一起,哪些组件应当分隔开来?

(3)不同的组件适用怎样的大小和形状?

(4)不同单位应当怎样布局才合适?关系如何?

从组织工作的最早起源,即一个多世纪以前,组织者在设计组织结构之前就必须面对这些任务。

因此,我们现在掌握了相当多的经验。基石设计,或者组织结构设计,并没有一定之规。但人们可以清楚地指出,什么样的方法正确,什么样的方法不大可能奏效。

传统的方法会确认组织的基本单位,分析企业实现绩效所需的各种活动。制造企业或零售企业的典型职能清单就是这样罗列出来的。

这种考察典型职能的方法把组织看成机械构造,是若干职能的组合体。

但组织必须是"有机的"。组织的确会借助典型的活动,但不一定全都得用上。如何建立结构,取决于组织需要什么样的结果。企业的组织工作,必须从期待的结果着手。

关键活动

我们必须知道,不是所有合理的活动,都要安置在组织结构当中。我们要知道的是结构的承重部位,即关键的活动。

因此,组织设计从如下问题开始:为了达成公司的目标,需要在哪些领域精益求精?哪些领域缺乏绩效就会危害企业的结果甚至生存?

上述问题能带来什么样的结论,以下我们举几个例子。美国的西尔斯－罗巴克和英国的玛莎百货有不少明显的相似之处,原因之一是玛莎百货的创办人和建设者有意识地以西尔斯－罗巴克为榜样。但这两家公司的"实验室"在组织设置和组织任务上有着重大的差异。西尔斯－罗巴克将自己的业务定义为"替美国家庭采购优秀的商品",它用实验室来检验自己所采购的商品。它的实验室尽管规模大、称职胜任且受尊敬,但在组织上属于附属单位,因为西尔斯－罗巴克要采购什么商品,早就由市场决定了。西尔斯－罗巴克的采购做出决策;实验室根据标准进行判断,校验制造商发来的货物。玛莎百货将自己的业务定义为"替工薪阶层家庭创造、开发高档商品"。玛莎百货销售的商品,一般是市场上本来没有的,玛莎百货会寻找一种昂贵的"高档"物品,进行彻底的重新设计,保持或改善其质量,但却能按原价的极小部分制造出来。基本上,这完全是实验室要完成的任务。所以,实验室是玛莎百货的核心组织结构。实验室不光决定什么样的新产品可取,还会开发新商品,设计、检验并生产。直到这时,采购才接手其后的工作。因此,玛莎百货实验室的负责人,是管理层的高级人员,在很多方面,也是首席业务规划师。

凡是展现出突出成绩的公司，都把关键活动（尤其是那些为了实现企业绩效、达到企业目标而必须精益求精的活动）视为组织结构的核心承重元素。

还有一些问题同样重要："哪些领域的运作故障会给我们造成严重损害？哪些领域我们的漏洞最大？"但提出这些问题的企业并不太多。

总体上，纽约的经纪业界没有问过这些问题。如果它问过，它就应该意识到，"后台"故障，也就是处理客户订单、客户账户和证券的地方，有可能对企业造成严重危害。未能将后台运作视为组织关键，是1969～1970年华尔街出现重大危机的唯一重要原因，它摧毁了许多最为成功的知名公司。唯一问过这些问题的华尔街公司美林（Merrill Lynch），将后台运作组织成企业的关键承重活动，从危机中脱颖而出，成为经纪业界的巨头。

最后应该问的问题是："在这家公司，什么样的价值对我们真正重要？"可能是产品或者生产流程的安全，可能是产品质量，可能是公司经销商向客户给予恰当服务的能力等。不管是什么样的价值，都必须固定在组织上。必须有组织成分为之负责，而且它也必须是关键成分。

这三类问题确定了企业的关键活动。反过来，它们也将成为组织的关键承重成分。其余部分，不管有多重要，不管代表了多少资金，不管需要雇用多少人，都属于次要地位。显然，必须对它们进行分析、组织，放置到组织结构当中。但首先要关注的一定是那些对企业战略成功至关重要，对达成企业目标至关重要的活动；必须将它们进行识别、定义和组织，放在核心。

已经运营了一段时间的企业（尤其是经营情况很好的企业），也需要进行关键活动分析。在这样的企业里，分析总能揭示出一些重要的活动未能开展，甚至危险地悬在半空有待开展。分析还几乎总能揭示出一些本来很重要的活动，丧失了意义，但却继续被视为主要活动。它将证明，从前具有意义的分类丧失了意义，反而成为妨碍绩效的拦路虎。它总能让人们发现不必要的、应当取消的活动。

新办企业当然同样需要这类思考，但最需要开展关键活动分析的是快速成长的企业。快速成长是一个混乱和瓦解的过程。这么说吧，企业最开始时是一栋简陋的草棚，只有两间屋，但运作正常；随着发展，它在这儿搭建了一栋翼楼，在那儿又新起了一层阁楼，最后变成了一栋足有 26 个房间的畸形怪物。在这种情况下，采用机械方式重组（通常的做法）反倒会让事情变得更糟糕。在这种情况下，仿效"通用汽车式的组织结构"，就等于不去修补基本结构缺陷，而直接加上一层"辅助人员"和"协调人员"的上层建筑。只有从企业的目标和战略出发进行关键活动分析，才能提供企业真正需要的组织结构。

战略发生改变时，企业应当分析自己的组织结构。不管原因是什么（市场或技术的改变、多元化经营或者有了新目标），战略变化都需要重新分析关键活动，并调整结构加以适应。反过来说，企业战略未发生改变就开展重组，要么这是多余之举，要么这暗示最初的组织方式蹩脚。

贡 献 分 析

100 年前，组织孕育之初，最具争议性的问题是："什么样的活动应该放在一起，什么样的活动应该分开？"多年来，人们给出了多种答案。

最早的尝试，是德国人把业务分为两个主要领域："技术性领域"，负责研究、工程和生产；"商业性领域"，负责销售和财务。后来，又出现了"主线"和"辅助"，试图区分"运营"活动和非运营的"咨询"活动。最后是亨利·法约尔的职能分析，（过于狭义地）将职能定义为"相关技能的组合"，迄今为止，它仍是大多数企业典型组织结构的基础。

上述答案都不乏可取之处。但更彻底的分析，是根据各种活动所做的贡献，对之分类。

基本上，按贡献来分，企业活动分为四大类。

第一类是创造结果的活动，也就是说，能产生可测量的结果，直接或间接地与企业的结果和绩效挂钩。这些活动有些直接带来收入，还有一些贡献可测量的结果。

第二类是支持性活动，本身不产生结果，只有企业其他部分应用其"产出"才可实现结果，哪怕这些活动必不可少。

第三类是与企业结果不存在直接甚至间接关系的活动，它们是真正的辅助性活动，即保健和内务管理活动。

第四类是最高管理层活动，与上述所有活动都有着不同的特征。

在创造结果的活动中，第一种能直接带来收入（在服务机构中，它直接带来"患者护理"或"学习"）。创新活动，销售以及开展有组织系统化销售任务所需的一切工作，如预测、市场调研、销售培训、销售管理，属于此类。财务职能，即企业的资金供应和管理活动，也属于此类。

在商业银行当中，所有的贷款业务、管理他人资金的受托活动、银行本身的贷款运营（对自身流动基金的管理），都是创造收入的活动。在百货公司，采购和销售是带来收入的业务（玛莎百货的创新也是创造收入的活动）。在寿险公司，销售显然是创收。而开发新保险类型所需的保险精算活动，以及投资活动（是很多保险公司里最重要的活动），也都是创造收入的活动。

第二种创造结果的活动，本身不产生收入，但与整个企业的结果直接相关，或与重要的创收部门直接相关。我称其为结果贡献类活动。

制造业是此类活动中的典型。人员培训以及人员的招聘与就业，即为企业提供训练有素的合格员工的活动，也属于这一类。采购与物流是结果贡献类活动，而非创造收入类活动。根据大多数制造企业对"工程"一词的理解，它也是结果贡献类而非创造收入类活动。商业银行的"运营"，即处理数据和文件，属于这一类；寿险公司的理赔也属于这一类。劳资谈判和许多其他类似的"关系"活动，是结果贡献类活动而非创造收入类活动。

第三种创造结果的活动是信息活动。这类活动生产出系统中所有人都需要的"成品"。信息绩效可以得到定义和测量，至少也可以给予评价。然而，信息本身不产生任何收入。它为收入和成本中心进行"供应"。

"支持"活动中的第一种，本身不生产产品，但为其他活动提供"输入"，我称其为"良知"活动。这些活动设定标准，创造愿景，在所有企业需要追求卓越的关键领域提出精益求精的要求。

大多数组织轻视良知活动。但每一家公司、每一家服务机构，都需要为自己和管理者提供愿景、价值观、标准，以及对照标准审核绩效的规定。

照理说，在所有大企业，都应该有人去完成这一工作，一般而言这些人是领导重要"服务人员"的高管。但他们的首要责任不是充当组织的良知，而是做运营管理者的仆从使其顾问。因此，他们很难找到足够的时间系统性地开展良知作业。相反，他们只是对部门施以管理使其运作。

另一种支持性职能是咨询和教学，即传统的服务人员。它的贡献不在于活动本身做了什么或者能做什么，而在于它对其余人发挥绩效和办事能力的影响。它的"产品"，是组织其余部分绩效能力的提升。

很多"关系"活动，以及法律部门或者专利部门都是"支持性"的。

按照贡献划分的最后一种活动，是保健和内务活动，范围从医疗部门、扫地员工，到工厂食堂、养老金及退休基金的管理，再到在工厂里找个地方保存政府对企业提出的方方面面的要求。这些职能与企业的结果和绩效没有直接关系，但若它们运作不良，就可能损害企业。它们承担的是法律规定、员工士气和公共责任。在各类活动中，它们最为多样化。在各类活动中，它们往往也最受大多数组织轻视。

这是一个非常粗略的分类，远远谈不上科学。有些活动在一家企业可能放在这个类别，在另一家企业可能放在那个类别，在第三家企业则保持模糊，完全没有清晰的归属。

在一些制造企业，制造是成本中心。它对结果有帮助，但不产生收入。但还有一些真正的制造企业，收入完全由制造而来，不靠研发、不靠工程、不靠销售。此外，还有些企业的主要创收活动是对专利进行授权、销售和收购。

采购，通常来说是支持性活动，但可以定义成结果贡献类活动的一部分：包括制造和物流在内的"物料管理"——对采购、制造和物流进行统一管理，减少所需货品和资金的成本，最大限度地提高质量、送货和客户满意度。

为什么要进行分类呢？答案是，贡献不同的活动需要区别对待。贡献决定排名和位置。

关键活动不应该从属于非关键活动。

产生收入的活动不应该从属于不产生收入的活动。

支持性活动绝不能与创收活动和结果贡献类活动混在一起，它们应该分开。

"良知"活动

组织的良知活动绝不应当从属于其他任何事情，也不能把它们放在任何其他活动当中，它们应当明确地分开。

给予愿景、确立标准、对照标准审核绩效的良知职能，基本上是最高管理层的职能，但它又必须与整个管理团队合作。每一家企业，哪怕是小企业，都需要这一职能。小企业不必把它设为独立的职能，但可以让它成为高层管理工作的一部分。不过，在中等规模以上的企业，一般应该把该职能独立设置，单独配备人手。

不过，只应当有非常少的人从事良知工作。它是一个人的工作，而不是一群人的工作。它是绩效赢得了管理团队尊重的人的工作。它不是"专业人士"的工作。它最好由管理团队里的资深成员承担，此人过往的绩效记录表现出他对托付给自己的领域关心、重视、有兴趣，愿意为之充当良知。

只有对公司成功和存亡至关重要的极少领域，才应成为良知领域。目标和战略决定了需要什么样的良知活动。人员管理永远属于良知领域，市场营销也是。企业对环境的影响、社会责任、与外界社会的基本关系，也属于基本的良知领域。对任何大企业来说，创新（无论是技术还是社会创新）很可能属于良知领域。

不过，除了这些，就没有公式了。

良知工作不同于运营，也不同于提供建议。

只有审核及管理人员的实际绩效，需要"报告"给负责良知活动的人。因为光有愿景、只设立标准还不够，组织对照标准所表现出来的绩效，应当定期进行评估。

很多人会说，"良知"除了是个奇怪的说法，更是一个语气很强的词语。但这是个合适的说法。良知活动的任务不是帮助企业把已经在做的事情做得更好。它的任务是时刻提醒企业，该做什么，不该做什么。它的任务就是要让人"不舒服"，就是要用理想来对照日常现实，保护不受欢迎的东西，对抗权宜态度。

然而，这就要求负责良知的高管具备自律精神，组织也必须认可该高管的能力和诚信。

良知高管的任期应当受限。不管他们有多高的威望，不管他们有多成功，大多数良知高管的诚信和欢迎度最终会被耗尽。这是资深人士结束辉煌职业生涯的好地方。如果任职者年纪较轻，干上几年就应该换岗，转回去从事"实际"工作最好。

让服务人员发挥作用

咨询和教学活动（服务人员）也应当遵循同样的严格规定。

人数应当尽量少，只在关键活动领域设置。所有职能都配备服务人员，效果适得其反。有效服务工作的奥妙在于集中，而非忙活。

咨询和教学人员永远不应该事事都做，又都只做一点点。他们应该深入极少数关键领域。他们不应该为所有人服务，而应当选择"机会对象"，即组织内管理人员接受能力强、不会被"出卖"的地方，在这样的领域，如果取得成就，整个公司会普遍效仿。

服务人员及其活动应当保持精益。

适合这类工作的人并不会太多。能干好咨询和教学工作的人，必须真诚地希望别人获得荣誉。这样的人，应当以协助他人完成想做的事情（只要不是什么疯狂的事情或者背离道德的事情）为目的。接下来，它还要求人耐心地敦促他人学习，而不是自己出手代劳。最后，它要求人不滥用自己接近权力中心的地位，不搞政治手腕、不操纵摆布、不偏心。拥有这些性格特质的人很少。但在服务工作上，没有这样的品质，人只会无事生非。

咨询和教学人员适用的一条基本规则是，在接受新活动之前，他们要放弃旧活动。要不然，他们很快就会开始"打造帝国"或者生产"罐头食品"，也就是说，设计程序、写备忘录，而不是提高运营人员的知识和绩效能力。他们就将被迫使用二流员工，而非才能出众的人。只有要求他们在接受新活动之前放弃旧活动，他们才能动员起团队中真正的一流人才。

绝不应该"运营"咨询和教学活动。人事工作人员往往有一个共同的弱点：以运营之心对待工作。他们主持劳资谈判，做大量内务活动，如管理食堂，他们还负责培训。这么做的结果是，咨询和教学工作并未完成。"运营"带来的"日常危机"优先于咨询和教学工作，于是后者就始终被往后推延。把咨询和运营混在一起，只会带来庞大的服务人员队伍，却不能建设绩效。

其他服务人员也同样会混淆"实际"工作和咨询与教学，结果顾此失彼。

一家公司或许对声学工程有需求，同时又没有哪个部门有特别多的关于声学工程的工作量，足以独立负担一批声学工程师。故此，合乎逻辑的做法，似乎是把若干优秀的声学工程师放到"制造服务"或"工程服务"部门。但声学工程师不是服务人员，而是生产结果的人，不管他们在哪个部门工作，完成的都是声学工作。公司不期待他们提供建议或开展教学，而是要他们做事情。如果把工程师放到服务部门，该单位恐怕很难生产结果。优秀的人才会变得沮丧，不愿久留。不管声学工程在哪里完成，都属于"运营"工作。如果没有部门能维持专门的声学工程师队伍，那么就必须把它安排成多个部门的"联合运营"工作，既可以把它放在需求最多的部门，同时为其他部门服务，也可以成立独立的团队，拥有若干"客户"，也就是该团队为多个部门完成声学工作。

如果需要"联合运营工作"（大多数时候需要），最好设立独立的核心运营团队，让一位管理者专门负责此类工作（不管具体是什么技术领域）。所有联合运营工作的管理问题都是相同的：关系、任务分配、优先事项、标准。

咨询和教学活动是服务机构。公司应该要求它们保持自律，为自己设定目标、决定优先事项，并对照测量其结果。它们不应处于垄断地位。如果要大范围（而不仅限于专攻领域）开展咨询或教学工作，应当从外面请人来做。只要有可能，咨询和教学工作的"客户"，即各单位的管理人员，应当能自行选择，是求教于内部的咨询和教学人员，还是到外面去找人，甚至完全不借助任何人。

咨询和教学工作不应该是一份事业。它是管理人员或专业人士在发展之路上接手的一份工作。但通常而言，它不是人应该长期从事的工作。

如果把它当成事业来干，会带来破坏作用。它让当事人滋生出对"愚蠢的运营员工"的鄙视。它奖励"聪明"而非"正确"。此外，人要是自己无法收获结果，只能以二手方式获得结果，也会倍感沮丧。

但它在无须权威命令的前提下，很好地训练、培养了人的个性和能力，对其进行了严格的检验。晋升到组织最高层之前，每个人都应该经受这样的历练，但任何人都只应该在有限的时间段里从事这一工作。

近来人们经常讨论，这种工作是否需要高度的专业知识，以及优秀的"多面手"是否能迅速掌握足够的"零散知识"，有效开展咨询和教学工作。这场辩论横扫了所有咨询行业。这个问题没有答案——事实上，它可能是一个错误的问题。某些领域需要清晰、专业和高度专门化的能力。例如，如果一家公司需要高分子化学领域或者结构高度复杂、风险极高的国际资本交易领域的咨询和建议，那么，只有营销或采购背景的人就不适合，不管这个人本身多么优秀、领悟力有多高。但在许多咨询和教学领域，愿意学习、愿意思考"客户"关系、为自己的贡献承担责任的通才，有可能比高度专业化的专家做得更好，因为后者往往拒绝让"俗人"理解，并且鄙视"俗人"。事实上，对大多数成功的咨询和教学活动而言，专家都只是为顾问提供工具的"行内"人士，他们本身并不积极从事咨询和教学工作，也不见得有效。

信息的两副面孔

信息活动提出了一道特殊的组织问题。用化学术语来说，信息是"二价"的，它们有两副面孔、两个维度，需要两种不同的"键"（bond）。和其他大多数结果生产型活动不同，信息和过程本身没有关系。这也就是说，它们既需要集中，又需要分散。

信息生产活动，不管是会计工作还是运营研究，都类似生物有机体的神经系统，既集中，又分散到全身最小、最遥远的细胞。

因此，在组织上，信息有两个（而不是一个）源头。

传统的组织结构图在信息活动与"老板"之间用两条不同的线来连接，以表现这一点：一条实线指向单位的负责人，代表信息的提供者；一条虚线指向核心信息团队，如公司的控制人。为此得出的结论是，信息工作应当与其他工作保持分离。

美国的企业一般会违背这条规则，比方说，把会计这项传统的信息活动放到与财务有关的部件里，即为企业提供资金、管理金钱的产生结果的运营工作当中。这么做的理由是两者都"处理钱"，但会计其实并不处理钱，它处理的是数字。传统方法带来的结果是忽视财务管理。只要资金保持廉价（或者看起来廉价），这么做还说得过去，忽视资金管理的代价并不大。但到1970年前后，廉价资金的时代结束了，从那以后，忽视财务管理已经成为代价昂贵的失误。

有关信息活动的棘手问题在于，哪些信息应该放到一起，哪些应该分开。今天人们大量探讨"信息全面集成系统"，当然，这意味着所有（或者至少大部分）的信息活动应该放在同一个部件当中。这同时也意味着，新型的信息活动，如运营研究或计算机系统，不应当从属于传统的会计，这一点，基本上得到了大家的接受。但它们是应该加以协调还是应该彼此分离呢？

对于这个问题，目前并没有明确的答案，信息组织工作也还没有满意的途径，尽管它显然是一项关键活动。全面的信息系统尚未出现，未来或许永远不会出现。但随着我们信息能力的发展，我们恐怕必须解决信息的组织问题，找到答案或方法。

保健和内务活动

按照贡献划分的最后一类活动，是保健和内务活动。它们应当和其他工作分开，要不然就无法完成。问题倒不在于这些活动有多困难，有些比较困难，有些并不困难。问题在于，它们与结果连间接的关系都没有。因此，它们往往遭到组织其余部分的轻慢。它们是"笨活"，因为它们既不产生结果，也不是专业工作。

美国医疗保健费用大幅增加的一个原因，就在于控制医院的人，如医生和护士，在管理上忽视"酒店服务"。他们都知道，酒店服务必不可少，如果患者感到不舒服、没有合适的东西吃、床单没人换、病房没人收拾，病情就不会好转。但这些并不是医生、护士或者X光技师的专业活动。他们都不愿意挪开一小步，让负责酒店服务的人完成工作。他们不愿意让医院管理高层有人代表这些活动。于是，医院里没有"可敬"的管理者愿意与这些活动有联系。于是，这些活动就没人管理。这也就是说，这些活动做得很糟糕，费用又很贵。

公司的医疗部门很少出现这样的问题，或许仅仅是因为我们的价值体系尊重医生，把医生放在较高的社会等级上。但企业内部的人往往把选择厂址、建设厂房等重要工作都看成"多余"的事。看似不怎么紧要的活动，比如停车场、食堂或整体的维修管理，一般会遭到轻视和忽视。

这甚至扩展到涉及大笔资金的活动上。例如，美国企业对员工的养老基金往往管理不当，哪怕此事涉及大笔金钱，而且对公司的未来有严重影响。这是一种表面上看来和结果没有任何关系的事情，结果总是交由别人代劳。

方法之一是把保健和内务活动转交社区经营。它们是"为"员工服务的活动，因此最好是由员工来管理。又或者，这种活动可以外包给其他公司，比如专门管理养老基金或管理食堂的企业。

但只要公司的管理层必须亲自做这些事（选择厂址、修建工厂，是公司必须自己做的，至少必须积极参与）那么，保健和内务活动就应该与其他所有活动分开。它们需要不同的人、不同的价值观、不同的测量尺度，少受企业管理层的监督。

举个例子，大型企业会成立独立的房地产管理公司，处理一切涉及房地产、建筑物或工厂建设、建筑管理和维护的事情。又如，美国联邦政府总务署（General Services Administration of the U.S. Government）为所有政府机构处理内务工作。对政府部门的高级官员而言，管理车队是所在单位的苦差事，没人对它有兴趣，它也得不到尊重。但很明显，这里头涉及一大笔金钱，车辆需要组织，需要系统化的采购，需要进行有组织、系统化的维护。对总务署而言，管理政府车队就是自己的业务，也能够围绕这一业务进行组织。

这里有一条总的原则。凡是做出相同贡献的活动（不管它们的技术专业是什么），都可以放在同一个部件里，接受同样的管理。贡献不一样的活动，不能放到一起。

把所有咨询与教学活动放到人事部、制造部、营销部或者采购部，放到同一个服务团队，接受同一个人的管理，这是完全可行的，事实上，往往也是最好的方式。同样，同一个人完全可以充当公司在所有主要良知领域的良知（除非是大公司）。决定职能的是贡献，而非技巧。

CHAPTER 18 | 第18章

怎样把它们结合到一起

确定关键活动并分析其贡献,这两者定义了组织的基石。但安放构成组织的结构单元,需要完成两项额外的工作:决策分析与关系分析。

决 策 分 析

为了实现目标必须达到的绩效,需要什么样的决策才能做到呢?它们分别是什么样的决策?它们应该由什么样的组织级别做出?它们涉及什么样的活动,或者说,什么样的活动受其影响呢?为此,哪些管理者必须参与到决策当中,或者至少需要事先与之沟通呢?哪些管理者必须在事后告知呢?这些问题的答案,在很大程度上由具体工作所属的地方来决定。有人会争辩说,无法预测未来会出现什么样的决策。尽管决策的内容无法预见,但决策的类型和主题却是高度可预见的。

在一家大公司,管理者必须做的五年期决策,90%以上是"典型的",

只分为寥寥几种类型。如果提前想清楚了问题，只有少数情况才必须问："这个决策属于什么地方？"可是，由于没有决策分析，近 3/4 的决策必须"寻找归属地"，如公司内部的图示所说。而且，大多数决策进入了本来并无必要牵扯进来的更高管理层。这家公司的组件是根据薪水高低而不是按决策责任来安置的，这样一来，需要做出关键决策的活动放置的位置太低，既没有足够的权威去做，也没有足够的信息去做。

根据不同决策类型来安排权威和责任，首先需要根据决策的类型和特点进行分类。不过，"政策性决策"和"经营性决策"这样的标准划分其实毫无意义，反而会引起无休止的深奥争论。按涉及资金的数额来划分也没有太多帮助。

任何商业决策的性质，都是由四个基本特征决定的。

首先，决策的未来性。公司会遵循这个决策多长时间？它遭到撤销的可能性来得有多快？

西尔斯-罗巴克的采购人员，在采购金额上几乎没有限制。但任何采购人员或采购主管都不得放弃现有产品或增加新产品，除非得到整个采购部门负责人的批准。传统上，此人是整个西尔斯-罗巴克组织里的二号或三号首脑。

其次，决策对其他职能、其他领域或整个企业的影响程度。如果它只影响一个职能，那就是最低级的。如果不然，它就要由能考虑到所有受影响职能的更高一级来决定；又或者，它必须与其他所有受影响的职能的管理者进行密切磋商后才能做出。用技术性的语言来说，一个职能或领域流程与绩效的"优化"，不得以牺牲其他职能或领域为代价；如果影响了其他职能或领域，那就是不可取的"局部优化"。

举个例子，有个看起来完全是只影响一个领域的"技术性"决策，但它其实对诸多领域有影响，它改变了一家大规模生产工厂零件库存的保管方法。这会影响到所有的制造业务。它必然会给流水线带来重大的边缘化。它会影响对客户的交付期,甚至导致市场营销和定价上的激烈变化,比如放弃某些设计、某些款式、某些较高的定价。它可能还要求工程设计上的重大变动。库存保管的技术性问题本身固然有着可观的影响,但与库存保管变化给其他领域带来的问题比起来,就微不足道了。绝不能以牺牲其他领域的代价来"优化"库存保管。它应该尽量避免,除非人们认识到这个决策属于相当高的层次,应当成会影响整个流程的问题来处理:要么只有比工厂更高的管理层才能决定,要么它需要与各职能负责人密切协调。

考虑决策的影响以及避免"局部优化",有可能让决策的焦点发生彻底的调整,一如下例所示。

早期的杜邦公司是一家纯粹的炸药生产企业,也是当时世界上最大的硝酸盐买家,但它手里没有硝酸盐矿。不过,采购部获得了采购硝酸盐的绝对自由。从采购的观点来看,它做得十分成功。它在市场价低的时候买入硝酸盐,以远低于竞争对手的价格为公司收购了至关重要的原材料,但这却是局部优化。低价硝酸盐带来的竞争成本优势,被大笔库存资金挤压给抵消了。这首先意味着,低价硝酸盐的成本优势完全是虚幻的,并被高利息所抵消。更严重的是,它还意味着,公司碰到业务不景气的时候,或许会陷入资金流动危机。因此,为在低廉的原材料价格、资金成本、流动性风险之间实现平衡,这个决定应当由最高管理层来做出。可等设定了新的库存限制之后,采购决策又再度回到了采购人员手里。

再次,决策的特征,还由它所涉及的大量定性因素所决定:基本的行为原则、道德价值观、社会和政治信仰等。如果必须考虑价值观问题,那么决策就进入了更高的级别,需要由较高的管理层决定或审核。最重要也最常见的定性因素是人。

最后,决策可根据是定期出现还是很少出现甚至只出现一次来分类。经常性的决策需要确立一套通用规则，即原则性决策。比如，暂停员工与某人做生意，规则必须由组织中相当高的级别来决定。但将该规则应用到具体情况下（这同样是一个决策），却可以放到低得多的级别。

然而，罕见的决策，就必须被当成单独的事件来对待。每当出现这种情况时，必须进行彻底的思考。

决策应该交由尽量低、尽量贴近行动现场的层级决定。然而，决策又应当始终在一个能充分考虑所有受影响活动和目标的层级上决定。第一条规则告诉我们，决策最远应当放到多低。第二条规则告诉我们，决策最远能够放到多低，哪些管理者应当参与决策，哪些管理者必须事后告知。两者加起来告诉我们，某些活动应放在什么地方。管理者的级别应该高到能掌握做出工作固有典型决策的必要权威，又应当低到对"行动所在地"拥有足够的细节性知识和第一手经验。

关系分析

设计组织基石的最后一步是关系分析。它告诉我们具体的组件属于什么地方。

负责某一活动的管理者必须与什么人合作，管理者必须为负责其他活动的管理者做出什么样的贡献，其他管理者反过来又必须为前者做出什么样的贡献？

在组织结构内安放一项活动的基本规则是，让这项活动涉及的关系尽可能地少。与此同时，它的放置位置，又应该让关键的关系（也就是说，活动的成败、贡献的效力都取决于这些关系）便于接触该单位，成为该单位的核心。这里的规则就是要让关系尽量少，但每一关系都事关重要。

这条规则解释了，为什么职能并不像传统组织理论里说的那样是"相关技能的组合"。举例来说,如果我们采用这样的逻辑,就会把生产规划放到各类规划人员一起工作的规划部位去。生产规划所需要的技能,与其他所有运营规划技能密切相关。但恰恰相反,我们要把生产规划人员放到制造部门,让他们尽量靠近工厂经理和一线主管。

决策分析和关系分析所得出的活动设置,往往会出现矛盾。但总的来说,人们应该尽量遵循关系的逻辑。

如果组织设计必须遵循决策的逻辑以避免局部优化(如会计职能的设置),工作本身应当根据关系分析来规划,也就是尽量接近行动现场。工作的指导、规则和标准的设定,以及工作的考核与评价,应当根据核心组件的决策分析(它能观察到整个组织并彻底思考其影响)来安排。

关键活动、贡献、决策和关系这四项分析,应当尽量保持简明扼要。在小企业,花上几个小时和几张纸就能完成。当然,在非常庞大而复杂的机构,如通用电气、花旗银行或者联合利华(国防部就更不用说了),这可能需要花上几个月的时间去研究,并使用极为先进的分析合成工具。但这些分析,不应该遭到忽视或省略。要把它们当成每一家企业都必须做好的任务来完成。

组织不当的症状

没有完美的组织。组织结构充其量能达到不引发麻烦的程度。但是设计、堆砌组织基石的时候,最常见的错误是怎样的呢?组织中最常见、最严重的缺陷是什么?

组织不当最常见也最严重的症状是管理层级太多。组织的一个基本原则是,管理层级尽量少,命令链条尽量短。

每增加一级,都让共同方向、共同理解变得更加困难。每增加一级,都扭曲了目标，误导了关注。数学上的"信息论"有一条规律，通信系统中每增加一个额外的继电器，都会让"信息"减半、"噪声"翻倍。组织中的一个"层级"，就是一个"继电器"。链条中的每一环，都带来了额外的压力，产生了更多的惯性、摩擦和松懈。

每增加一级，都为培养未来的管理者增加了更多的难度（尤其是在大企业），它既增加了底层人员往上晋升的时间，也使得专业人士比管理人员更容易通过链条爬上去。

在如今的一些大公司，一线主管和公司总裁之间隔着12层甚至15层。假设有个人25岁成为一线主管，每隔5年就往上晋升一级（这两项都是很乐观的估计），这个人至少要到八九十岁才可能变成公司的总裁。常用的"治疗方法"（为钦点的年轻"天才"或"王储"设计一条特别的晋升阶梯）和层级臃肿同样糟糕。

天主教会是西方历史最悠久、规模最大、最成功的组织，它的结构说明了真正必需的层级可以有多么少。教皇和最低级的教区神父之间只隔着一层权威与责任的级别：主教。

组织不当第二个最常见的症状，是组织问题反复出现。照理已经"解决"了的问题，没过多久就带着新花样又冒了出来。

某制造公司的一个典型案例是产品开发。营销部门认为这是属于自己的事情，研发部门也这么想，但把它放在任一部门都会造成一个反复出现的问题。实际上，两个地方都不对。在一家希望创新的企业，产品开发是一项关键活动，也是一项创收活动。它不应当从属于其他任何活动，应当为它设立单独的创新部门。

组织问题的复发说明，企业不假思索地套用了传统"组织原则"（如"典型职能"或"辅助人员与一线工作人员"等）。解决办法是要进行正确的分析：关键活动分析、贡献分析、决策分析和关系分析。组织问题反反复复地多次出现，就不应该再机械地把它随便放到组织流程图的框框里。它暗示了缺乏思考、缺乏清晰、缺乏了解。

同样常见也同样危险的是，组织结构令关键人员的注意力放在错误、不相干的次要问题上。组织应让人们的注意力放在重大经营决策上、放在关键活动上、放在绩效和结果上。如果它让人把注意力放在行为是否恰当、是否合乎礼仪、是否符合程序，甚至是管辖权力之争上，组织就是在误导人。这样的话，组织本身就成了绩效的拦路虎。

这仍然是机械地（而非有机地）开展组织建设造成的结果。它是坚守所谓的原则，不去彻底想清楚企业战略需要何种组织形式所造成的结果。它是关注组织对称性而非组织绩效造成的结果。

任何一种组织结构图都不可能在大型艺术博物馆展出。重要的不在于图，而在于组织结构。图表只不过是一种简化，方便人们理解自己讨论组织时谈的是同一件事情。人绝不会为了结构图而改变组织的结构，这必定会导致组织不当。

组织不良还有许多无须进行进一步诊断的常见症状。第一种是会议太多，参加的人太多。

尤其是在大型组织里，管理部门会靠开会来工作。通用汽车的最高委员会就是例子。新泽西标准石油公司和杜邦公司，也都由高层官员组成的董事会来管理。但这些其实是例外情况，它们属于审议机构，既没有运营职能，一般也没有决策职能。它们是指导、反思和审查的器官，它们最重要的职能，或许就是强迫最高的运营管理者和委员们坐在一起，想通自己的方向、需求和机会。

但除了这类通过会议来履行职能的审议机构，其余的会议，就应该看成对组织缺陷的让步妥协。最理想的状况是，不用开会，组织也能运作，一如机器设计师的理想是，自己的装置只要一个活动元件就能发挥作用。在所有人类组织当中，都有大量的协调、合作与人际关系工作要做，开再多的会议也无济于事。而人类会议的动力机制又很复杂，复杂到几乎没法完成任何工作。

每当高管（除了最顶层的）花费超过 1/4（甚至更短）的时间来开会，就证明组织失当。会议太多，说明工作没有得到清晰的定义，没有完成宏观结构设计，或是没有人真正负责。存在开会的必要则说明，没有进行决策和关系分析，或是分析之后没有加以应用。

这里的规则是，要把大家聚到一起完成事情的需求控制在最低水平。

如果一家组织的员工随时随地都在担心感受、担心其他人，这家组织的人际关系恐怕不怎么样。确切地说，这是一家有着糟糕人际关系的组织。良好的人际关系，和良好的礼仪一样，是理所当然的。时刻对他人的感受心存焦虑，是最糟糕的人际关系。

可以毫不含糊地说，受这种症状折磨的组织（许多组织都这样），人员超编了。它或许是在活动上超编了。它没能专注于关键活动，而是想要每件事都做上一点，尤其是在咨询和教学活动领域。也有可能，它的个别活动人员过多。在拥挤的房间里，人们对彼此感到烦躁不安，胳膊肘几乎戳到别人的眼睛，脚踩着脚。只要有足够的距离，他们就不会发生冲突。机构臃肿只会创造工作，却无法实现绩效。机构臃肿还会引发摩擦，让人过分敏感、易怒，担心感受。

这就是依赖"协调员""助理"及其他诸如此类岗位的组织失当症。这类岗位是不做事的。这说明活动和岗位的设计太过狭窄，或者它们不是根据确定的结果而设计，而肩负了不同任务的太多环节。它通常表明，组织部件是根据技能来安排的，而不是按照在流程中的位置或贡献来安排。技能永远只能为零件做贡献，而不能为结果做贡献。这样一来，就需要有协调员或类似非工作岗位来把零件拼合在一起，但实际上，这些零件本身根本不应该分离开来。

"组织"慢性病

有些组织，确切地说，是很多组织，尤其是复杂的大型组织，都患有"组织病"。每个人都关心组织。组织随时都在重组。每当麻烦的迹象一冒头，哪怕只是采购代理和工程部员工就会发生争执，人们就哭闹着去找"组织医生"——不管是外面的咨询顾问也好，还是内部的辅助人员也好。所有的组织性解决方案都无法长时间维持，甚至没有多少组织安排得到了足够的时间经受实践的检验和摸索，新的组织研究列车就又开动了。

在某些情况下，这确实说明存在组织不当。如果组织结构未能把握基本原理，那就会出现"组织病"。尤其是，如果企业在规模和复杂度上出现了根本性变化，或是在目标和战略上出现根本性变化，却未能进行重新思考，重新安排组织结构，就会出现这样的结果。

但也有很多时候，"组织病"是自寻烦恼的疑病症。因此，有必要强调，组织变革并不应该经常进行，也不应该轻率进行。重组是一种外科手术，而哪怕是最轻微的手术也存在风险。

频繁开展组织研究的冲动，或以重组形式应对小病小灾的冲动，都应加以克制。任何组织都不可能尽善尽美。一定程度的摩擦、失调或组织混乱，根本无法避免。

5

第五部分

管理者如何用人所长

PEOPLE AND
PERFORMANCE

第 19 章
人事管理破产了吗

第 20 章
我们所知道的工作、劳动和工人

第 21 章
工人和劳动：理论与现实

第 22 章
怎样做员工

第19章 CHAPTER 19
人事管理破产了吗

几年前，我收到了一家公司老总写给我的信：我雇用了2300人，大多是非熟练的装配女工；如您方便，请尽快给我发一套适当的人事政策，并附上您的费用表。很长一段时间，我都觉得这封信是向我开了个有趣的玩笑，尽管并非出于蓄意。但最近我意识到，它嘲笑的并不是我。我逐渐感到，写信给我的人，就像是安徒生《皇帝的新装》那则故事里的天真孩子，别人都假装在欣赏皇帝的漂亮长袍，他却大声地说出皇帝没有穿衣服。

今天流传的许多人类组织管理知识，本质上都是机械刻板的内容，说不定真的也是靠邮件传播的。管理员工有两个广为接受的概念：人事管理（personnel administration）和人际关系（human relations），都认为这是附加给企业的任务。人事管理关注活动与流程：聘用员工、支付薪酬、训练员工。人际关系（一如这个词的常用方式）关注的是员工满意度、员工的沟通和态度。然而，这两种方法似乎都认为，管理工人和工作不需要对企业开展业务的方式作任何调整，所有的企业似乎都能采用相同的工具和概念。

人事管理或人际关系领域缺乏进步、新思维和新贡献，或许恰好说明这么做并非正确方法。放眼整个管理领域，没有哪个地方有这么多人在辛苦工作。人事部门就像杰克的魔豆，越长越大；到处都有配备了计算机和博士学位的人在搞研究。每一所大学都有数百人研究这一领域，办讲座、做研究、收集数据。事实上，一整排的新学科建立了起来——工业心理学、工业社会学、工业人类学、劳资关系、人事管理等。它们都生产着所谓的原创论文。它们还生产着书籍，召开着会议。这一领域的杂志就有几十种。不就职场人事管理主题举办一场讲座，任何有尊严的商业组织——美国畜牧学会也好，苏城商会也罢，都不会认为年会开得足够圆满。

那么，这么多优秀、敬业、聪明的人，开展了这么多的工作，带来了什么样的结果呢？

人事管理和人际关系

一如通常的理解，人事管理始于第一次世界大战。它是从战时生产中庞大工人队伍的招聘、训练和付酬等发展出来的。第一次世界大战已经过去了60年。然而，我们今天对人事管理所知道的一切，20世纪20年代初人们就知道了，我们现在所实践的一切，那时候也全部付诸实践。除了些许改进，人事管理别无进步。比方说，今天一本厚厚的教科书里能找到的一切内容（除了有关工会的章节），都能从20年代初托马斯·斯帕茨（Thomas Spates，人事管理的奠基人之一）发表的文章和论文中找到。我们只不过给它浇上了一层厚厚的人道主义修辞而已，就像蹩脚的厨子往煮过头的白菜上浇一层褐色的淀粉浆。

人际关系领域也存在类似的智力枯竭，尽管人际关系领域有着更多的活动。人际关系同样诞生于第一次世界大战，只是成熟时间更长一些。1928

年前后（差不多半个世纪前），哈佛大学埃尔顿·梅奥和同事们在伊利诺伊州霍桑西方电气公司（附属于贝尔电话系统的制造企业）工厂里主持了著名的实验，人际关系从此开出了花朵。这些实验表明，较之客观工作条件（如工作场所的照明），社会心理因素（如工人们得到的关注）可能与生产力的关系更大。哈佛大学的团队就霍桑研究所发表的报告，迄今为止仍然是论述这一主题最优秀、最先进也最完整的作品。事实上，自那以后，产业界、工会和学术界投入的无数努力，到底是澄清还是掩盖了最初的洞见，颇值得商榷。

当然，是否具有新意，并不能说明论点合理与否。不过，新学科一出现就完全成形、绝对完美（仿佛维纳斯从海里腾空出世那样），是一件可能性很小的事情。第一代思想家奠定基础之后，还要花几十年的工夫来修建大厦。两门新学科一出生就完全成熟，绝对不可能。人事管理和人际关系自奠基以后几无建树，原因或许在于基础本身就不恰当。

近期人事管理调查

人事管理的局限性并不难察觉。大多数业内人士也承认，至少暗中承认。所有的人事管理人员自始至终都担心，无法证明自己是为企业做贡献。他们的当务之急就成了寻找能打动自己管理同事的"噱头"。他们不断抱怨自己缺乏地位。按通常的用法，人事管理基本上就是一套拼凑在一起、没有什么内在凝聚力的技术。曾有聪明人不乏恶意地评论说，"人事管理"就是把所有与人的工作无关，也与管理无关的事情放到一起。

不幸的是，还有一些正义的嘲弄。按照设想，人事管理的任务是管理工人和工作，所以，它一部分是档案管理员的工作，一部分是家政工作，一部分是社工的工作，还有一部分是"救火"工作：阻止工会惹麻烦，或是解决工会惹出的麻烦。人事管理人员通常要负责的事情——安全和养老金计划、员工建议系统、就业办公室和工会的不满,都属于必要的琐事,而且大多是不愉快的琐事。其实,我很怀疑这些事情到底应不应该放在同一个部门;它们是一锅大杂烩,看看典型人事部门的组织结构图就知道,或者,看看典型教科书里对人事管理部分的内容也能知道。它们既不属于需要同类技能(以开展活动)的职能,也不属于因工作流程、业务流程或构成了管理者工作的独特阶段而联系在一起的职能。

这些活动本身并没有太过特殊的性质,它们只需适当的管理能力就可完成。它们本身对企业并不造成重大影响。把大量此类活动放在一个职能里,并不自动造就出一个需要在最高管理层有代表人物或是需要高层管理者效劳的重大职能。因为,只有质量(也就是说,工作的类型及其对企业的影响)才造就重大的职能,或界定高级管理人员的工作范围。

即使这些事情被最好地放到同一个部门,它们也并不累积成对人的管理。事实上,它们与这个领域需要做的事情没什么关系。人事管理部门不仅远离企业最重要的人力资源(管理者)的管理,一般还回避员工管理的两个最重要方面:工作的组织,以及对做工作的人的组织。它对这两个领域的现状原样接受。

三点误解

人事管理缺乏成果,原因是三点基本的误解。首先,它假定人们不想工作。人事管理认为"工作是人们为到别处获得满足而必须忍受的一种惩罚"。因此,它往往着重强调工作之外的满足。其次,人事管理把工人和工作的管理看成专业人士的任务,而非管理者任务的一部分。可以肯定的是,所有人事部门都不停地讨论着要教育运营管理者管理员工,但90%的预算、人力和精力都投入人事部门思考、建立和操作的人事项目当中了。人事管理的典型教科书开篇就会说，人事管理人员两大首要任务，就是向运营管理层提建议，诊断组织的团队稳定性和士气。之后，教科书会把95%的篇幅花在人事部门自己组织和管理的项目上。

实际上，这要么意味着，人事管理篡夺了运营管理者的职能和责任（因为凡是管理运营管理者手下员工的人，都是"老板"，不管他的头衔是什么）；要么，它意味着运营管理者为了自卫，必须把人事管理局限在处理行政琐事上，也就是那些对管理员工和工作都并非必要的事情。这样看来，后者一直是普遍趋势也就不足为奇了。

最后，人事管理往往是"救火"，把"人事"看成威胁生产过程顺畅性的"麻烦"和"头痛"问题。它生来就有这种倾向，但20世纪30年代的工会热潮让它走上了主导地位。一点也不过分地说，许多人事管理人员（尽管基本上是在下意识里）与"麻烦"有着利害关系。某工会领导人曾取笑一家大公司的人事部门说："这些家伙应该把10%的薪水扣下来，存到工会的金库里；对工会来说，他们不过是周薪100美元的办事员。"这话其实有几分道理。但如果以麻烦为焦点，工人和工作根本无法得到管理。甚至可以这么说，面对焦点，用"防火"取代"救火"还不够；管理工人和工作必须关注积极的一面，必须以潜在的优势与和谐为建设根基。

人际关系的洞见与局限

人际关系，是员工和工作管理的第二套流行理论，它从正确的基本概念出发：人们希望工作；管理员工是管理者的工作，而不是专家的工作。因此，它并非一堆无关活动的集合。人际关系还建立在一项深刻的洞见之上，关于这项洞见，我们爱用这样的俗话总结："人不能只聘用一双手，手后面一定跟着整个人。"

人际关系认识到人力资源是一种特殊的资源。它强调这一点，反对机械的人类概念，反对人只对货币刺激自动做出反应的信念。它做出了一项巨大的贡献，让美国管理界意识到了如下事实：人力资源需要明确的态度和方法。人际关系在最初确立之际，是一股伟大的解放力量，它摘掉了管理界戴了近百年的遮眼罩。

然而，以现今存在的形式来看，人际关系起到的主要是负面作用。它把管理界从有缺陷的错误观念下解放出来，但它并未成功地替管理界换上新概念。

原因之一在于它相信"自发动机"。人际关系领域的研究者似乎在说："消除恐惧，人们就会去工作。"在过去，管理界认为只有恐惧才能激发人，这是一项巨大的贡献。更重要的是，它还暗中批评了人们不愿工作的假设。然而，我们现在知道，仅排除错误的激励方式还不够。除了一般性描述外，人际关系在积极动机上的贡献几近于无。

人际关系对工作也缺乏足够的重视。积极的动机必须以工作和任务为中心，可人际关系却只强调人与人之间的关系，强调"非正式团体"。它的出发点是个人心理，而非对工人和工作的分析。因此，它假定，既然工人与同事的关系决定了他的态度、行为和效力，把什么样的工作交给人做就成了无关紧要的事情。

有句广受认同的话是"快乐的工人就是具有生产力的高效工人"，虽然对仗很齐整，但这句话充其量只说对了一半。企业的业务不是创造快乐，而是生产、销售鞋子。工人也不可能在抽象意义上快乐。

尽管人际关系强调人的社会性，但它拒绝接受如下事实：有组织的群体不仅仅是个人的外延，更有着自身独特的关系，它包括真实而又健康的权力问题，以及愿景和兴趣上的客观冲突（而非性格冲突）；换句话说，有组织的群体存在政治的一面。哈佛大学人际关系学院的所有研究都贯穿着一种对工会的恐慌情绪，就清楚地表明了这一点。

最后，人际关系对问题的经济维度缺乏意识。

结果，人际关系产生了退化为单纯口号的倾向，成为不针对人类组织制定管理政策的托词。更糟糕的是，由于人际关系最开始是想让"适应不良"的个人经过调整适应"现实"（人们总是认为现实是理性的、真切的），整个概念有了很强的操纵倾向。人际关系有很大的风险陷入新型弗洛伊德式家长做派，变成证明管理层行为正当的工具，变成"兜售"管理层现行一切实践的设备。人际关系领域大量讨论"赋予工人责任感"，却闭口不谈工人的责任到底是什么；它过分强调"让工人感觉重要"，却丝毫不努力让工人及其工作变得真正重要，这样的情况并非出自偶然。只要我们从"人必须加以调整"的假设出发，我们就会寻找控制、操纵、出卖他们的方法，不承认需要调整的恰恰是我们自己的行为。事实上，人际关系在当今美国的流行，或许恰好反映出：用糖浆取悦暴躁的孩子固然轻松，却是误用；用它来解释工人对管理层及其政策的非理性和情绪性抗拒，也是一种搪塞敷衍。

这并不意味着我们要放弃人际关系。相反，它是管理人类组织的重要基础。但它本身并不是成形的大厦，它只是一块基石，大厦的其余部分仍然有待建设。大厦要依靠的不仅是人际关系，但它必须从人际关系上拔地而起。

"科学管理"：我们最广泛采用的人事管理理念

每当人们讨论工人和工作的管理，就一定会说到人事管理和人际关系。人事部门关心的也就是这两件事。但美国工业界对工人和工作的管理所应用的概念不是它们，实际应用的概念是科学管理。科学管理以工作为焦点。科学管理的核心是对工作的有组织研究，将工作分解为最简单的元素，对各个元素上工人的绩效进行系统化改进。科学管理既有基本的概念，又有便于应用的工具和技术。它毫不费力地证明了自己所做的贡献；它实现的结果，就是产出提高，这一点既明显，又便于测量。

事实上，科学管理正是一套关于工人和工作的系统化哲学。可以说，它是美国为西方思想界做出的最有力、最持久的贡献之一。只要工业社会继续存在下去，我们就永远不会忘记这一理念：可以对人类的工作进行系统化的研究、分析，能够通过研究工作的各基本部件对工作加以改进。

和所有了不起的见解一样，它本身是极简单的。人类工作了数千年，人们随时随地都在谈论改进工作。但很少有人系统化地对工作进行观察，直到1885年前后，弗雷德里克 W. 泰勒开始这样做。人们把工作视为理所当然的事情；它就像一条毋庸置疑的公理。从这个意义上说，科学管理是一场伟大的解放，是了不起的开拓性见解。没有它，就不可能对工作中的人类展开真正的研究。如果没有它，管理工人和工作时，我们永远不可能跳出好意、劝诫或"加快速度"的局限性。尽管事实证明，它的结论有些值得怀疑的地方，但它的基本观点是整个领域思考和研究的必要基础。

很长时间以来，科学管理陷入了停滞。它是我们管理工人和工作的三种方法里最古老的一种；在19世纪的最后几十年，它与工程这一全新的职业共同崛起，但它也最先陷入了枯竭。1890～1920年，科学管理领域一个接一个地产生着天才的新见解，一个接一个地产生着创造性的思考家——泰勒、法约尔、甘特和吉尔布雷思夫妇。但过去的五六十年，除了一些论述技术甚或专业范围窄而又窄的花哨东西的老套大部头，它几乎没有为我们带来什么新东西。当然，也有例外，尤其是莉莲·吉尔布雷思（Lillian Gilbreth）夫人和已故的哈里·霍普夫（Harry Hopf）。但整体上看，相关论文如汪洋大海，新见解却几乎没有。细微的改良极多，但对科学管理最成熟、最有说服力的说法，仍然是1912年泰勒在众议院特别委员会上所说的证词。

出现这种状况的原因在于，科学管理尽管取得了世俗意义上的成功，却并未解决管理工人和工作的问题。这在思想史上很常见：它的观点只洞穿了问题的一半。它有两个盲点,其一来自工程,其二来自哲学。它没看到的东西和它看到的东西同样重要。事实上,如果我们未能意识到科学管理的盲点在哪里,那么我们有可能连它带来的真正好处也一并丧失。

对行为的费解分析:盲点之一

第一个盲点在于它相信,由于我们必须在简单的构成动作中分析工作,我们必须将工作组织成一系列单独的动作,如有可能,每一动作均由单独一名工人来完成。泰勒本人也许意识到了整合的必要性,哈里·霍普夫则真正意识到了这一点。但所有其他的作家,所有的从业者,几乎都把单个动作看成良好工作组织的实质。

这是错误的逻辑。它混淆了分析的原则和行动的原则。分开的东西和放在一起的东西,压根就是两码事。将两者混为一谈极不科学。科学首先要意识到:分类尽管绝对有必要,但分类并未告诉我们有关事物性质的任何重要事实。

"怎样分析工作,就怎样执行工作"的观点,也对工程造成了扭曲。

这方面最好的证据来自应用科学管理潜在概念所实现的最伟大成就:字母表。发明字母表的是3500年前某个犹太商贸城镇里的无名文员,国际管理大会金奖大概永远也不会授予他。但他分析了自己那个时代著作里成千上万的象形文字、表意文字、标记性文字、音节符号和语音标记,将之分解为基础、简单的标准化元素,用20来个符号表示了所有的音节,传达了所有的文字和思想,这不折不扣就是最高级的科学管理。然而,要是我们在想说"cat"(猫)这个词的时候却要把拼写字母一个一个地念出来,字母就非但无益于沟通,反而构成了沟通的障碍。

把字母整合成单词,并不是一件简单的任务。一般来说,哪怕是智障儿童也能学会字母，但哪怕聪明人也很难从"C-A-T"一下联想到"cat"。事实上，儿童面临的所有阅读困难（也是基础教育的最大问题）几乎都来自字母整合成单词；我们知道，许多人永远也没学会这一点，而只学会了记住常见单词和音节，也就是说，他们学的不是字母，而是象形和表意文字。但字母表的成功，不在于虽然存在整合的难题，它仍然取胜了。它的胜利，它真正的成就，恰好在于字母的整合。

最后，将工作分析和工作行为混淆起来，是对人力资源性质的误解。科学管理的意图是组织人的工作。但它假定（未对这一假设做任何测试或验证），人类就像机床（尽管设计蹩脚）一样。

我们必须通过构成动作才能分析工作，这是毫无疑问的。改进个别操作的执行方式，我们能够很好地改进工作，这也是真的。但如果把工作越来越狭隘地局限于个别动作或操作，认为这样就能把工作做得更好就不对。就连真正的机床也不是这样，更何况人类。单个的动作，人类确实做不好；从机床的角度来看，人类确实设计蹩脚。姑且抛开意志、性格、情感、欲望和灵魂这一类因素，就只把人当成生产资源来看，只从工程师关注的投入和产出的角度入手，我们只能接受如下的事实：人的具体贡献，总是来自执行了诸多整合、权衡、控制、测量和判断的动作。个别的操作的确需要分析、研究和改进，但只有当各项操作构成了一项任务，调动了人的特定素质，人力资源才算得到了有利于生产的使用。

规划与实践的分离：盲点之二

科学管理的第二个盲点是"规划与实践相分离"，这是它的根本原则之一。这里，合理的分析原则再一次被误解成了行动原则。此外，规划与实践的分离，还反映出一种可疑又危险的哲学概念：精英垄断了深奥的知识，有权摆布底层劳动者。

发现规划有别于实践,是泰勒最有价值的一个见解。强调工作之前先规划,会让工作变得更轻松、更有效、更具生产力,对美国工业崛起所做的贡献比时间与动作研究(time-and-motion study)更大。它是现代管理整个结构的建立基础。我们今天得以严肃地、有意义地通过目标探讨管理,是泰勒发现"规划有别于实践"并不懈强调其重要性所带来的直接结果。

但规划与实践在分析工作中的分离,不应该进一步演化成把规划者和实践者分为不同的人,也不应该进一步演化成将工业界分成两类人:少数人决定该做什么,设计任务,安排进度、节奏和动作,命令其他人去做;多数人听前者的吩咐做事。

规划和实践是同一任务的不同环节,而非单独的任务。若非同时包含两者,任何工作都不可能有效进行。人不可能所有时间只做规划,至少需要些许的实践,否则就成了做梦而非执行工作。人也不能光是实践,不对任务略加规划,工人无法对哪怕是最机械、重复性最强的例行琐事施以必要控制。鼓吹两者的分离,就像是要求把吞咽食物和消化食物分别放到不同的身躯里进行。为了便于理解,这两个过程需要分别进行研究。它们需要不同的器官,受不同的疾病困扰,由身体的不同部位开展。但为了得到所需的营养,同一身体既需要吞咽食物,也需要消化食物。任务也一样,既需要规划,也需要实践。

泰勒将规划与实践分离,是美国的特色,也是19世纪末的特色。这是我们最古老传统早期清教徒的新英格兰神权政体的延续。它把因克里斯·马瑟(Increase Mather)和科顿·马瑟(Cotton Mather)两人的传教精英理念换成现代打扮,但其余的都保留下来;和清教徒牧师一样,泰勒为规划精英们演绎出了一套上帝赋予的统治权。今天的人将这一统治权描述成"管理层的独有特权"(prerogative of management),实在并非出于偶然,这个词是专门用来形容神职人员被授予圣职的。

但规划和实践的分离，也是尼采一代到第一次世界大战之间横扫西方世界的精英哲学的一部分，这一哲学为我们的时代造就了许多"怪胎"如泰勒、索雷尔和帕累托。通常，人们认为这种运动是反民主的。从目的和方向上看，它也同样反贵族。"权力来自技术能力"（不管是为了革命还是为了管理）的主张，对贵族和民主同样仇视。贵族和民主反对它，是出于同一条绝对原则：权力必须以道义责任为基础，如若不然，就是暴政和篡权。

规划与实践的分离，将科学管理见解带来的益处消解殆尽。它大大减少从工作分析中所得的益处，尤其是从规划中所得的益处。我们看到过很多的例子，每当工人自己负责规划自己的工作，生产力就极大地提高。每当我们让规划和实践重新联姻，让规划者与实践者合二为一，生产力也会出现同样的大幅提升（工人态度的改善、工人获得的自豪感就更不必说了）。

盲点解释了变革的阻力

传统科学管理的两个盲点解释了为什么应用它总是会增强工人对变革的抗拒心理。因为科学管理只教给他们单独工作而非交托完整的任务，他们面对未知事物的能力受到了抑制，得不到发展。他们养成了经验和习惯，却未得到知识和理解。因为科学管理认为工人只需要做而不需要知（更不用规划），所有的变化都代表了难以理解的挑战，威胁到了他们的心理安全感。

很早以前就有人批评科学管理说，它能设立一项工作任务，让每小时的产出最大化，但它无法获得500小时的产出最大化。还有一种更严肃也更站得住脚的批评说，科学管理知道如何针对最大化产出组织当前任务，但它这么做，是以严重削弱工人转入下一任务的最大产出为代价的。当然，如果工作任务毫无改变，这不会有问题。亨利·福特（科学管理最彻底的一位实践者，尽管他从来没有听说过泰勒的名字）相信，只要为安装挡泥板做了恰当的工程设计，那么这项任务就永远不会改变了。

但我们知道，变化不可避免；带来改变，其实还是企业的一项重要职能。我们也知道，未来几十年会出现巨大的变化，而且变化最大、最多的地方，莫过于工人的工作和岗位。

科学管理和新技术

新技术的到来，将过去认为是科学管理达到充分有效的局限性变成了重大弊端。事实上，在新技术下，管理工人和工作的主要问题，是让工人去做整体性的完整任务，同时负责规划。

实现自动化之后，工人们不再从事重复性的例行烦琐事务：给机器加料，处理原料。相反，他们制造、维护、控制机器来完成这些重复性的例行工作。为做到这一点，他们必须能够完成许多操作，必须拥有最全面而非最琐细的工作内容，必须能够协调。这并不是说，他们要重新成为过去的体力技术工人。与此相反，每一步操作都应该依靠科学管理的途径加以分析，直至可由非熟练工完成。但所有的操作又必须再次整合成为一份任务，否则，自动化之下所必需的工作就无法完成。有了新技术，我们别无选择，只能完整地说"cat"，而不是一字一顿地说"C-A-T"。科学管理过去教我们怎样把东西拆开，现在我们必须学会怎样把它们组合到一起。

同样，我们不能再在规划与实践分离的基础上，组织新技术下的工人和工作。恰恰相反，新技术要求生产工人能够进行大量的规划。工人能做的规划越多，越是能承担责任，也就越有生产力。只会照指示做事的工人有害无益。维护设备、为设备编程、安装和控制设备，都要求新技术知识下的工人负责任、做决策，也就是进行规划。我们的问题不再是规划和实践分离得不够彻底，而是未来的许多工人必须有能力比今天大量自认是管理者的人做更多的规划。

我们必须保留科学管理的基本洞见,正如我们必须保留人际关系的基本洞见。但同时,我们又必须超越科学管理的传统应用方式,必须看到它所忽视的地方。新技术的到来,让这一任务变得倍加紧迫。

人事管理破产了吗

本章开头就问,人事管理破产了吗?现在,我们可以给出答案:"不,它没有破产。它并未变得资不抵债。但以绩效的现状来看,以它对管理工人和工作所做的轻率承诺来看,它确实已经无力偿还债务,不能再兑现信用了。它的资产庞大,这就包括人际关系的基本洞见,以及科学管理同样基本的洞见,但这些资产遭到了冻结。此外,还有许多小东西,以人事管理技巧和工具的形式,散落在地上。这些小东西虽说能带来一些可供变卖的商品偿付小额费用,但我们的重大任务是解冻被冻结的资产,它们对此无法提供太多的帮助。或许,最大的营运资金来自那些我们已经了解到不能那么做的事情,但银行家愿意接受这样的抵押品放出贷款吗?"

然而,事实允许我们做一些比较乐观的阐释。过去50年不是蓬勃发展的时代,而是细微改进的时代,不是创建基本思路的时代,而是智力停滞的时代。但是,一切线索都表明,未来的岁月与此不同。技术变革正在倒逼新的思维、新的实验和新的方法。这个过程已经开始了。人际关系学派如今正研究工人和所从事工作类型的关系,而在过去,传统的人际关系思维认为这不相关。科学管理学派也认真地开始注意按照人力资源性质来组织任务的问题,不再把人看成设计糟糕的机床。从业者远远领先于作家和理论家,已经跳出了传统概念的前沿。至少对于工作、劳动和工人,我们已经知道自己知道什么,不知道什么,还需要知道些什么。

第20章 | CHAPTER 20

我们所知道的工作、劳动和工人

很早以前，工作就成为人类意识的核心。人的定义并不仅限于"会制造工具"，但制造工具，以及对工作使用系统化、有目的、有组织的方法，是人类活动独特而具体的性质。故此，数千年来，工作一直是重要的关注点。

这一重要的关注点，随着工业革命的到来，成为核心关注点。过去200年的经济和社会理论，均聚焦于工作。

然而，不管对工作多么重视，直到19世纪临近尾声的几十年，人们都未曾开始对工作进行有组织研究。弗雷德里克 W. 泰勒是有史以来对工作进行系统化观察和研究的第一人。以泰勒的"科学管理"为基础，过去75年巨大的激增的财富创纪录地提高了发达国家劳动群众的地位，甚至达到了小康生活。虽然泰勒在工作研究领域的地位相当于牛顿（或是阿基米德），但只铺下了第一块基石。自此以后，没有太多的扩展和补充。

工人所得到的关注更少——迄今为止，知识工人得到的关注几乎为零。各类说法倒是很多，但严肃的系统化研究却仅局限于工作的少数几个方面。

工业生理学（industrial physiology）研究的是照明、工具和机器速度、工作场所的设计等与工人之间的关系。这方面的基础工作于20世纪初完成，即德国出生的哈佛大学心理学家雨果·孟斯特伯格所做的疲劳和视力研究。英国人西里尔·伯特（Cyril Burt）或可称为工业心理学之父。第一次世界大战期间，他着手研究能力倾向（aptitude），也就是具体体力工作的要求，与工人肢体技能、运动协调性和反应之间的关系。最后，19世纪初，澳大利亚出生的埃尔顿·梅奥（主要工作在哈佛开展）建立了人际关系学，即研究一起工作的人之间的关系。尽管，在人际关系学中，工作本身几乎没受到关注（也就是说，这一任务有待完成）。

"工人"和"劳动"的结合体，即任务与岗位、感觉与个性、工作社群、奖励与权力关系等结合而成的整体，几乎未受关注。它或许太过复杂，永远难以让人真正理解。

管理者可等不及科学家和学者做完研究，工人也等不及。管理者今天就得管理，把我们所知的有限内容付诸运用。管理者必须让工作富有成效，让工人自我实现。因此，整理一下我们现在对工作（work）和劳动（working）所知的内容，或许是比较恰当的。

分析、综合和控制

我们知道的最重要的事情是，工作和劳动是根本不同的两种现象。工人的确要工作，工作又总是由劳动的工人来完成，但让工作富有成效所需的东西与让工人自我实现所需的东西是很不相同的。因此，必须根据工作的逻辑和劳动的动态来管理工人。工人实现了个人的满足，但工作却没有成效，这是失败的；富有成效的工作破坏了工人的成就感，同样是失败的。这两种情况其实都不可能长久维持。

工作是客观的、无关个人的。工作是一项任务，它是"东西"。因此，工作采用的是适合于物体的规则。工作有逻辑，它需要分析、综合和控制。

和客观宇宙的所有现象一样，理解工作的第一步是分析它。泰勒在一个世纪前就意识到了这一点，这意味着要确定基本的操作，逐一进行分析，将之安排到合乎逻辑、平衡且合理的顺序当中。

泰勒研究的当然是体力操作，但泰勒的分析同样适用于脑力甚至完全无形的工作。老作家告诫"新晋"作家在开始写作之前先写"提纲"，这实际上就是科学管理。科学管理最高级、最完美的例子并不是过去100年间由工业工程师确立的，而是字母表，它让一种语言里的所有单词都能用数量极少的、可重复的简单符号表示。

但接下来（对此，泰勒没有意识到），工作必须重新合成，它必须重新组装成一个过程。单个的岗位就是如此。更重要的是，对团队的工作、对工作的流程也是这样。我们需要能帮忙了解如何将单独的操作组装成单独的岗位，又将单独的岗位组装成"生产"的原则。

与泰勒同时代的一些先驱，尤其是甘特，很清楚地看到了这一点。甘特图（Gantt chart）是在第二次世界大战期间发展起来，迄今仍是我们用来确认完成任务（不管是制造鞋子、载人登月，还是排演歌剧）所需流程的一种工具：它从行为的最终结果、时间和顺序一步步地倒推，找出实现最终结果所必需的步骤。计划评审技术图（PERT chart）、关键路径分析和网络分析等近年来的创新，都是对甘特的研究成果的进一步阐述和延伸。

甘特图并未透露适用于特定类型流程的逻辑。可以这么说，甘特图就是工作设计的乘法表。它甚至没有告诉我们什么时候该用乘法，更没有说明进行乘法运算的目的是什么。

最后，正因为工作是一个过程而非一项单独的操作，它需要内置的控制。它需要反馈机制，既能感测意外偏差，也能感测改变流程的需求，同时又把流程维持在能实现期待结果的必要层次上。

这三个要素——分析、生产流程的综合和反馈控制,对知识工作尤其重要。从定义来看,知识工作不生产产品,它生产的是知识带给他人的贡献。知识工人的输出总是成为他人的输入。因此,知识工作是否带来了结果,不像生产鞋子那样一目了然。它只能通过从所需最终结果倒推投射来观察。与此同时,知识工作是无形的,不受自己的流程所控制。有了泰勒和甘特的研究成果之后,我们知道了体力操作的顺序,但仍然不知道知识工作的顺序。因此,知识工作需要更好的设计,恰恰是因为它不能为了工人而设计,只能由工人进行设计。

劳动的五重维度

劳动是工人的活动;它是一种人类活动,也是人性的重要组成部分。劳动没有逻辑,劳动有动态和维度。

劳动至少有五重维度。在所有这五个方面,工人都必须得到自我实现,才能富有成效。

机械设计与人类设计

首先是生理维度。人类不是机器,也并不像机器那样运作。

如果机器只重复地做一项尽可能最简单的任务,它们的运作是最好的。各种机器不断轮换工作(可以像流水线那样,移动工作本身,也可以利用现代计算机控制的机器,把设备和工具按预先安排好的工序排列,在工作流程的每一步中更换工具),一步步地完成简单的任务,最终完成复杂的任务,这样也很好。以相同的速度和节奏运转,并使用最少的活动部件,这样的机器工作得最好。

人类的工程设计完全不同。人类不适合任何一种任务、任何一项操作。他们缺乏力量,他们缺乏后劲,他们会感到疲累。总而言之,人类是设计蹩脚的机器。但人类的长处在于协调。如果整个人,肌肉、感官和思维,都被工作调动起来,那么人就能把感知与动作联系起来,最为出色地工作。

如果只做单一的动作或操作,人类很快就会疲倦。这种疲倦不仅仅是心理上的无聊,也是真正的生理疲劳。乳酸在肌肉中堆积起来,视力下降、反应时间减慢,并且变得不稳定。

人类工作最好是操作的组合,而非单项操作。但还有一点可能更为重要,人类非常不适合以恒定的速度和标准的节奏来工作。如果能够相当频繁地改变速度和节奏,人类会工作得最好。

对人类而言,没有所谓"正确的"速度和"正确的"节奏。个体之间的速度、节奏和注意力持续时间差别极大。对婴幼儿的研究强烈显示,速度、节奏和注意力持续时间的模式,与指纹一样个性化,有着极大的不同。换句话说,每个人都有自己的速度模式,都有自己独特的变化速度的需求。每个人都有自己的节奏模式,也有独特的注意力持续时间模式。我们现在知道,将速度、节奏和注意力持续时间统一化,并且对三者采用一成不变的统一模式,会带来最多的疲倦、最强的阻力、最多的愤怒、最多的不满。对每个人来说,这都很怪异,是心理上的冒犯。它会让有毒废物迅速堆积在肌肉、大脑和血液里,堆积在排放出的应激激素里,堆积在整个神经系统变动的电压中。要发挥生产力,人必须在很大程度上有能力控制自己劳动对象的速度、节奏和注意力持续时间,这就像婴儿为了学习说话或走路,必须在很大程度上控制学习的速度、节奏和注意力持续时间。

因此,尽管工作最好具有统一的安排,劳动却采用多样化的组织为好。劳动需要相当频繁地改变速度、节奏和注意力持续时间,它也需要相当频繁地变动操作惯例。对工作而言出色的工业化设计，对工人而言却是极其蹩脚的人体工程设计。

工作是咒语也是祝福

事关劳动者的第二重维度是心理上的。我们知道，工作既是负担也是需求，既是咒语也是祝福。这到底来自遗传还是文化条件，我们不知道，它也没有太大的关系。人类长到四五岁的时候，就习惯工作了。当然，在大多数国家，童工是违法的，但学习做人的根本条件，尤其是学习说话，也是工作，并创造了人的工作习惯。我们很早以前就了解到，失业会给人带来严重的心理障碍，不仅是因为它让人经济贫困，更主要是因为它破坏了人的自尊。工作是个性的延伸，是自我成就，是人定义自己、衡量自己价值和人性的一条途径。

"懒散"容易，"休闲"却困难。尤其是对于年轻人，"休闲"可能意味着疯狂的活动，或是在拥挤的公路上逆着车流而动这种艰苦工作，而非哲学上的静息。"要成为贵族，人从幼年就得学习堂而皇之的懒散"，这是18世纪末19世纪初英格兰辉格党（西方最势利的社团）的一句老话。还有一句更古老的话："小人闲居为不善。"

西方工作伦理的独有特性（至少可追溯至公元6世纪意大利努西亚的圣本笃，16世纪的卡尔文也延续了这一理念），不在于它赋予工作荣耀和圣洁。这并不新颖，也不是西方所独有。它神圣化了"内心的呼吁"（calling），它宣扬每一种工作都是服务和贡献，每一种工作都同样值得尊重。本笃会的僧侣不光要祈祷和教学，也在田野和作坊里从事体力劳动。这就有意识地打破了早期的古代信念，认为"绅士"或"自由人"无须从事体力杂务，应将时间用于更高尚的工作，如学习、经世治国、公民责任或为军队服役。因此，古代（大多数非西方文明也是一样）按照人的层级结构来排列各种工作，体力劳动属于卑贱（奴隶、公民、工匠）之列，而战斗和知识工作则属于完整的人。苏格拉底和西塞罗从不相信无所事事；相反，他们的完整人格是比卑贱无名者更辛苦地劳动，做要求更苛刻、更负责的工作。中国士大夫在成功的仕途结束之后告老还乡，并不应该过悠闲的生活，他应该从事更富成效的工作，如书法、绘画、音乐和写作。从事这些活动的理由在于它们的社会贡献，按照儒家的社会伦理，这些追求是维系人人依赖的社会和谐的必要条件。

在很大程度上，这反映了居住环境和营养（大大提高了可用于工作的身体能量）的可观改善——英国 18 世纪马和牛的畜力在一年中可做的工作，远远超过了 100 年前其祖父一代人，因为当时发明了筒仓，能在冬天为家畜提供足够的食物。不管 19 世纪工业城镇的贫民窟（或者如今环拉美城市的贫民窟和棚户区）生活条件有多么可怕，较之失地农民以及棉纺产业里的纺织工的生活条件，总归要好很多，吃得也更好。如果有人对此表示怀疑，只需要看看帆船上船员（船员是在船上工作与生活的）的食物，理查德·亨利·达纳（Richard Henry Dana）的《两年水手生涯》（*Two Years Before the Mast*）、梅尔维尔（Melviller）的《泰比》（*Typee*）和《白鲸》（*Moby Dick*）等文学名著，以及一度广为流传的马瑞亚特船长（Captain Marryat）航海故事，都对此有着丰富的记载。而且，从方方面面来看，水手都是吃得最好的工人，因为航海工作非常艰苦，对体能要求极高，而且船上还随时存在水手哗变的危险。

这几个世纪劳动的极大增多，还代表了价值观的变化。经济报酬变得更有意义，或许这主要是因为经济满足变得更普遍易得。在 19 世纪利物浦或曼彻斯特的贫民窟，"无产者"即使有工作，能拿到工资，也不能买太多东西，他们缺乏购买力。但即便有购买力，也帮不了他们祖父一代人，即失地的农民，因为 1750 年前后，根本就没有什么东西可买。

故此，抛弃工作伦理（如果在新闻大肆报道之外真的存在这种现象的话）并不代表享乐主义。在某种程度上，它代表对数十年来劳动过度的一种反应，一种恢复平衡的纠正。然而，在较大的程度上，它代表了回归早期精英工作的概念，把某些工作与高贵联系起来，把某些工作与卑贱联系起来。为这一假说提供支持的是，照理说抛弃了工作伦理的高学历年轻人秉持强烈而积极的价值观，投身于教师和艺术工作，而教学与艺术是比照料机器、兜售肥皂要求更苛刻的任务。

乌托邦未来主义设想，以后的世界是没有工作可做的，这样的前景或许确实存在。可如果它真的降临，对大多数人来说，就将会造成异常重大的人格危机。好在到目前为止，还没有丝毫的事实支持工作即将消亡的预言。到目前为止，我们的任务仍然是，让工作为人类的心理需求服务。

工作是社会及社群的纽带

工作是社会的纽带，也是社群的纽带。在员工的社会，它是通往社会和社群的主要通路。它在很大程度上决定了地位。因为，如果有人说"我是个医生"或者"我是个水管工"，这是很有意义的陈述。它告诉我们这个人在社会中的地位，以及在社群中的角色。

或许更加重要的是，自远古以来，工作满足了我们团队归属的需求，也满足了我们与他人建立有意义联系的需求。亚里士多德说，人是社会动物，他的意思实际上是，我们需要用工作来满足我们的社群需求。

诚然，很少有人会只用自己所属的工作群体来判断自己的社会及社群职能，大多数人拥有其他的社会和社群。一个在工作团队中社会排名低的人，到了其他地方却成了"大人物"，这样的情况并不少见，比方说，一个不起眼的工程师，在童子军或自己的教会里是个大人物。但即便是对这样的人而言，工作也为它提供了大部分的陪伴、群体认同和社会纽带。

对大多数人来说，工作是自己小家之外的一条纽带，很多时候比家庭还重要，对尚未结婚的年轻人、子女都已成年的长者，尤其如此。公司爱雇用成熟女性的例子，为此提供了有力的证据。她们的丈夫有工作，子女又都不在身边，职场就成了她们的社群、她们的社交俱乐部、她们逃避寂寞的手段。

例如，贝尔电话公司就有许多女性员工，她们从前为了照顾家庭而告别职场，十多年后又可以从事兼职工作。贝尔公司在文书档案负荷最大时聘用她们来经手处理，尤其是发行新股或债券时的大规模金融工作，以及邮寄股息或年报等。这种工作出现的时候，往往异常忙碌、压力极大而薪水又很微薄，可上岗竞争却很激烈，团队的士气也非常高。如果碰上好几个月都没有这种工作（原因不去管它），妇女们会打来电话问："我什么时候能回来干活？我想看看朋友们，想知道她们在干什么，我想念她们的陪伴。"

每一家回访了退休员工的公司，也都发现了同样的反应："我们怀念的不是工作，是我们的同事和朋友""我们想知道的不是公司怎么样了，而是我们曾经共事的人怎么样了，他们在哪儿，过得如何"。"请别给我发年报了，"一位退休的大公司高级副总裁曾经坦率地说，"我对销售额不再感兴趣。请给我八卦。连那些我从前受不了的人，我也很想念。"

最后一条评论有力地指出了工作纽带最大的强项，以及它相较于所有其他社群纽带的独特优点。它不取决于个人的好恶。没有情感诉求，它也能运转。人们可以与下班后永远不想见的人很好地共事，与自己感觉不到友谊或温暖的人很好地共事。在工作关系中，人们甚至能和自己打心眼里不喜欢的人默契配合，只要他们尊重对方的工作能力和技术即可。但工人也可能会与同事结交为亲密的朋友，下班后一起消遣，一起去打猎、钓鱼、度假、消磨夜晚，分享个人生活。工作关系有一个客观的外部焦点，也就是工作本身。它促成了有力的社会和社群纽带，人可以按自己的意愿选择贴近它还是疏远它。

这也许可以解释，为什么贯穿人类历史，尤其是在原始人当中，工作团队总是两性分离的。男的一起工作，女的一起工作。不管是在历史上、文化上，还是在人类学里，我们很少听说有两性混合的工作团队。男人外出打猎，女人照料村子。男人修建船只，女人种植甘薯。依照欧洲传统，挤牛奶的是女性，在美国则是男性；不管怎样，在大西洋两岸，挤牛奶都不是一件男女搭配来干的活儿。在现代社会中，男女日益并肩在同一工作团队中效力（这个过程始于1880年前后，打字机和电话抢先把女性从家里和小商店里带进了大规模的组织），故此代表了重大的社会变革。因此，"妇女解放"或许远远不止是对"性别不平等"的反弹，而是有着更为深远的意义，它或许正好响应了两性分别工作这一古老现象的逐渐消失。

经济维度

工作是一种"生活"。社会采用了哪怕是最原始的劳动分工之后，它就有了经济要素。人们不再自给自足，开始交换劳动成果之后，工作造就了经济的纽带，把人们联系起来，但同时它也造就了经济冲突这种冲突没有办法解决，人只能忍受。工作是工人的生活，工作是工人经济生存的基础，但工作也为经济产生了资本。它产生了经济自我延续的手段，为经济活动的风险和明天的资源（尤其是创造未来岗位所需的资源）提供了库存，从而造就了未来工人的生计。任何经济都需要工资基金和资本基金。

像古典经济学家那样争论对资本基金的需求（对盈余的需求）和对工资基金的需求之间是否存在冲突，其实毫无帮助。古典经济学家认为，从长远来看，两者应当协调。可是，工人对资本基金的需求，完全不亚于对工资基金的需求。工人比其他所有人都需要得到保护，避免承受不确定性带来的风险。工人远比其他任何人更需要明天的就业岗位。

美国工人工资和生活水平的迅速提高，在很大程度上是资本投资（也就是资本基金）稳步增加带来的结果。西蒙·库兹涅茨（Simon Kuznets）对美国资本形成所进行的研究（最初在宾夕法尼亚大学，后来在哈佛）已经证明了这一点。但"工人"是一个抽象的概念，资本基金的受益人和为基金做贡献的工人，一般不会是同一批人。一个行业所积累的资本（比如 19 世纪 90 年代的美国纺织工业）会转而投入支持另一个新行业（如化工行业），而不是继续在纺织行业创造新岗位。同样，资本基金是在创造未来的就业机会和收入，可对资本基金的投入，却必须在今天进行。

除此之外，还有一个巨大的问题：不同类型的工人之间的比较收益和牺牲。劳动经济学家（如保罗·道格拉斯，1892—1976，起初是芝加哥大学的经济学家，后来多年担任参议员，声誉卓著）曾在实际工资研究中提出，工会活动对经济中实际工资的总体水平并未造成太大影响，也不可能造成太大影响。这大概是真的。然而，一群工人，如建筑业的工人，能以牺牲其他工人群体为代价，抢占相当大的工资优势，这也是真的。

换句话说，工资基金和资本基金之间没有根本性的冲突，但它与个人基本上没有关系。对个人而言，两者有着真切而直接的冲突。

为生活而工作和为工资而工作

更为根本的冲突，存在于用于生活的工资和用于成本的工资之间。用于"生活"，工资必须是可预测的、连续的，足以维持家庭的开销，维持家庭的渴望，维持家庭在社会和社群中的地位。而用于"成本"，工资必须与特定岗位或行业的生产力相匹配。它需要灵活，能轻松地适应市场上供需最为微妙的变动。它需要让产品或服务具有竞争力。它由消费者根据过去的结果决定，也就是说，它不考虑工人的需要和期望。这里再一次出现了无法轻易解决，最多只能加以安抚的冲突。

任何社会，无论怎样设计，都无法消除这些冲突。工人持有本来是资本主义（由资本所有人持有）和国有化（由政府持有）的替代方案。它的历史非常悠久，尽管成绩算不上斐然。

工人对企业有着经济上的利害关系，想来是非常可取的。但不管怎样尝试（一个多世纪以来，我们一直在尝试职工持有），它始终只适合企业效益好的时候。它只适合十分赚钱的企业。职工参与利润分配的各种形式也是这样。一旦企业利润下降，工人持有就无法解决工资用于生活与用于成本之间的矛盾，即工资基金和资本基金之间的矛盾。

对企业有经济利害关系，较之工人的岗位本身，始终是较次要的事情。哪怕是在最蓬勃发展的企业，利润，即对资本基金的贡献，始终只占工资的一小部分。在制造行业中，工资成本一般占销售总额的 40% 左右。税后利润很少超过 5% 或 6%，仅相当于工资成本的 1/8。在整体经济中，工资和薪水占国民生产总值的 70% 左右，利润则在 0 ～ 7% 波动，最多相当于工资的 1/10。

故此，哪怕是最丰厚的利润，也只不过能带来一小笔额外的奖金——人人都喜欢，但无关根本。

工人持有是否符合工人自己的经济利益，同样极具争议性。没有企业能永远赚钱。按照典型的工人持股方案，如果工人的未来取决于对所效力企业的投资（比如他们的退休福利），那么，工人会变得非常脆弱。和其他任何投资者一样，工人不应当把自己的财务鸡蛋放在一个篮子里。从这个角度说，美国过去 25 年里采用的养老金方案（设立养老基金，开展大范围投资，一般而言，不会完全投入雇用未来受益人的企业），在财务上比工人持股所效力企业的做法更合理，也更符合工人的利益。

从理论的角度来看，过去二三十年美国的发展，似乎代表了解决这些冲突的最佳方法。美国企业的员工正逐渐通过自己的养老基金和共同基金，成为真正的"主人"，因为这两种基金已经成为美国经济的主导投资者。现在，这些机构投资者，即员工们储蓄的受托人，实际上控制了美国的大型上市企业。换言之，未经国有化，美国就将企业的所有权社会化了。然而，这并未解决工资基金和资本基金之间的矛盾，并未解决工资用于生活还是用于成本之间的矛盾，甚至连缓解矛盾也没能做到。

如果我们学会从资本成本和未来成本的角度（而不是从利润的角度）进行思考、探讨，会有一定的帮助。但有所帮助，并不意味着让矛盾消失。不管企业是在市场经济还是在国有经济下运作，不管它是私有、国有还是工人持有，这些矛盾都是天生就有的。

劳动的权力维度

在一个群体中劳动，尤其是在一家组织里劳动，总会暗含着力量关系。

在自家薄田上耕种的农民，必须严格地自律。如果他必须去打干草，那么他自己想做什么事就不太相干了。但他所顺从的力量是客观的，这些力量包括了风和天气、季节和霜冻，以及市场的客观力量。但任何组织，不管规模多么小，都必然存在人的权威。组织成员的意志服从于另一个人的意志。

利用打卡方式要求人在特定时间去工作，看似一项微不足道、对每个人都有着同样影响的权力，但它给前工业时代的人（不管是发展中国家的农民、工业革命初期进入英格兰纺织厂的前工匠，还是如今出身于美国城市贫民窟的黑人）带去了巨大的冲击。在组织当中，任务必须得到设计、构建和分配。工作必须按计划进行，按预先安排的顺序进行。有些人得到晋升，有些人得不到晋升。简单地说，权力必然是由人来行使的。

无政府主义者断言"组织就是异化"，这是对的。霍华德大学的克里斯·阿吉里斯（Chris Argyris）等现代组织理论学家希望组织不带来异化，则是想得太浪漫（尽管他们为"参与"提出的许多具体建议非常具有建设性，也是必需的）。现代社会是员工的社会，至今仍然如此。这意味着权力关系直接影响每一个人，每一个人的员工地位中也蕴含着权力关系。权威是工作的一个重要维度。生产资料的所有制、职场的民主、董事会工人代表或"制度"的其他任何结构形式，都与此没有太大关系。它为组织现实所固有。

第六重维度：经济的权力维度

在所有现代组织，都有可称为劳动第六重维度的东西：有关经济分享权力的需求。

在现代组织（不管是商业企业、政府机构、大学还是医院）中，权力与经济都有着千丝万缕的联系。在机构成员中分派经济回报，需要具有决策权的中央权力器官。原因与资本主义或者其他任何"主义"都没有关系。现代机构是社会的器官，其存在是为了提供自身之外的满足，这是基本的事实。因此，它必须从外界获取收入，收入是来自市场上的客户也好，通过制定预算的权力机构获得纳税人的税款也好，来自用户（医院里的患者、邮局的顾客、大学的学生）缴纳的预先规定的费用也好。与此同时，机构个别成员的贡献无法与收入直接挂钩。单个员工（不管是行政总裁还是最低级的清洁工）为企业贡献了多少销售额，是没法判断的。医院或大学也是一样。研究古代中国的著名学者有6名研究生，而研究生助教负责教大学新生英语课，两者的贡献谁多谁少呢？系主任的贡献又有多少？人最多只能说，在理论上，每个人的贡献都不可或缺，尽管并不是每个人的贡献都进入了每一种产品、每一项绩效，也不是所有人的贡献都同等重要、需要相同的技能、有着相同的难度。

因此，在成员间分配可用收入的时候，需要有权威的存在。机构本身，不管是商业企业还是医院，必然是一种再分配的系统。

贡献简单、类似、数量少的话，有可能进行建立在完全平等基础上的再分配。例如，以以色列的人民公社基布兹（kibbutz）为例，人人都在农场上工作，生产少数几种农产品，大多数用于内部消费，基本上呈自给自足状态。可一旦基布兹进入工业化生产（许多已经转为这一方向），它就不得不放弃之前赖以为基础、人人都得到完全相同分配的原始社会主义原则。它必须成为雇主。

事实很简单：现代机构的结果总是在机构自身之外，因此，对机构成员的经济奖励就总是来自外部，不由内部决定，这就不可避免地导致了权力和权威的出现。实际上，它造就了两种权力关系。一种是管理层和劳动力之间的权力关系。而职工中的不同群体，尽管面对管理层处于同一种权力关系，但彼此之间同样有着激烈和尖锐的竞争，他们都需要为自己争夺可用于内部分配的总"产品"的相对份额。

不过，如果说过去100年带给我们什么教训，那就是分配问题是普遍存在的，而非历史性的。没办法通过人为的摆布和操纵躲过它。必须有人决定如何在企业内部成员之间划分来自外部的可用收入。一旦机构、企业、医院或其他组织不仅限于生产极少的几种简单商品（意味着这些商品大多是用于群体内部消耗的），个人投入与机构产出之间的关系，就无法再"客观"或科学地加以确定。从这时开始，平均分配奖励也不再可行了。

既然存在再分配，就必然存在做出再分配决定的权威。不过，再分配实际上是一种政治而非经济决策。它受各种各样的力量影响和限制：供给与需求、社会习俗、传统等。但不管怎么说,权威决策以及基于权力结构与权力关系的决策,必然是某个人做出来的。而这一决策,任何现代机构(至少商业企业)都是躲不过的。

主导维度谬误

劳动的这些维度——生理维度、心理维度、社会维度、经济维度和权力维度,是各自独立的。每一种都能够也应该分别进行独立的分析,可它们总是共存在工人与工作、任务、同事、管理层的所有关系当中。它们必须一并加以管理,可它们又并不朝着同一个方向产生拉力。任一维度的需求都与其他维度完全不同。

我们对待劳动的传统方法存在一个基本的谬误,总是从这些维度里单单挑出一个来,宣扬它是唯一的维度。

埃尔顿·梅奥就是激进例子,他认为主导维度是工作群体里的人际关系,即心理和社会方面。可是,不光这句话——"人不能只聘用一只手,手后面一定跟着整个人",说得很对,工作本身也很重要,对群体关系也产生着影响。而且,梅奥和同事们还忽视了经济及权力维度。

这些维度彼此之间存在着极为复杂的关系。它们的确是一种"组态"(configuration),只不过,随着工人的环境发生变化,这一"组态"也会迅速改变。

人本心理学之父,已故的亚伯拉罕·马斯洛(Abraham H. Maslow)指出,人类的需求分有层次。随着低级别的需求得到满足,它的重要性会逐渐削减,而较高一级的欲望则变得越来越重要。马斯洛将所谓的"边际效用"应用到了人类的需求上,这是他非常深刻且持久的一点洞见。马斯洛把经济需求放在最底部,把自我实现放在最顶部。但这一层次本身并不是最重要的，重要的是认识到需求并不是绝对的：需求越是得到满足，满足它的重要性就越来越低。

但是，马斯洛没有看到的是，需求在满足的行为中发生了改变。随着经济需求得到满足，也就是说，人不再需要为了得到下一顿饭而放弃自己的其他需求和价值观，获得更多经济回报带来的满足感就越来越少了。这不是说经济回报不再重要。恰恰相反，随着经济回报提供积极激励的能力降低，它带来不满甚至失望的能力却迅速走强。用赫茨伯格（Herzberg）的话来说，经济回报不再是"激励"，而成了"保健因素"。倘若得不到妥善照料（如果对经济回报产生不满的话），它们就会成为阻碍因素。

我们现在知道，马斯洛提出的每一种需求都是这样。每当一种需求接近满足，它的回报能力和激励力量就迅速走低。但它的阻碍力、创造不满的能力、产生抑制作用的能力，则迅速增强。

同一家公司的两名副总裁薪水只差几百美元，经济上几乎没有区别。在这一工资水平，所得税非常高，薪酬差距变得失去了意义。可薪水较低（不管总体上多么优厚）的副总裁，或许会因为沮丧和嫉妒难受得要命。这同样适用于组织里较低的级别。所有的工会领导人都知道，自己今天最大的问题就是没有绝对的薪级表。它指的是工会内部各类工人之间的薪酬差距。不管是熟练工坚持要比半熟练工多拿20%，还是半熟练工坚持要比熟练工多拿20%，都不是满足之道。它们同样令人不满。如果薪酬差距缩小，熟练工会感觉受到剥削。如果薪酬差距未能缩小，半熟练工会感觉受到剥削。

但同时，与马斯洛的暗示相反，劳动者所处的不同维度会随着人接近满足而改变自身特点。例如，在我们刚才所举的例子中，薪水成了社会或心理维度的一环，不再局限于经济层面。

当然，相反的情况也会发生，权力和地位变成了经济需求的基础。例如，在南斯拉夫㊀，职工代表大会里的工人代表，所处的地位有着极高的社会声望，拥有相当可观的权力，他们几乎总是想要更多的金钱。至少，他们想要特权：住房、办公室、秘书、公司便利店里的优惠价等。他们认为这些东西是与其新级别相配的经济报酬。

对于劳动的维度及其相互关系，有待了解的东西远比我们知道的多。我们要应对的可能是与分析不符的"组态"。

然而，管理者现在就必须进行管理。他们必须找到解决办法，或者是协调的办法，使之能让工作富有成效，让工人自我实现。他们必须了解有些什么样的要求。照着过去 200 年的老路子继续往下走，他们无法成功。他们必须尽快开发新途径、新原则和新方法。

㊀ 已于 1992 年解体。

第 21 章 | CHAPTER 21

工人和劳动：理论与现实

随着第二次世界大战期间人际关系学派的著作逐渐引起管理人员的注意，有关动机和成就、工业心理学、工业社会学、工作中人际关系、工人满意度的书籍、论文和研究层出不穷。事实上，论述工人和劳动管理的文献，至少在数量上超过了其他任何管理领域的文献（甚至包括管理科学和计算机）。

此类书籍中流传最广、最常被人引用的大概要算道格拉斯·麦格雷戈（Douglas McGregor）所著的《企业的人性面》(The Human Side of Enterprise)，以及书中提出的 X 理论和 Y 理论。麦格雷戈并未对此进行原创性研究。他在书中坦率承认，自己并未提出新观点，而是阐述他人的观点。但他的书得到广泛关注，是完全理所应当的。麦格雷戈有力地展现了管理工人和劳动的基本选择。他的 X 理论，即对待工人和劳动的传统方法，认为人懒惰，讨厌工作，回避工作，必须用胡萝卜加大棒的方式驱动。它认为大多数人不能自我负责，必须好好关照。相比之下，Y 理论则假设人对工作有心理需求，需要获得成就，愿意承担责任。X 理论认为人不够成熟。Y 理论从根本上假设人愿意迈入成年状态。

麦格雷戈将这两种理论以对比的形式展现出来，自称不偏不倚。但读者们毫不怀疑（也没想过要怀疑），麦格雷戈自己全心全意地相信 Y 理论。

Y 理论有许多给人留下深刻印象的证据。在大多数岗位上，大多数工人，哪怕敌视老板和组织的工人，也希望喜欢自己的工作，不断寻找成就感。在大多数岗位上，哪怕是最异化的工人，也会设法寻找能带给自己满足感的东西。

Y 理论的最初提出是在 20 世纪 40 年代末，当时，通用汽车公司举办了一场大型征文比赛，名为"我的岗位以及我喜欢它的原因"。约有 19 万名工人写信来讨论自己对岗位的态度，这是我们迄今为止对工人态度一题所得的最大样本。事实上，由于反响太过热烈，所得的材料完全未能得到充分利用，只有很少的结果公之于众。通用汽车公司的工人只有极少数对企业毫无怨言，但在岗位上没找到乐趣、没发现挑战、没得到成就和满足感、没实现真正激励的人更少。

同样有说服力的是弗雷德里克·赫茨伯格对知识工人进行的大范围研究。赫茨伯格举出了一个又一个例子，说明知识工人渴望自我实现，只有在岗位能带来成就感的时候，他们才能真正工作。否则，他们充其量会做做表面功夫，装装样子。

然而，事情远不如麦格雷戈的追随者想的（他们当然也希望我们那么想）那么简单。首先，我们已经了解到，Y 理论本身还不完善。我头一个提出麦格雷戈先生后来确立并推广开来的 Y 理论时，我反复强调如下事实：它并不是"放任纵容"。相反，我说，将责任委托给工人，以成就为目标，借此对工人和劳动进行管理，这对工人和管理者都提出了极高的要求。麦格雷戈也看到了这一点，不过并未过多强调。（他的遗著，1967 年由麦格劳-

希尔出版社出版的《职业管理者》一书仍然忽视了这一点。)

马斯洛的批评

Y 理论的狂热爱好者，已故的亚伯拉罕·马斯洛指出，这一要求其实比我所理解的还要高得多。马斯洛与南加利福尼亚州的一家小公司进行了密切合作，当时这家公司正在实践 Y 理论。马斯洛指出，责任和成就提出的要求太高，只有健康强壮的人方可承担。他尖锐地批评我和麦格雷戈对虚弱、蹩弱和残疾者"不讲人道"，在他看来，这些人无法承担 Y 理论所要求的责任和自律。马斯洛认为，即便是健康强壮的人，也需要秩序和方向带来的安全感，弱者需要受到保护，免受责任的负担。马斯洛的结论是，这个世界不是由成熟的人占据的。到处都是永远不成熟的人。

马斯洛自始至终都是 Y 理论的坚决拥护者，他认为，取消限制还不够。人必须用另一种不同的安全和确定性结构，取代 X 理论带来的安全和确定性，必须用不同的手段来提供 X 理论下命令和处罚发挥的作用。换言之，Y 理论必须极大地超越 X 理论，而不能简单地取而代之。

这是一个重要的见解。我们实践 Y 理论所得的经验，已经清晰地证明了它。

事实上，麦格雷戈最亲密的朋友和弟子们都证明了马斯洛的观点。20 世纪 60 年代末，沃伦·本尼斯（Warren Bennis），他是一位杰出的工业心理学家，也是麦格雷戈遗著《职业管理者》的编辑，试图将纽约州北部的布法罗大学从一所古老的破败学院变成一所一流的重点大学。他和同事们所用的方法，显然以 Y 理论为基础，只是未能赋予结构、方向和安全感。其结果让人无限激动，但也彻底失败。本尼斯回忆说，学校非但未能有所成就，反而缺乏方向，没有目标，失去了控制，充满了失败（所以他后来去了辛辛那提大学任校长）。

从马斯洛的研究中可得出结论：Y理论并不像许多倡导者想的那样，是放任纵容。它绝非不加约束。它不像批评者所言，是对工人的溺爱。它是严厉的监控，在许多方面比它所取代的X理论还要严厉。它必须实现X理论所实现的结果，之后还要完成更多的成就，否则，它就是巨大的负担，它提出的要求是人类无法达到的。

现在已经很清楚，和麦格雷戈的主张不同，X理论和Y理论并不是有关人性的理论（顺便提一下，我从不认同麦氏的立场）。我们是否真能对人性掌握丰富的足以建立起理论来的认识，还是一件有待观察的事情。但到目前为止，证据不够确凿。

大家都知道，毫无疑问，世界上存在懒人，也存在活力十足的人。然而，更重要的是，普通的日常经验告诉我们，同样的人面对不同的环境会做出十分不同的反应。有些情况下，他们懒惰，抗拒工作，甚至搞破坏怠工。但换一种情况，他们可能会受到激励，实现成就。这显然和人性无关，也与性格结构无关。或者最起码，不同的条件下有着不同的人性表现。

美国现代俚语里经常说，被任务、老师、岗位或者老板"打开"（turn on）、"关掉"（turn off）。有人批评这些说法是对人的贬低，它们把人当成家用电器似的。但日常经验表明，大量的人确确实实是这样行为的。他们反应（react），而非主动采取行为（act）。激励、动力、冲动，都来自人的外部。

但这与X理论和Y理论都不相吻合。它暗示，实际上，不是人的本性，而是岗位和工作的结构，决定了人如何行事，需要什么样的管理。

我们现在也知道，人能够获得有所成就的惯性，也能获得屡屡失败的惯性。这仍然与人性X理论和Y理论不相符合。

这方面最著名的研究来自哈佛大学的戴维·麦克利兰。麦克利兰认为，有所成就的欲望在很大程度上受文化和经验的限制，哪怕是在印度种姓制度这种无可作为的文化下，这两者也能发生改变。大规模产业里工人的普遍实际行为研究，加拿大英籍心理医生埃利奥特·杰奎斯（Elliott Jacques）在伦敦的格拉西亚金属公司（Glacier Metal Company），和该公司的首席执行官威尔弗雷德·布朗（Wilfred Brown）一起，做了多年的研究，支持相同的结论。

管理者的现实是什么

因此，对 X 理论与 Y 理论科学效力的争论，基本上只是一场军事演习。管理者需要问的问题不是"哪一种人性理论是正确的"，而是"我的现实情况是什么样的，在现今环境下，我怎样才能履行管理工人和劳动的任务"。

基本的事实有点让人难以下咽，但不容回避：传统的 X 理论管理方法，即胡萝卜加大棒，不再管用了。在发达国家，哪怕是对体力工人，它也发挥不了作用，更不适合知识工人。管理者不能再使用大棒，而今天可用来激励的胡萝卜越来越少。

在管理工人和劳动的传统方法中，"大棒"是饥饿和恐惧。传统上，每一个社会里除了极少数人，绝大多数人生活在温饱线的边缘，承受着迫在眉睫的饥饿威胁。如今，即便是在中等富裕的国家，哪怕对非常贫苦的人来说，经济上也远远高于维持生计的水平。在所有发达国家，今天的工人知道，失去一份工作并不意味着挨饿。突然失业的工人或许必须放弃自己想要拥有的许多东西，但活下去是不成问题的。

哪怕恐惧存在，基本上也不再是人的行为动机了。它非但无法激励人采取行动，反而让人丧失行动的欲望。原因之一是教育的普及，原因之二是组织社会的出现。教育的普及让人们有了就业的潜力。它带给人更宽广的视野。当今社会，就连教育程度低的人也知道机会是什么。在组织的社会，总有可能找到新的工作。组织的社会存在横向流动。丢了工作仍然叫人很不愉快，但它不再是一场灾难。

英国佃农，不管多么有成就，多么勤劳，一旦被地主驱逐，就成了"游手好闲的乞丐"，除了在收获季节偶尔给人打打短工帮帮忙，他没有其他的就业出路。丢了饭碗比终身监禁还可怕，前者往往会殃及自己的子女甚至孙辈人，它让失业者成了社会的弃儿。现在，任何丢了工作的人都可以到职业介绍所去登记找新工作。就算是在今天这样严重的经济萧条局面下（也就是美国的1974～1976年），对一家之主的成年男性而言，长期失业（也就是在失业保险到期后仍然找不到工作）仍然十分罕见。

此外，还出现了就业保障，保护在岗职工。它的形式很多。瑞典设立了三方委员会为新工作担保，凡是没了工作的人，都可获得训练和支持。大多数欧洲（和拉丁美洲）的国家立法限制解雇，资历条款（seniority provision）规定就业保障是人的权利。在美国，这样的合同条款充当了补充就业赔偿，长时间维持了人的收入（甚至就业）。

所有发达国家都正在转向现代大学制度，教员效力若干年限后获得教职，大学向这位教员的工作给予完全的承诺。与此同时，教员本人则有无限的流动性，可以自由地从一所大学的教职换到另一所大学。

日本有终身雇用制，在雇主和工人之间建起了纽带。因此，日本不存在对解雇的恐惧，至少"现代"部门里没有。这是日本取得辉煌经济成就的一个主要因素。

日本的例子也说明了，随着恐惧的棍子作用消失，残余的恐惧变得越来越不利于生产力了。日本工人都知道，自己与雇主是捆绑在一起的，如果没了当前的工作，不大可能找到其他雇主，这让他专注于就职组织的福祉。但如果经济中的结构性变化对他效力的行业或职业造成了威胁，这也会让他产生反感，这就是日本铁路行业劳工关系极为恶劣的原因。日本的工人无法换工作，也让他没办法反抗来自组织施加的压力。这对受过教育的年轻人来说，越来越不可接受。事实上，尽管仍然期待来自终身雇用制的保障，人们不断对改换雇主的权利提出了要求。200年前，卢梭就指出，"迁徙的权利"是个人自由的终极保障。

有理由预测，日本将转为一套工人在收入和就业上有保障，但同时也具有流动性的制度。

现代行为心理学已经证明，巨大的恐惧有胁迫作用，但些许的恐惧残留则会带来反感和抵制。在所有发达国家，恐惧已经丧失了强制的力量，但残留下来的较小恐惧并没有激励的作用。它们破坏动机，恰恰是因为它们缺乏充分的力量和可信度。

"大恐惧"和"小恐惧"

一种"治疗"酒精中毒的新方法取得了出人意料的成功，表明"大恐惧"如果真实可信，仍然很有激发作用。每个人都"知道"，真正的酗酒者没法戒酒，除非彻底潦倒，一文不名。但很多雇主现在发现，如果以明确的语言告知工人，如果不戒酒，就会被开除，并且会把这件事告诉潜在的新东家（这样一来，酗酒的工人就很难找到新工作），相当高比例的酗酒工人真的戒了酒。

但除了这种特殊情况（酗酒工人知道自己很快就会失业），大棒，也就是昨天用来驱动工人的可怕恐惧，对今天发达国家的管理者（不管他喜欢不喜欢）来说已经不能用了。尝试依靠"小棍子"（仍然可以借助的恐惧残余）

极其愚蠢。诚然，任何组织都需要纪律机制，但纪律的作用和目的是解决细微的摩擦。纪律无法带来动力，如果误用为动力，纪律机制只会带来反感和抵制，它们只会打消动力。

过分强效的胡萝卜

和恐惧的大棒不一样，物质奖励的胡萝卜并未丧失效力。相反，它的效力太强，必须谨慎使用。它成了一种强大得靠不住的工具了。

近来，每家报纸的周末版总会刊登知名社会学家或哲学家撰写的文章，说人们正逐渐摆脱对物质满足的依赖。可同一份报纸的头版（不管是周末特刊还是工作日版），总会有报道说，这群或者那群工作者——教师、电工、报纸记者、消防员、售货员或者装卸工，提出了有史以来最高的工资要求，或是迎来了有史以来最大的薪资上涨。

半个世纪以前，反抗物质文明的叛逆青年们回归自然，只需带着帐篷和睡袋。这些天来，反抗物质文明的人似乎需要一辆价值 8000 美元的露营车才行。20 世纪 20 年代，叛逆青年用四弦琴演奏回归自然的歌曲，今天，我们需要用电吉他来表示对技术的拒绝。高谈阔论反对美国物质主义的欧洲知识分子，用探讨非物质满足的讲演和文章换取报酬，然后买下跑车、搭乘飞机去度假胜地，或是到地中海海滩上买一座度假别墅。

没有丝毫证据显示人们摆脱了所谓的物质奖励。相反，富裕意味着所有人都相信，物质奖励唾手可得，也应该唾手可得。多年来任美国劳工运动负责人的塞缪尔·冈珀斯（Samuel Gompers）曾将工会的目标定义为"要更多"。如今，他肯定会改成"要更多更多"。不管受到多少赞美，反物质主义始终是神话。至少，到目前为止，现实是物质期待（对更多商品和服务的期待）越来越庞大，而且还在稳步提高。

需求越来越多，显然最终会达到地球资源的限制，产生保护环境的要求。因此，我们今天经历的或许是对"物质文明"的最后一轮疯狂享受了。但是，至少在可预见的将来，这意味着，满足的载体更迅速地从商品变为服务，与此同时，资源密集型的需求和商品，逐渐变为劳动密集型（特别是知识劳动密集型）。在可预见的未来，改变这一基本特点的可能性极低。相反，不断上升的原材料价格和生态成本抬高商品价值，从而为更多更多的货币奖励需求提供动力和燃料。

正是对物质的期待的水平不断提高，让物质奖励的胡萝卜越来越无法有效地充当激励力量和管理工具。

能激励人工作的物质奖励的增幅逐渐变得更大了。随着人们所得增多，稍微增加一点点已经不能带给他们更多的满足了，少一点就更不可能。他们期待更多更多。显然，当今每一个重要经济体都饱受通胀带来的无情压力，这就是一个主要原因。几年前，涨薪 5% 就能带来很大的满足，可现在，卡车司机（或者教师、医生）却开出了涨薪 40% 的天价，心里则指望至少涨薪 20%。

这或许体现了马斯洛所说的规律：一种需求越是接近满足，就越是需要更多的额外刺激以产生相同的满足感。但对越来越多物质满足的需求，还带来了一种不吻合马斯洛设想的价值观变化。经济激励措施成了一种权利，而不再是奖励。一开始，绩效加薪是作为卓越绩效的奖励而引入的，但没过多久，它们就都变成了权利。拒绝绩效加薪，或是加薪幅度较低，都等同于触发。日本的年中奖（每隔半年发放）也是这样。

但不管如何解释，物质奖励需求的不断提高，正迅速破坏着它们用于激励和管理时的效力。管理者必须尽量淡化物质奖励的作用，不再把它们当成胡萝卜。如果只有非常大的增幅（而且增幅还越来越大）才能达到激励效果，那么，使用物质激励就会弄巧成拙。从激励的角度来看，预期结果能实现，但成本会高得超过收益。成本吞噬了多出来的生产力。事实上，对管理者进行物质奖励（股权或额外的薪酬方案）已经演变成上述局面了，对其他各阶层的工人进行物质奖励也必将如此。

通货膨胀已成为发达经济体的中心问题，可从传统的凯恩斯主义经济理论来看，这是纯粹的悖论。高生产力和高生产率的条件下不应当出现通货膨胀，可现在它成了常态。原因出在经济胃口大得完全出乎意料，物质奖励的效力好得完全出乎意料。由此而来的结果是，管理者必须遏制、限制经济激励手段，不能依赖它们，才能让经济、社会和企业生存下去。拥有真正胡萝卜效果的经济激励"太多了"。只有远远低于激励效力阈值的经济奖励，才有可能在经济上、在生产力和贡献方面站住脚跟。

这也意味着，胡萝卜的社会副作用已经到了有害的程度。特效药总是有副作用，剂量越大，副作用也越大。物质激励和奖励的确是一种非常强大的药品，而且越来越有力。因此，它必定有着强力的副作用，随着见效剂量的增加，副作用也越来越明显、越来越危险。尤其是，总收入上涨得越多，对相对报酬产生的不满就越发强烈。我们所有的研究（从 20 世纪 40 年代后期通用汽车公司的"我的岗位"征文竞赛开始）都表明，能强烈打消人动力的东西，能最大妨碍激励的东西，莫过于人将自己的薪水与同事相比后感到的不满。一旦人们的收入高于温饱水平，为相对收入产生的不满情绪，就远比为绝对收入的不满情绪更强了。美国法律哲学家埃德蒙·卡恩（Edmond Cahn）令人信服地指出，"不公平的感觉"深深扎根在人的心里。组织中最容易滋长不公平感的东西，就是对相对经济回报的不满。组织是进行再分配的经济体，故此，相对经济回报是根据人或群体的价值所做的权力与地位决策。

因此，依赖经济奖励的胡萝卜有可能同时疏远受惠人和其他所有人。它有可能让群体产生分裂，同时又让群体团结一心对抗系统，即反对用人机构及其管理层。

很明显，不再强调物质奖励是有可能做到的。此时，管理者要面对的巨大挑战，就是找到某种途径，把对"更多更多"（物质奖励）的持续关注，与生产力和利润率联系起来。物质奖励太强效了，不能作为主要的正向激励手段。它只会带来不断增长的通胀压力，以及不断增长的不满。

不管是管理者还是蓝领工人都适用这一结论。毫无疑问，管理层的胡萝卜已经发展成了满汉全席式的大餐，也就是说，从小笔的奖金，变成了大规模的股票期权计划。对管理层的激励，我们已经从"更多"转向了"更多更多"。同时，越来越多的证据表明，较之奖金本身带来的满足和动力，管理层激励的不平等（不管是确实存在，还是出于当事人的想象）更多的是在打消人们的动力。

胡萝卜加大棒效果的局限性，在劳动大军的两个群体中表现得最为明显：新类型的体力工人，以及知识工人。在管理体力工人方面，发达国家的管理者主要应对的是一开始就变成了"失败者"，觉得遭到了拒绝，一切已经失败的男性（以及在这种挫败情绪上略低的女性）。这些人被生活所驱逐，尚未自我实现。但失败者总能学会一件事，并将它打磨得臻于完美：抵挡驱逐。他们未必能够有所成就，但很懂得怎么搞破坏。

这方面最好的论述，并非来自心理学教授，而来自20世纪20年代的一本畅销幽默小说《好兵帅克》（*The Good Soldier Schweik*），作者是捷克作家雅罗斯拉夫·哈谢克（Jaroslav Hasek）。帅克是一个典型的失败后进小兵，却一手拆解、击溃了第一次世界大战前庞大奥匈帝国一整套的X理论工具。他表面总是服服帖帖的，但暗地里，他知道怎么消极怠工。

因此，驱动新类型体力劳动者是不可能成功的。饥饿和恐惧不能再像主宰他们祖父母一代人那样主宰他们，但人生的失败让他们面对压力无动于衷。

按照 X 理论管理，知识工人无法生产。知识必须受自我指导，必须承担责任。

恐惧与知识生产完全不相容，它或许能带来努力和焦虑，但它不会产生结果。而且，恐惧抑制学习，这是现代行为心理学的一个基本结论。奖励和自我肯定才会带来学习。凡是和知识有关的事情，恐惧唯一能带来的就是阻力。

X 理论假设有个"主人"，但组织社会里没有主人，经理不是主人。管理者既是上级，也是同事。有史以来第一次，人类社会没有了主人。

管理者不是主人，既没有主人的权威，也没有主人的信誉。主人的力量是独立的，不需要来自仆人或周围社会的支持。人可以杀死主人，但不能将之驱逐。但 20 世纪 60 年代，无数所大学的校长甚至组织的首席执行官遭到驱逐，这正说明，管理者只是资深员工而已。他行使的权力不是来自自己，也不能顶住挑战生存下来。

从古代法律涉及主仆的条款来看，哪怕最大企业的首席执行官也是仆人。其他人在级别上是下属，但在法律上是平等的，他们不是首席执行官的仆人，而是他的同事。

这不仅仅是词语意义上的变迁。它意味着，不管是胡萝卜还是大棒，不管它们在从前的主人手里用起来多么好使，都并不真正适合管理者。

我们能换掉胡萝卜和大棒吗

我们能否用适合全新管理现实的全新胡萝卜和大棒，换下货币奖励的胡萝卜和恐惧的大棒呢？

说到底，胡萝卜和大棒的做法已经应用太长时间了。人没法轻轻松松就跳出时代传统。在工人和劳动接受管理的千百年里，社会发生了根本性变化。然而，管理工人和劳动却表现出惊人的连续性。修建埃及大金字塔时用来管理工人和劳动的 X 理论原则在现代化大规模生产的工厂里仍然用来组织工人和劳动。

在组织工作、营销和经济方面，福特都是个大胆的创新家，可在管理工人和劳动方面，他却不折不扣是历史的囚徒，思想非常传统。

管理劳动和工人的传统方式，在所有人类文化中都是一致的。东西方之间，古代异教徒和基督教之间，中国和欧美之间，印加王朝时期的秘鲁和莫卧儿时期的印度之间，都没有太大的差别。社会组织本身似乎也没有太大的差别。

因此，我们知道 X 理论式的管理。而用什么东西来取代它的位置，基本上只能靠猜测和揣度。当然，尝试用"现代"动力代替原有的恐惧和金钱驱动力量，借此维持 X 理论的实质，或许有它明智的地方。可能有人会说，就像汽油发动机取代了马匹那样，我们需要找到组织方式上的替代物，但无论如何要维持原来的轮式交通工具。

不光管理者会提出这个问题，工会说不定更希望维持 X 理论式的结构。毕竟，对 X 理论的主仆强制关系，工会是有利害关系的；如果没有了主人，工会又将扮演什么角色呢？此外，劳工领袖的自豪感和使命感都来自反对 X 理论，他们知道怎样按照 X 理论行事，也拥有一套批判它的说辞。

在通用汽车公司的部分工厂里，年轻的工人开始探讨人性化流水线时，最大的阻力并非来自公司管理层。阻力来自全美汽车工人联合会（United Automobile Workers）的领导层，他们坚持只谈钱、退休金、每小时休息时间、工休茶歇等。换句话说，全美汽车工人联合会的领导层和工会会员们不一样，要求公司方面维持甚至强化 X 理论式管理。

寻找一套新动力来取代原有的胡萝卜加大棒，不仅合乎情理，而且看起来很诱人。事实上，此类替代动力的确正以"开明心理专制"（enlightened psychological despotism）的新形式，交托到管理者手中。

近来，工业心理学领域的大部分（甚至所有）作家，莫不自称支持 Y 理论。他们爱用"自我实现""创造力"和"完整的人"等字眼，但他们所说的、所写的，其实是通过心理操纵来进行控制的。他们走到这一步，是根据一系列基本的假设，而这些假设，恰恰也就是 X 理论中的假设：人软弱、病态、无法照顾自己。他们充满恐惧、充满焦虑，他们神经衰弱，他们自我压抑。基本上，人不想有所成就，反而想要一败涂地。因此，他们希望受到控制，但这一回，控制不是靠着对饥饿的恐惧以及物质奖励的激励来进行，而是靠着对"心理异化"的恐惧以及"心理安全"的激励来进行。

我知道，我说得太过简单化。我知道，我把五六种不同的方法都归纳到同一个标题下了。但它们的确都有着相同的基本假设（X 理论里的基本假设），也都得出了相同的结论。上级管理者施加的心理控制，是"无私的"，是为了工人的利益着想。然而，管理者靠着充当工人的心理仆从，仍然保持了自己作为"老板"的控制权。

心理学家一面谴责原来的胡萝卜加大棒方法是麻木不仁的高压政策，一面提出了这些"开明"做法，但再开明，仍然是专制主义。根据这一新的心理福音，劝说取代了命令。劝说无效的人，或许会被视为有病，不成熟，需要心理治疗加以调整。心理操纵取代了经济奖励的胡萝卜；移情（对个人恐惧、焦虑、个性需求的利用），取代了惩罚和开除的大棒。这和 18 世纪哲学家们提出的开明专制理论惊人地类似。与如今的现代组织一样，开明专制社会下，民众的富裕和教育的普及（现代组织中，则是民众的富裕和中产阶级教育程度不断提高），对胡萝卜加大棒的管理方式提出了威胁。于是，哲学家设想的开明君主就打算用劝服、推理和启蒙取代原来的方式，继续维持专制制度——当然，这一切都是为了民众好。

心理专制，不管是否开明，都是对心理学的严重滥用。心理学的主要目的是获得对自我的认识，自我控制。我们现在所称的行为科学，原本叫作道德科学，并以"认识你自己"（know thyself）为主要原则，这不是凭空而来的。把心理学用来控制、支配和摆布别人，是对知识的自毁式滥用，这也是特别遭人反感的一种暴政形式。从前的主人控制奴隶的身体就心满意足了（现在的主人竟想控制奴隶的思想）。

不过，这里我们担心的倒不是它不当运用了心理学、不符合道德。我们担心的是，X理论式的结构能通过心理专制来维持吗？心理专制管用吗？

照理说，心理专制对管理者有着巨大的吸引力。它向管理者做出承诺：他们可以继续像过去那样做事。他们需要的不过是掌握一套新词汇罢了。它奉承他们。可管理者尽管贪婪地阅读心理学书籍，参加心理学研讨班，却对尝试新的心理X理论保持回避态度。

管理者凭合理的直觉，表现出了机警态度。出于相同的原因，心理专制并不比200年前政治领域的开明专制更管用。它要求统治者全是天才。按照心理学家的说法，管理者必须对形形色色的人都具有洞察力。他们必须熟练运用各种心理技巧。他们必须对所有的下属进行移情。他们必须了解无穷多个体的个性结构、个人心理需求，以及个人的心理问题。换言之，他们必须无所不知，但大多数管理者很难清楚地知道在个人的专业领域（热处理也好，成本会计也好，调度也好）需要知道些什么。

期待大量的人具有"魅力"（不管这个词是什么意思），就更加荒谬了。这种特殊的素质只能为极少数人所有。

管理者的确应该对人类有更多的认识。他们至少应该知道，是人就像人那样行事，以及这是什么意思。最重要的是，和我们大多数人一样，管理者需要对自己有更多的认识，因为大多数管理者总以行动为焦点，而非关注内省。然而，不管参加了多少次心理学研讨会，管理者只要试图将心理专制付诸实践，就会迅速变成它的第一个受害人。这样的管理者会立刻摔跟头，他的绩效会变差。

工作关系必须建立在相互尊重之上。心理专制却基本上对人持蔑视态度，其程度远比传统的 X 理论为甚。它不是假设人懒惰、抗拒工作，而是假设管理者是健康人，其他人是病态；它假定管理者是强人，其他人是弱者；它假定管理者洞悉世事，其他人愚昧无知；它假定管理者正确，其他人蠢笨。这些全是荒唐而傲慢的假设。

首先，心理专家管理者会破坏自己的权威。诚然，存在心理洞察、心理帮助和心理咨询的需求。灵魂需要医治，受苦人需要得到安慰。但医者和患者的关系，和上级与下级的关系是完全不同、互相排斥的。两者各有自己的一套诚信内容。医者的诚信来自他为患者的福祉考虑。管理者的诚信来自他为共同的任务要求考虑。两种关系里都需要权威，但它们要求的权威并不相同。如果管理者假装，是下属的个人亲情需求而非任务的客观需求决定了该做什么事，那么，他不光是个糟糕的管理者，而且没有人会信任他，也不应该信任他。从个人和职能的角度来说，这样的管理者破坏了上下级关系的诚信，以及关系本身。

开明心理专制要求管理岗位上无限量地配备全能天才，混淆了医者和管理者的权威与作用，它无法履行自己的承诺：假装取代 X 理论，同时又维持 X 理论。

那么，什么样的做法才有效呢？

光有麦格雷戈的 X 理论还不够。管理者必须真心地相信 Y 理论的主张：职场上至少有相当多的人是真心想要有所成就的。如若不然，那就全无希望。好在现有证据有力地支持这一主张。管理者的任务是让工人和劳动都有所实现，因此，必须进一步接受它。他们必须有意愿接受对自己的高要求，他们必须严肃，必须称职胜任。但管理者不能像 Y 理论那样假设，只要人得到了能有所成就的机会，就一定会努力去实现它。必须有更多（多得多）的东西，才能让哪怕是健康而强壮的人去承担责任。我们需要的结构，不能依靠对工人的驱使；胡萝卜和大棒也不再靠得住。此外，X 理论为弱者带去了命令和受人照顾的安全感，所以，新的结构还需为弱者（当然不只是弱者）提供相关的替代品。

CHAPTER 22 | 第22章

怎样做员工

今天的大多数工人是员工，整个劳动生涯都是替别人工作，换取一张工资支票。

我们已经转变成为员工的社会。100年前，每5个就业的美国人里，只有一个是受雇的，即替别人工作。今天，这个比例反了过来，只有1/5的人是自雇。而且，50年前，"受雇"意味着到工厂或者农场去当体力工人，今天的员工则越来越多地意味着受过大量正规教育的中产阶级人士，干着一份需要知识和技术技能的专业或管理工作。事实上，最近的50年里，有两件事成为美国社会的特征：中产阶级和上层阶级成为员工；中产阶级和上层阶级员工成为就业人口里增长最快的群体，其增速远比产业工人更快。产业工人是工业革命孕育的年龄最长的孩子，尽管工业生产不断扩张，却已在数量上丧失重要性。

对任何国家来说，这可算作有史以来一项最深刻的社会变革。但对即将步入职场的年轻人来说，它或许意味着更巨大的变革。不管他们从事什么工作，十有八九都将以员工身份着手；不管他们以什么为目标，都不得不通过员工身份去努力达到它。

可就成为员工是怎么回事这个主题，你几乎找不到什么论述。如何找到工作或者如何得到晋升，这方面似是而非的建议你能找到一大堆。有关特定领域工作的作品，不管是冶金还是推销，机械师还是簿记，你也能找到很多。这些行业每一种都需要不同的技能，确定不同的标准，需要进行不同的事前准备，可它们都有一个共同点：雇用关系。尤其是在大型企业或政府，较之特殊的专业知识或技能，雇用关系对成功变得更加重要起来。显然，会有更多人因为不知道成为员工的要求是什么而走向失败，因为不具备足够的行业技能而失败的人反而变少了。你在组织阶梯上爬得越高，就越是会参与更多的行政或管理工作，故此也就越是强调在组织内部工作的能力，而非技术能力或专业知识。

因此，做一名员工，是当今大多数职业的一个共同特点。特殊专业或技能一目了然，定义清晰，遵循一套明确的课程、学历和就业顺序就能获得它。但成为一名员工是基础，为成为员工作准备要难得多。可做一名员工的艺术，如今却没有可参考的信息。

基本技能：沟通

我们可能会提出的第一个问题是，学习哪些东西有助于做好员工呢？学校传授很多有价值的东西，为未来的会计、医生或电工做准备。可学校是否为未来的员工传授过什么有价值的东西吗？答案是："学校教过。它们传授了一件对未来员工或许最有价值的事情，可是很少有学生费心学习它。"

这项基本技能就是用书面语言和口头语言组织、表达观点的能力。

身为员工，你要与其他人共事。这就是说，你作为员工的成功（我在这里说的不仅仅是获得晋升），取决于你的如下能力：与他人进行沟通，将自己的想法和观点展现给他人，让他们理解你的目的，被你说服。信件、报告或者备忘录，向委员会进行10分钟的口头发言，都是员工的基本工具。

如果你是一家快餐连锁店的店员，当然，你不需要太多的自我表达技能就可有效工作。如果你在机器上工作，你的自我表达能力根本就不重要。但只要你从组织最底部往上迈了一级台阶，你的效力就要依赖你通过口头或书面文字打动他人的能力了。你的岗位离体力工作越远，你效力的组织规模越大，知道如何以书面或口头方式传达想法这一点就越为重要。在非常大的组织，政府也好，大型商业企业也好，军队也好，这种自我表达能力或许都是你需要掌握的最重要的一种技能。

当然，光有表达技巧还不够。你首先必须有内容可说。例如，人们想起工程师，大多会想到他们拿着计算器、绘图板和指南针工作的形象。工程专业学生的态度里也表现出了这种认识，他们觉得书面文字与自己的工作没有关系。但工程师的效力，以及他们的作用，既取决于他们工作本身的质量，也取决于他们推动他人理解自己工作的能力。

表达思想是学校真的在传授的一项技能，尤其是对不具备天生书面或口头才干的人。其他很多技能可以以后再学——在美国，有成千上万为在职成年人提供培训的地方。但表达技能的基础，必须及早布局：对语言的兴趣，能听懂别人的话；组织观点和数据，将不相干内容抛开，为结构注入外在形式和内容的经验，以及最重要的，言语表达的习惯。如果你在学校生涯里不曾打好这些基础，未来恐怕永远没有机会了。

我非常清楚地知道，典型的用人单位不理解这一点，或许会以怀疑的态度看待主修过短篇小说写作课的年轻大学毕业生。可也是这些用人单位，聘用了大学毕业生又理由充分地发出抱怨：这些新人不知道怎么撰写一份简单的报告，不知道怎么讲述一个简单的故事，基本上与文盲没有区别。而且，雇主将正确地得出结论：没有效力、无法扮演员工角色的年轻大学生，没办法在事业道路上长远地走下去。

什么样的员工

接下来的问题是，你应该成为什么样的员工？别管其他人对你是怎么说的，这是一个只有你自己才能回答的问题。它涉及四个方面的选择，而这个选择，只有你能做出，你不能轻易回避。但要做出这个选择，你必须先在现实的工作世界里检验自己一段时间。

这涉及四项决定，我先简要介绍，之后再一一详细展开。

（1）你所从事的工作岗位，是否主要看重例行工作的绩效，并能带来潜在的安全感？又或者，你投入的是一项能带给想象力和创造力挑战，同时也会惩罚失败的事业岗位？

（2）你是在大组织还是小组织效力？你更喜欢通过中间渠道还是直接接触开展工作？你更喜欢做强大机器的小齿轮，还是小机器的大轮轴？

（3）你应该从最底层做起，尝试一路往上爬，还是应该从靠近最高层的地方着手？是站在晋升阶梯的最底层（虽然有稳固扎实的安全基座，但前面有很长的部分要攀爬），还是去做空降的"管理培训生"或者靠近管理层的辅助职位？

（4）最后，你是做专业人士更高效更开心，还是做"多面手"（也就是进行管理工作）更高效更开心？

让我清楚地解释一下这四个决定分别涉及什么内容。

"安稳"适合你吗

是选择安稳的例行工作，还是选择挑战想象力与创造力的不安稳工作，这个决定对大多数人来说最容易做。你很快就能知道自己是什么样的人。精确、秩序、对岗位有着精细说明的制度，这些东西能带给你真正的满意感吗？你喜欢安稳吗——不光知道自己今天的工作是什么，也知道明天的工作是什么，你的岗位、你与上下级和同僚之间的关系有保障，也享有经济上的安全感？又或者，你是一个对看起来像是"例行"工作的事情容易不耐烦的人？后一种人通常能够生活在混乱局面之下，他们与周围人的关系既不明确也不稳定，他们往往对经济安全不大关心，换工作也不觉得太心烦。

当然，人与人之间并没有这样非黑即白的分别。只能做辛苦细节工作、没有想象力的人，什么事情都做不太好。除了宏伟想法什么也没有、没有能力对细节付诸严谨应用的自封"天才"，照样一事无成。但在实践当中，我遇到的每一个人，都有着明确的偏向。

差异来自人基本的个性。它不太受人的经历影响，人人似乎都是生来如此。经济安全需求往往并非心理安全需求的外延，而是一种天生的现象。但正因为差异来自基本的气质，对你自己拥有什么样的气质加以分析就十分关键了。人或许能在自己没什么天分上的岗位上工作得十分开心，甚至干得相当成功，但要是岗位与他们的气质不合，他们就不可能干得开心、成功。

在大型组织，并没有足够的就业机会提供给需要挑战或风险的年轻人。例如，银行或保险公司的内部岗位，主要强调的是对精心组织的职责给予尽心尽力的表现，并不太需要想象力（尤其是对初入行者），一般而言，它们能提供极大的工作保障，但晋升速度不快，薪水也不见得十分优厚。大部分政府工作、铁路行业的工作（尤其是文职和工程部门），以及大多数公共事业单位的工作，同样如此。大公司的簿记和会计领域，一般也属此类，尽管成功的审计长必须是一位有着极高管理和业务想象力的会计。

诸如采购、销售和广告等属于另一极端领域，它们强调适应能力、想象力，以及做不同新事情的渴望。总体而言，在这些领域，不管是个人还是经济，都没有太多的保障。然而，奖励极高，来得也快。对于大部分的研究和工程工作，想象力具有重大附加价值（但这里要的是另一种想象力，而且也需伴随着对细节的精益求精）。在监督或执行高管等生产岗位，也需要很多的适应力和想象力。

与流行的观点相反，很小的企业首先需要密切关注日常的例行事务。经营街区药店或小杂货店，或者玩具批发商，都要把大量的注意力放在细节上。但非常小的企业同样有着容纳其他性格类型的空间，比如创新人士和幻想家。如果成功的话，这类人很快就无须屈就于小企业了，因为在这个国家，对真正的创新人士来说，大好前途莫过于把小企业造就成大企业。

大公司还是小公司

第二个几乎同样重要的决定是，到大型组织工作还是到小型组织工作。这一决定所带来的区别，或许不如选择安稳的例行岗位与不牢靠的想象力岗位之间那么大，但要是选择错了，后果同样严重。

大企业和小企业存在两个基本区别。在小企业，你主要是通过人际接触来开展工作。而大企业早已建立了组织"政策"和"渠道"，有着相当严格的程序。而且，在小企业，你在很小的领域是能发挥即时效力的，只要你站得稍微比基层高一点，你就能立刻看到自己工作和决定的效果。在大企业，哪怕是最高层的负责人也只是巨大机器的一个齿轮。毫无疑问，大企业负责人的行动，比小组织中人的行动和决策有着更大的影响范围，但前者的效力是远程的、间接的、难以捉摸的。在小企业或者中等规模的企业，你一般能获得各种各样的经验，在没有太多帮助和指点的条件下去做大量的事情。大组织一般会彻底地教你做一件事。小企业带给人的危险在于，你会变得样样通、无所精。大企业带给人的危险则是，在牛角上越钻越深。

做极出名的强大组织的一员所带来的满足感,与做家族一员带来的满足感,两者有着根本上的不同;无关个人的恢宏感与私人(往往太过私人)亲密感,两者有着根本上的不同;摩天大楼里顶层小隔间里的人生与路口加油站里的人生,两者有着根本的不同。

从底层做起,还是……

说人可以选择从底层还是从高层干起,你或许觉得很荒谬。其实,我的意思并不是说,你可以在新手岗位或者通用电气公司副总裁岗位之间做出选择。但你确实可以选择是到阶梯底层的职位工作,还是到阶梯之外、顶层视线之内的辅助职位工作。这是一个重要的选择。

在每一家组织(哪怕规模最小的组织),都有着一些下属性质、薪水微薄、通常由年轻的初级职员填充的职位,但这些职位并不在底层。例如,各级老板的助理,私人秘书,不同部门之间的联络岗位,以及工业工程、成本会计、人事部门等的辅助职位。这些职位上的人,都能看到宏观局面,而非局部场景。在这些职位上工作的人,一般能以沉默听众或听差的角色,看到高层人士的协商和讨论。这些职位就是"靠近高层"的地方,哪怕地位卑微,薪水微薄。

另外,绝大多数的初级岗位是在底层,你从一个部门或一条工作线上薪水最低、职能最简单的地方开始,随着你掌握更多技能、拥有更多判断力,你会一步步地往上爬。

这两种岗位属于不同的人。首先,"靠近高层"的岗位并不安稳。你暴露在公众的视野内。你的位置模糊;单纯就你自己而言,你一文不名,但你反映了老板的地位;在相对较短的时间内,你说不定能对老板进言。你可能获得真正的权力和影响力。在当今的商业和政府组织,撰写备忘录的人控制着整个委员会；年轻的幕僚一般会撰写备忘录，或至少撰写备忘录的第一稿。但也正是由于这个原因，人人都嫉妒你。你是个得到了公司高层认可的年轻人，因此人们期望你表现出不同寻常的能力，尤其是不同寻常的决策和判断力。在这个位置上，良好的绩效往往是快速晋升的关键。但一旦倒下，或许就意味着断绝了一切希望，在组织内再无容身之地。

反过来看，在底层，犯下严重错误的机会几乎没有。层层叠叠的授权机制把你充分地保护起来。工作本身通常很简单，所需判断力、自行决断力或主动性不多。在这样的岗位上，哪怕有卓越的绩效也不见得能得到迅速晋升。但除了顶头上司，就算你以相当华丽的样式翻个跟头，也几乎没人会注意到。

专家还是通才

许许多多的职业越来越强调专业化，工程、会计、生产、统计工作、教学领域都可发现这些职业。但稍加了解就能融入大量领域，对任何领域却又所知不多（尽管人应该有一个真正胜任的领域），对这样的人的需求也在不断增加。换句话说，只见森林不见树木、能够做出总体判断的人，是有需求的。行政管理职位上尤其需要这类"多面手"，这些人的工作就是监督其他人完成工作，前者要为其他人做安排，组织其他人的工作，给予启动并进行评价。

专家懂得一个领域。专家主要关注的是技术、工具、媒介。专家接受"训练"，他们的教育背景也恰好是技术性的、专业性的。通才尤其是行政管理人员，是要与人打交道。通才主要关注的是领导、计划、指明方向、进行协调。通才接受"教育"，人文是他们最坚实的基础。很少有专家能胜任行政管理的工作，但优秀的通才也很难兼顾特定领域的优秀专家。所有组织都同时需要这两种人，尽管在不同的组织里，这两种人所占的比例不同。在学徒时期找出自己适合哪一类型的岗位，并对事业进行相应规划，是你要完成的任务。

你的第一份工作可能完全适合你，但这完全是个偶然的巧合。诚然，你不应该频繁更换工作，要不然，别人会对你的工作能力产生怀疑（而且这种怀疑有道理）。但与此同时，你也不要把第一份工作看成最后一份工作，它主要是一份培训性质的工作，是你分析自己、衡量自己员工适合度的机会。

遭解雇的重要意义

事实上，在第一份工作上被炒鱿鱼，这事颇有值得一说的地方。原因之一是，在组织里从办公室文员开始做起，已经很难算得上什么优势；就算你已经干了25年，仍然有太多的人会以为你是个"生手"。但主要的原因还在于，第一份工作就遭解雇，是学习如何承受挫折的痛苦最小，损害也最小的一种途径。只有受上天恩宠和赐福的人，才能年纪轻轻就学会如何承受挫折。

我敢说，从来没有谁一辈子不曾经历过一段看似事事崩溃瓦解、工作和生活都烟消云散的时期。没人能逃过这种经历，但我们可以为它做好准备。凡是年轻时经历过挫折的人都知道，世界不会因为自己丢了一份工作就走向尽头，这对世界而言甚至算不上一场萧条。由此而来的教训是，人能熬过去，活下来。面对此种挫折，行事的方法是挺住，不能垮。但要是人45岁了才第一次经历这种情形，很可能就垮掉了。成熟的人，尤其是有家室的人，或许会倒在挫折的第一轮痛击之下，可25岁的年轻人，经受同样的痛击，却很快就能恢复元气。

显然，你不可能诚心要让自己被炒鱿鱼，但你随时可以辞职。主动辞一次职,兴许比遭解雇更加重要。靠自己的意志选择退出的人,能获得一种内在的独立性,而这种独立性,一经获得,就永远不会完全丧失。

什么时候辞职

因此,尤其是对职场新人,知道什么时候该辞职是最重要的一件事。从整体上看,年轻人有一种倾向,爱长时间地守着自己的第一份工作,为了自己长远发展应该辞职的时候却没辞职。

如果自我分析显示,这份工作是一份错误的工作,举例来说,它未给你带来所需的安稳和例行感,它是小公司而非大组织的岗位,它在底层而非靠近高层,它是专家工作而非通才工作等,那么你就应该辞职了。如果一份工作反复地要你做有违自身道德的行为,如果职场的整体氛围道德败坏,或者举例来说,如果职场只容忍唯唯诺诺、阿谀奉承的小人,那么你就该辞职。

如果一份工作不能为你提供作为专家所需的训练,或进行行政管理时所需的全局观,你同样应该辞职。职场新人不仅有权期待自己在一份工作的最初 5～10 年里获得培训,同样有义务接受尽量多的培训。未能给予年轻人真正训练的工作(当然,这里的训练,并不一定非得是正式的"培训计划"),辜负了年轻人理所应当获得的权利,也辜负了他们理所应当履行的义务。

但人们辞职的最常见理由是,组织中没有晋升机会。这是一个令人信服的理由。

我并不认为晋升机会是工作的根本。事实上,毁掉一份工作,毁掉一个人的可用之处,最稳妥的方式就是只把工作看成晋升阶梯上的一道横栏,不再认为工作本身值得严肃对待,能带来满足感、成就感和自豪感。从未得到过晋升的人,能够成为组织里受人敬重的一员,几乎所有的办公室里都有这样的人。但组织本身必须提供公平的晋升机会,如若不然,组织就陷入了停滞，变得腐败，并进而对人产生腐蚀作用。没有晋升机会令人泄气，而越早退出令人泄气的环境，对自己就越好。以下三种情况需要注意：

整个团队太年轻了，很多年也不会出现空缺。30年前，在企业界，这是大萧条导致的常见结果。许多公司的中下层管理队伍里扎扎实实地全是四五十岁的人，年龄虽说不够退休，但在20世纪30年代大萧条的凄凉岁月里，又太过年迈而无法得到晋升。于是，他们手下的人就被堵住了，因为把年轻人晋升到一堆年龄较大的资深员工当中，对组织而言是很少见的。如果你发现自己碰到了这种情况，赶紧辞职。如果你继续耗下去，它会击垮你。

没有晋升机会的另一种情况是，你前面的团队年龄很一致，在考虑晋升你之前，必须把他们替换掉才行。管理团队年龄结构统一（不管是统一地老也好，还是统一地年轻也好）的组织，你要尽量躲开。只有员工年龄错落有致、保持平衡的组织，才能提供公平的晋升机会。

什么人能得到晋升

最后，还有一种情况：所有的晋升都只落到特定的一类人头上，而你又不属于这类人。举例来说，一些化工企业，对扫地工以上的工作都要求拥有化学硕士学位。一些公司只晋升工程专业的毕业生，一些政府机构只晋升主修经济的毕业生，一些铁路公司只晋升男性速记员，英国的一些保险公司只晋升精算师协会的会员。又或者，好工作全给家族成员留着。这样的组织或许有着足够的晋升机会，只不过它们不属于你。

总体而言，大型组织的晋升机会比小型组织多，但大型组织有可能会让人迷路。反过来说，在小型组织，你的前途总是一望而知的。因此，年轻人不该留在大组织，除非该组织有着明确的晋升计划，确保年轻人得到考虑和观察。明确的晋升计划分为几种形式：可以是正式的评估和发展计划，也可以是按资历自动晋升（就像第二次世界大战前美国军队里那样），又或者，采用了特殊的组织结构，把一家大企业重新分散成若干小型组织，重新让每个人都能清晰地看到自己的发展前途（用术语来说，即"分权化"）。

但我们这里关心的并不是技术。这里最重要的是，应当有足够的机会，公平地保证你有资格获得晋升考量。让我再说一遍：不管是从幸福还是效用的角度来看，晋升都不是根本，获得晋升的考量才是根本。

工作之外的生活

我还要再说一件事：成为员工，并不足以保证一份工作适合你，而你也适合那份工作。同样，你有必要在工作之外展开有意义的人生。

我说的是，找一件你真正感兴趣的事情，就算成不了大师，至少也做一名业余的高手。这件事可以是植物学、研究你们县的历史、室内乐演奏、造家具、种植圣诞树，或者其他形形色色的事情。关键是，在我们这个"员工社会"，拥有工作之外的个人兴趣，认真对待它，这很重要。

我说的并不是让你退休之后保持活力、点燃你兴趣的东西（你可能想的是这个）。我说的是，在职场生活之外保持活力、点燃你的兴趣、让你开心的事情，在职场之外的社群里为你带来自尊和地位的持久来源。等你到了40来岁，你会需要这样一种兴趣，因为在这个年纪，我们中的大多数人逐渐意识到，自己永远也达不到年轻时定下的目标了，不管是成就目标，还是世俗意义上的成功的目标。你需要它，因为你应当拥有这样一个领域，自己为自己的工作确立绩效标准。最后，你需要它，因为你会从其他也在该领域努力的人（职业的也好，业余的也罢）那里得到认可和接受，你真正地成为一个独立的个体，不再是组织的成员，不再是员工。

如今，有太多的公司相信，最优秀的员工就是为了公司而活，为了公司而吃喝,连休息也是为了公司,我这么说或许像是异端邪说。从实际经验来看,这些在工作之外没有生活的人,哪怕站在公司的立场视之,也并不是真正的成功人士。我见过太多的人就像火箭般升上云霄,因为他们除了工作之外别无其他兴趣,但他们一旦下落,也像火箭那烧光了的助推器一样快。能为公司做出最大贡献的人是成熟的人,可倘若工作之外别无人生或兴趣,你就无法成熟。我们的大公司逐渐开始明白这一点。不少大企业鼓励人们在退休之前培养"外部兴趣",发展"个人爱好",这是转向明智态度的最初迹象。但撇开用人单位的利益,从你自己身为员工的利益着想,你需要一项外部的兴趣。它能让你变得更开心、更有效、更好地应对挫折和打击,它能让你变成更高效、更成功、更成熟的员工。

毫无疑问,你看得出,我在这里探讨的并不是怎样做员工,我探讨的是人在成为员工之前先要搞懂些什么——这是两件不同的事。或许,只有人成为员工,才能真正学会"怎样做员工"。但有一点毫无疑问,做员工意味着与他人合作,意味着在社会里生活,在社会里劳动。所以,一言以蔽之,智力并不是最重要的素质,个性和诚实才最为重要。如果你独立工作,智力和能力就足够了。如果要和其他人共事,不具备基本的诚实,注定要失败。诚实以及个性是雇主首先考虑的一件大事。

学习做员工,有很多技巧,也有很多能力可以掌握,但从根本上说,做员工对你提出的素质要求,不是技巧,不是知识,不是天赋,而是性格。

第六部分

根植于社会与文化中的管理

PEOPLE AND
PERFORMANCE

第 23 章
管理和生活质量

第 24 章
社会影响和社会问题

第 25 章
社会责任的限度

第 26 章
责任道德

第23章 | CHAPTER 23

管理和生活质量

"企业的社会责任"已经被讨论了整整一个世纪了。事实上，任何一本管理教科书上，都能看到一两章论述社会责任（或者类似标题）的内容。

但自20世纪60年代初以来，"企业的社会责任"这句话的意思发生了根本性的变化。

早期对企业社会责任的讨论主要集中在三个方面。

第一个是私人道德与公共伦理之间关系的老问题。作为一家组织的管理者，你在多大程度上听从个人道德的指引，又在多大程度上受组织责任感所驱使，采取一些有违私德但却有益于组织的行为呢？不管人们有否意识到，这一讨论的主题，其实来自政治家的一句古老警句："如果我们在私人生活里也像我们为国效力时那样做，我们得是多么无耻的小人啊。"

社会责任的第二个主要议题是，雇主因自己的权力和财富，对员工所承担的责任。

最后，社会责任成了这样一个词，可用来主张或指派商界人士对社区

"义化"的领导责任；支持艺术、博物馆、歌剧院和交响乐团；以受托人身份为教育和宗教机构的董事会效力，为慈善和其他社会事业捐赠资金等。尤其在美国，愿意为政府或准政府职位效力，已成为20世纪企业高管的一项重要社会责任。

总的来说，传统方式关心的不是企业的社会责任，而是商业人士的社会责任（与它宣称的不一样）。而且，传统方式最强调的是商人们应该（或可以）在工作时间之外、在企业之外做一些贡献。

第二次世界大战结束后，人们越来越强调企业的贡献。但这是税法带来的结果，一方面，税法放慢了个人大笔财富的积累；另一方面，税法鼓励公司进行慈善捐赠，并给予极具吸引力的优惠条件。在其他方面，强调的重点并未变化。早一代人希望"富商"为医院捐款，第二次世界大战后的一代人希望大企业支持慈善事业。重点仍然放在企业之外的"事业"上，而非放在企业本身的行为和行动上。

然而，近些时日正在讨论的社会责任，着眼点完全不同。它集中在企业应该或者可以做些什么来解决、应付社会问题。它的重点是企业可以为美国的种族歧视问题，或者为美国的种族融合进程做一些什么样的贡献，或为保护、恢复自然环境做些什么贡献。这种新态度最合适的一些例子来自瑞典。

20世纪60年代末，瑞典的几家大型企业，尤其是大型电器设备公司ASEA，遭到了国内媒体的严厉批评，指责它们参与了非洲的一项重要电力项目。这一项目受联合国和世界银行资助，也得到了瑞典社会党政府的批准。项目的目的是提高非洲极度贫困的沙漠地区的生活水平，但项目位于葡萄牙的一块殖民地。因此，媒体激烈地批评说，瑞典公司因为帮助提高当地民众的生活水平，"支持了殖民主义"。照此逻辑，批评的一方认为，为"瓦解殖民主义"，最好是让当地民众保持极度贫困的生活，这比让他们在"帝国主义殖民者"的统治之下实现繁荣发展要好得多。

最极端的企业社会责任主张，或许来自20世纪60年代纽约市市长约翰·林赛（John Lindsay）的一段发言。

市长呼吁纽约市的大企业"接管"一个黑人贫民区，以确保该社区的居民获得生活必需品、教育和就业岗位。他接着说，他希望这些大公司还能确保每一个黑人家庭都有男人做顶梁柱，让妻子有丈夫，让孩子有父亲。

就算只是10年前，人们都无法想象任何人，哪怕是最极端的"左派"或"进步派"，会训斥企业未曾拒绝履行本国政府的对外政策（更何况是社会党政府提倡的政策），未曾对不属本公司员工的公民私人性生活施以家长式的掌控。

这种新的社会责任概念不再问企业有什么样的局限条件，以及企业直接有权做些什么事情。它要求企业为社会问题、社会议题、社会和政治目标承担责任，充当社会良心的捍卫者、社会问题的解决者。

但是越来越多地，社会中的非商业机构也被要求承担这种社会责任了。大学、医院、政府机构，以及由医生、历史学家、语言学家等组成的知名协会，也越来越多地面临着同样的要求，遭受了批评，说它们"不为社会弊病和问题承担责任"。

20世纪60年代初，学生反对大学的骚乱源于学生们的不满。但1968年的学生暴乱（几乎毁掉了纽约市的哥伦比亚大学）引发了人们对大学的批评：大学没有为哈莱姆黑人街区承担起充分的社会责任，未能将自己的教育目标屈从于哈莱姆社会底层失业人士的需求。

如何解释

最流行也最显而易见的解释是错误的。对企业社会责任需求的激增，不能用对企业的敌视来解释。相反,是企业制度的成功,让人们产生了许多新的期待,很多时候,这些期待又太过夸张了。在很大程度上,对社会责任的需求,是企业成功的代价。

在发达国家,我们现在把经济绩效当成理所当然的事情。这也带来了一种信念,即存在或者应该存在实现经济绩效的普遍能力。它使我们相信,过去一个世纪里,把全人类 1/3 的人从赤贫状态提升到富裕状态的努力,能在更短的时间里,将剩下 2/3 的人带入富裕,或者至少把他们带入迅速的经济发展进程中。

不到两代人以前,也就是第一次世界大战前后,人们理所当然地认为贫困是普遍状况。那时候没人认为经济发展会是常态,而把它看成意外之事。1900 年甚至 1950 年时,人们不会为了印度依然贫困而感到惊讶。事实上,那时候,要是有任何人说到印度的经济发展,都会被看成得了失心疯。真正例外的、令人惊讶的事情,是日本设法成功打破了普遍贫穷状态,走上了发展之路。今天,人们认为没有发展是异常,是"问题"。而且,不管发展多么迅速(如第二次世界大战之后的巴西),人们总觉得它还不够快,因为它没能在一代人里,把整个国家从极端贫困带到舒适的富裕状态。

两代人以前,哪怕是在当时的发达富裕国家,也没人指望贫困会消失。19 世纪和 20 世纪之交,在当时全世界最富裕的城市伦敦,查尔斯·布斯(Charles Booth)对穷人进行了第一次系统化调查。他的描述和说明,让今天的人简直不敢相信。如今能与之相比的恐怖故事,大概只会出自加尔各答。可在与之同时代的人看来,19 世纪 90 年代伦敦穷人的状况,与 20 年前马克思的合作伙伴恩格斯描述和说明的状况相比已经富裕了太多。

那时的人认为,富裕之中存在贫困是理所当然的,而这一点,今天的人们认为是最触目惊心、最无法接受的。在 19 世纪或者 20 世纪初,前工业化移民进入工业城市，人们觉得他们理所应当贫困、凋敝、无能和悲惨。1900年前后，在已经工业化的英国兰开夏郡，在正在走向工业化的奥地利维也纳，没人指望当地贫民窟会迅速换上新的容颜。所有人无非指望对最贫苦的人多发些善心，多给些慈悲。充其量，有人试图帮助极少数有非凡天赋和个人雄心的孩子摆脱最贫苦下贱的地位。

美国黑人近期的经济和社会发展，在此前的社会和经济史上找不到类似的例子。短短20年，也就是1950～1970年，2/3缺乏准备、最弱势的前工业移民进入了现代文明，从极端贫困跻身中产阶级。他们获得了能力，拥有了就业机会。他们的孩子，较之前代移民（如并无"种族"障碍的意大利人或波兰人）有了更高的比例获得高等教育。

诚然，美国黑人是个很特殊的问题。尽管如此，半个世纪之前被视为极大的成功，半个世纪之后却成了严峻的失败，前后的迥然变化说明成功何其深刻地改变了人们的期待。就连过去相当富裕的"中产阶级"人士，也享受不到我们今天习以为常的生活质量。

19世纪末修建的公寓楼，至今仍屹立在欧洲大多数城市。它们简直算不上"良好的住宅"——空气流通不畅，采光糟糕，房间窄小，5层楼高却没有电梯，只有"客厅"才有取暖设备（一个烧煤或木炭的炉子），七口之家共用一间又小又脏的浴室。可它们是为当时新兴的中产阶级修的。医疗保健几乎没有，小学以上教育属于特权，报纸更是奢侈品。不管今天大城市的汽车造成了多么严重的环境问题，马匹都更脏，闻起来更臭，踩死踩伤的人更多，而且一样会拥堵在街道上。至于农场的生活，即绝大多数人的生活，更贫困，更肮脏，更野蛮，对生命和肢体也更危险。

迟至1900年甚至1914年，生活质量都是极少数富人才关心的问题。对所有其他人而言，生活质量是"空想"，只有卖出千百万册的浪漫爱情小说里才能允许存在。现实是为了一丁点食物、一份沉闷工作，以及存够钱买棺材的麻木的日常挣扎。

因此，我们有了余力担心生活的质量，本身就是极大的成功。企业领导群体过去成功地为人们提供了日常生活必需品，如今，我们将希望寄托在他们身上，认为他们应当为改善民众生活质量承担责任，也是很自然、很合理的。

要求大学承担社会责任，在很大程度上也可以用同样的理由来解释，因为大学同样是 20 世纪的一个伟大的成功故事。

"既然科学能告诉我们怎样把宇航员送上月球，"20 世纪 60 年代的学生积极分子们一次又一次地说，"它肯定能告诉我们怎样造就美好的环境，让我们的城市免受毒品折磨，让婚姻幸福，让孩子们喜欢上学。如果它没能做到，唯一的解释必然是'错误的价值观优先性'，要不然，就是恶毒的阴谋。"

诚然，这些观点太过天真，但它们并非毫无道理。社会责任的喧嚣浪潮，提出的期待太高了，但它期待的方向是正确的。它的根源不在于对权威的敌视，而在于对管理者和管理层非常有信心。

对政府的祛魅

伴随而来的，首先是对政府的日益祛魅，对政府解决重大社会问题能力的日益怀疑。

仅仅一代人以前，如今要求企业（或大学）承担社会责任的民众，还期望政府能够照料各种社会问题，甚至每个人的各种问题。各个国家也都面临着强大的压力，要求政府开展越来越多的项目，但对政府越来越高的支出和税负，民众又有着越来越大的抵触情绪。哪怕是最狂热的政府支持者，哪怕是在仍然尊重政府、信任政府的国家，如日本、瑞典和德国，也都不再真正期待结果了；哪怕是强大政府最狂热的拥护者，如今也不再相信问题到了政府手里就能解决。由此，对这些问题最为关心的自由主义者和进步主义者，一代人以前，聚集在"更多的政府"大旗下，如今越来越多地开始指望其他领导群体、其他机构和企业，将政府应该却未能解决的问题接过手来。

最先提出企业应当接管美国大城市贫民窟复兴工作的是罗伯特·肯尼迪，而不是美国制造商协会。最坚定相信政府行动，也最受人敬重的倡导者，美国顶尖工会理论家，哥伦比亚大学已故的弗兰克·坦南鲍姆（Frank Tannenbaum），在1968年春天，在他生命的尽头，宣称跨国公司是和平世界"最后的希望"和唯一的基础。

新的领导群体

总而言之，要求企业承担社会责任，正是因为企业的管理层接替了社会的领导地位。

在20世纪，社会重要机构的管理者，成为每一个发达国家（以及大多数发展中国家）的领导者。原有的领导群体，不管是贵族还是神职人员，不是彻底消失，就是变得无足轻重。就连科学家（在第二次世界大战后变成了"圣职"）也失去了大部分威信。此后浮出水面的唯一新领导群体是管理者，企业、大学、政府机构和医院的管理人员。他们指挥着社会的资源，他们也指挥着能力。因此，期待他们承担领导之职，为重大社会问题和议题承担责任，是唯一合乎逻辑的思路。

这些变化（管理者成为主要的领导群体，对政府的日益祛魅，关注焦点从生活必需品转到生活的质量）带来的结果是，要求管理者将社会作为运营企业核心考量的呼声渐盛。它要求将生活质量作为企业的业务。传统方式问的是："我们该怎样安排汽车（或鞋类）制造，以免侵犯社会的价值观及信仰，以免侵犯个人及其自由，同时追求社会整体的利益呢？"而新的要求则呼吁企业生产社会的价值观及信仰，为个人创造自由，带来良好的社会。

这种需求要求管理者采取新的思维和新的行动。不能用传统方式来处理它，也不能用公共关系来处理它。

公共关系问的是企业或行业是否受人"喜欢"，是否得到"理解"。因此，公共关系会担心黑人权力运动的倡导者指责自己靠贫民窟牟取利润，黑人大概不喜欢所有的白人建制（establishment），同样也不喜欢企业。但真正重要的是，黑人权力运动的领袖期待企业为贫民窟的就业、教育和住房施展魔法，他们期待奇迹一夜之间实现。故此，切题的问题应该是："企业能否解决这些巨大的问题？怎样解决？企业应该解决这些问题吗？"可公共关系并不具备回答这些问题的能力。

警示故事三则

这些日子，书籍和杂志上满是"企业不负责任""贪婪"和"无能"的恐怖故事。毫无疑问，有不负责任、贪婪和无能的管理者，也有不负责任、贪婪和无能的企业。毕竟，管理者也是普通人类。但社会责任的真正问题不在于不负责任、贪婪和无能。如果问题仅此而已，那很容易解决。制定行为标准，要他们遵照执行就好了。遗憾的是，社会责任的基本问题不是这些。真正的问题是良好的用心、高尚的行为和高度的责任出了错。

以下有三则"警示故事"可用来说明。

联合碳化物公司折戟于西弗吉尼亚州的维也纳镇

随着美国长期支柱产业煤炭行业的衰落，20世纪20年代末，一度欣欣向荣的西弗吉尼亚州经济迅速下滑。再加上人们对矿山事故和矿工疾病的日益关注，煤炭行业加速走向萎缩。西弗尼亚州有许多煤矿的规模很小，无力负担现代安全防范措施，也无力为工人提供足够的健康保护。

到了20世纪40年代后期，知名的工业企业开始为该地区经济稳步收缩感到惊慌。联合碳化物公司是美国一家大型化工公司，总部设在纽约。但公司最初的一批工厂仍以西弗吉尼亚州的煤矿为基地，除了少数几家大型煤矿企业，它当时仍然算得上该州最大的雇主。因此，公司的最高管理层聘请了几名年轻的工程师和经济学家，为在西弗吉尼亚州创造就业的计划做准备，公司还打算在该州失业最严重的地区兴建新的厂房，也请他们选择厂址。然而，对失业状况最严重的地区，即西弗尼吉亚与俄亥俄州接壤的西部角落，规划者想不出什么具有吸引力的项目，可这个地区最迫切需要就业机会。在西弗吉尼亚的小镇维也纳周围，人们彻底失业，也看不到有什么新兴产业崛起的势头。唯一能放在维也纳地区的工厂，是一家合金铁厂，但它的生产流程已经过时，与联合碳化物公司竞争对手们采用的新型流程比起来，成本劣势极大。

即使采用老工艺，从经济上看，维也纳镇的位置也基本不合算。生产流程需要消耗大量质量尚可的煤炭，但这个地区唯一可用的煤炭硫含量过高，未经昂贵的处理和洗涤根本不能用。再加上，就算做了大规模的资本投入，生产流程仍然有很大的噪声，很脏，排放出大量粉尘和有害气体。

此外，仅有的交通设施（公路和铁路）不是在西弗尼亚州，而是在河对岸的俄亥俄州。然而，如果把工厂设在那里，当地的主要风向是西风，会把发电厂烟囱排出的粉尘和二氧化硫直接吹到河对面的维也纳镇。

然而，维也纳的工厂本身能为该镇带来1500个就业机会，不太远的煤田还能提供500~1000个就业机会。此外，新煤田能够露天开采，所以，相较于该地区濒临开采一空的旧矿区，新的矿区工作岗位没有日益严重的事故和健康危害。联合碳化物公司高层管理人员得出的结论是，尽管经济上不够划算，但社会责任要求自己建设新工厂。

工厂一修建，就安装了当时最先进的新型防污设备。那时候，大城市的发电厂尚可容许烟囱排放一半的粉尘，维也纳的工厂却安装了能过滤75%粉尘的除尘器，但对高硫煤排放出的二氧化硫气体，别无他法可以处理。

1951年，工厂开张时，联合碳化物公司是大英雄，政治家、公众人物、教育工作者纷纷赞许公司承担了社会责任。但10年之后，从前的救世主迅速变成了全民公敌。随着国民对污染日益重视，维也纳的市民开始越来越苦涩地抱怨灰尘、煤烟，还有从河对岸飘进镇上和家里的浓雾。1961年，新市长凭借"对抗污染"的宣传口号当选，也就是说，要与"联合碳化物公司战斗"。又过了10年，工厂成为"全国丑闻"，就连对企业没有敌意的《商业周刊》也发表了名为"污染企业尝下苦果"（A Corporate Polluter Learns the Hard Way，1971年2月号）的文章，批评联合碳化物公司。

毫无疑问，联合碳化物公司的管理层表现得不怎么聪明。早在20世纪60年代初，他们就应该意识到自己陷入了困境，他们不应一味拖延推诿，做出承诺却又违背诺言，直到公民、州政府、媒体、环保人士和联邦政府都拿出了大口径枪炮朝公司开火。多年来都说工厂没什么过错，等政府机关发脾气之后，又宣称工厂因为不符合环境标准，早该关门，这也很不明智。

然而，这并不是这一则警世故事蕴含的基本教训。早在公司决定采用过时的生产流程兴建经济上不划算的工厂，以缓解衰败地区的失业问题时，后果就多多少少算是注定了。这一决定意味着工厂赚不到足够的钱来更新设备。光凭经济理由就该放弃兴建该工厂，这一点是没有太大疑问的。公共舆论迫使联合碳化物公司在工厂投入了大量资金，补救严重的污染问题，但现存技术除了打打补丁之外还能干些什么，很值得怀疑。公共舆论还强迫联合碳化物公司继续让工厂生产。可一旦聚光灯转到其他地方，就算工厂继续开着，西弗吉尼亚州维也纳地区的大部分工作也很可能再度消失。

斯威夫特败走阿根廷

多年来，阿根廷布宜诺斯艾利斯港口区的斯威夫特（Swift）肉类包装厂都是该国最大的肉食包装厂，它还一直是布宜诺斯艾利斯贫困地区的最大雇主。公司原本是芝加哥斯威夫特的下属企业，第二次世界大战后不久独立出来（不过仍为美方所有）。

但第二次世界大战后，阿根廷肉类加工工业在黑暗的日子里走向了沉沦，一部分原因在于政府的措施削减了供给，抬高了阿根廷牛肉的价格，让阿根廷牛肉在世界市场上丧失了竞争力，剥夺了肉类包装商的原材料来源，斯威夫特的利润越来越稀少。1968年，公司原业主最终把它卖给了一家加拿大"跨国公司"德尔泰克（Deltec），后者活跃在拉美众多地区，主要从事金融服务业。德尔泰克迅速着手更新斯威夫特工厂的设备，让它再度变得具有竞争力。可惜阿根廷的肉类包装行业继续走下坡路。

斯威夫特的两家主要竞争对手（均为外商独资），20世纪60年代末都决定停业。它们按照阿根廷法律偿付了工人，彻底退出。可德尔泰克考虑到自己在拉丁美洲的许多其他利益，认为自己负担不起这么做带来的连锁后果，它必须在一个失业率高得离谱的地区维持工人的就业。德尔泰克和工会达成了协议，大幅削减岗位，极大地提高了生产力。公司为工厂倾注了大量资金，利用自己的金融关系从外资银行获得贷款。可阿根廷的肉类业务仍然没有起色。

到1971年，斯威夫特用完了德尔泰克提供给它的所有资本，仍然无法回到具有竞争力的盈利轨道上。于是，斯威夫特和债权人（包括公司的员工）拟定了一份自愿协议，在宽限期内全额偿还所有债务，德尔泰克是最后才需考虑的债权人，很可能收不回任何款项。86%的债权人接受此协议，远超法律规定的比例。但出乎所有人的意料，阿根廷的法官（人们曾以为只是走走过场罢了）却推翻了这一协议。他认为德尔泰克以不当的方式获取斯威夫特，宣布斯威夫特以阿根廷方式破产，责令其进行清算，并请阿根廷政府指定清算人。换句话说，他没收了公司及其财产。他不仅否认了德尔泰克作为债权人的一切权利，还扣押德尔泰克持有的其他所有阿根廷公司，为斯威夫特对阿根廷债权人欠下的债务担保。

法官采取这一行动，并不出于任何公众压力，也不出于任何法律压力。斯威夫特的工人，尽管是阿根廷最激进工会的会员，也完全支持德尔泰克。可这一决定在阿根廷大受赞赏，哪怕是怎么看也不可能反企业、反美的人也支持。"其他的外商独资肉类包装商，"好多人这么说，"在该停业关厂的时候做了正确的事情，既然无法继续经济地运营，就遣散了工人。德尔泰克试图继续经营，抬高了期待，只可惜，它是注定要辜负这份期待的。"

公民权利和贵格会良心

20世纪40年代后期，美国一家大型钢铁公司为南部分公司指派了新的总经理，该分公司位于南部"白人至上"观念最强烈的地区。传统上，这家分公司所有高层管理职位一直由南方人把持。新经理是个北方人。此外，他还是费城贵格会一个古老家族的后裔，活跃于多家民权组织。

任命确定之后，最高管理层把他叫来说："我们知道自己在做什么，也知道自己为什么要任命你。可以肯定地说，你的绩效促成了这次晋升。但你同时也是个北方人，你致力于黑人就业平等事业。而这，既是美国法律的规定，也是工会与我们的契约要求。我们都知道，南方分公司从未带给黑人平等的就业机会。不管是什么岗位，黑人再熟练，工资也都仅限于'帮手'水平。在这方面，我们在南方从来没能取得过最初步的成效。但我们知道，这样的做法，我们再也找不到理由开脱，也再无法维系下去了。所以，我们期望，你能按照本国法律和工会的要求，尽快为黑人员工的公民权利做些事，争取让代表我们工人利益的工会高层人士给予支持合作。我们知道,你在好几家民权组织都与他们有交往。"

新任总经理用了差不多一年时间,获得新同事们的认可,在当地社区打开名气,与厂里的工会领袖建立友好关系。这时,他看到机会来了。工厂的扩建厂区很快要开业了,新的炼钢炉需要招募大量人手。新任总经理严格执行了工会合同的聘用条款。于是,好些(但比例仍然很小)具有高技能的资深黑人员工在班组里当上了领头的,但没有一例白人员工资深权利遭到剥夺的情况,也没有任何白人在黑人主管手下工作。

新员工安排表按照工会合同张贴后的当天早晨,当地工会领袖派人来拜访总经理。"你知道厂里有太多冤屈了,"他们说,"它们拖了太久,得不到解决。我们的人耗尽了耐心。我们要罢工36个小时。但我们不希望表现出不合情理的样子。如果公司采取善意姿态,我们就推迟罢工。你只需要推迟本次人员安排,让我们在监督之下重新配置新的炼钢炉班组的人手就行了。还有,按合同要求,这是我们的正式罢工通知。"

总经理首先想联络工会的主席和法律总顾问。可莫名其妙地,两个人都找不到,他们的秘书也不知道该怎么联系他们,或者,他们什么时候回来。㊀然后总经理又想到自己的一个老朋友,那人是贵格会的"贤者",在种族关系,尤其是黑人就业机会的事情上很"激进"。但大大出乎总经理的意外,"贤者"一点儿也不同情他的困境。"对黑人的就业歧视完全是非法的、不道德的、有罪的,这我完全赞同你,"贤者说,"但是,你所做的事情尽管合法,却同样不道德。你利用大公司的经济力量,将你的道德观和价值观强加给你所在的社区。你的道德观和价值观都很正确。尽管如此,你仍然是在运用企业的经济实力、雇主的权力,以及你的职位的权威,去左右、支配这个

㊀ 工会的主席和法律总顾问都应是白人,工会的大部分成员也是白人。因此,这两个本应负责的人"没了踪影",意味着他们知道底层白人员工与黑人员工的矛盾难以解决,自己一方在法律上有理亏的嫌疑,所以避而不见。——译者注

社区。不管出于多么善意的用心，这始终是不能宽恕的'经济专制主义'。"

总经理辞了职，重新在北方找了一份工作。钢铁公司悄悄放弃了原先的人员安排。钢厂继续经营。不用说，几年之后，公司遭到了苛刻的批评，工会的首席法律顾问也参与进来，大声谴责公司未能在种族问题上肩负起领导之责。批评控诉说，身为社区里最大的雇主，公司有社会责任不再纵容不合法、不道德的做法。

管理者：社会责任的领导群体

显然，对社会责任的要求并不像大多数同主题的书籍、文章和讲演里说的那么简单。但一如杰出的芝加哥学派经济学家米尔顿·弗里德曼（Milton Friedman）所指出，忽视社会责任是不可能的。无疑，弗里德曼主张企业是经济组织，应当坚守经济任务，这一点得到了很好的理解。但社会责任破坏经济绩效，进而破坏整个社会，这种危险的确是存在的。企业管理者在没有合法权力的领域夺取权力，强行履行社会责任，当然也是一种更大的危险。

但它同样清楚的是，社会责任不能回避。它不仅仅是公众的需要、社会的需要。确切地说，现代社会里，除了管理人员，没有其他的领导群体。如果我们的主要机构尤其是企业的管理者，不为共同利益承担责任，其他任何人就更不会也不愿意承担了。在多元化的组织社会中，政府不能够再充当"君主""捍卫共同利益"，尽管政治理论上仍然这么说。这种社会的领导群体，即主要机构的管理者，必须彻底想清楚自己能够并应当在什么样的领域，为了什么样的目标承担什么样的责任，不管他们愿不愿意，也不管他们是否胜任。

如果这些警示故事有什么道德寓意的话，它肯定不是要说社会责任既模糊又危险，而是在社会影响和社会责任的领域，企业（不光是大企业）必须想清楚自己的角色，设定目标，发挥绩效。社会影响和社会责任，必须给予管理。

第24章 社会影响和社会问题

不管是企业、医院还是大学，社会责任主要来自两个方面。其一源自机构的社会影响，其二出自社会本身的问题。两者都值得管理层关注，因为管理者所管理的机构为社会和社区所必需。但这两个方面是不同的。与前者相关的，是机构对社会做了些什么。与后者相关的，是机构能为社会做什么。

现代组织的存在是为了向社会提供特定的服务。因此，它必然根植于社会。它必然根植于社区，必然有邻居，必然要在社会环境下开展工作。它同样还需要雇用人来完成工作。现在组织的社会影响，不可避免地要超出它所做的具体贡献的范畴。

医院的目的不是雇用护士和厨师，而是照料患者。但为达到这个目的，它需要护士和厨师。于是，这些人立刻构成了工作社区，有自身的社区任务和社区问题。

铁合金工厂的目的不是制造噪声、排放有毒烟雾，而是为顾客提供高性能的金属。但为达到这个目的，它会产生噪声、产生热量，并排放烟雾。

没有人希望制造交通拥堵，但如果一个地方雇用了许多人，他们又必须同时来同时走，交通拥堵就成了完全出乎意外但又不可避免的副产品。

这些影响是组织目的附带的东西。在很大程度上，它们是不可避免的副产品。

反过来说，社会问题是社会机能失调，与组织及其活动的影响无关。

相反，企业一直认为南方原来存在的种族问题是工业化和经济发展的重大阻碍。它是外部条件，任何在南部社会经营的机构都不得不遵循。同样，阿根廷的斯威夫特，或阿根廷所有的肉类包装商，并未导致阿根廷畜牧业的长期衰落，也并未导致由此而来的布宜诺斯艾利斯港口失业率高居不下。恰恰相反，企业是要与导致衰落的政府政策做斗争。

不过，无论是在南部经营的美国钢铁公司，还是阿根廷的斯威夫特，都难免受到关注。这些问题是企业存在其中的社会和社区沾染的退行性疾病，是有毒废物。由于机构只能在社会环境下存在，并且是社会的器官，这类社会问题也会影响企业。一如钢铁公司的例子，就算当地社区自己认为没有问题，还抵制一切解决问题的努力，企业也会受到关注。

在病态的社会下，健康的企业、健康的大学和健康的医院都不可能发挥所长。健康的社会对管理层是有好处的，哪怕社会弊病的成因与管理层的决策毫无关系。

对企业影响要肩负责任

人要为自己所带来的影响（不管是有意为之还是无意为之）承担责任，这是首要规则。毫无疑问，管理层要为组织的社会影响负责，它们是管理层的事情。

在第23章关于联合碳化物公司的故事里，社区对公司大感愤怒的主要原因，大概不在于公司所造成的污染。当地社区以及联合碳化物公司都知道，污染是生产的附带过程，可当地社区的工作岗位，又不折不扣地依赖生产。但是，社区怀恨的原因在于，联合碳化物公司多年来都拒绝承担责任。这的确是不负责任。

因为人要对自己的影响负责，就会将影响限制在最低限度。有着自身目的和使命的机构对外影响越小，它就能更好地引领自己，对自己的行为更好地负责，更接受自己的公民、邻居和贡献人身份。非根本性的、不是自己特殊目的和使命造成的影响，应该保持在绝对的最低限度。就算看起来有益，也在人职能的正当边界之外，故此迟早会遭到他人的反感、排斥，甚至被视为强加于人。

促进员工社区自治之所以符合管理层的利益，一个主要原因在于工厂的社区职能是企业目的所附带的环节。它们对企业而言并非根本。企业的存在是为了生产鞋子或糖果，或是设计保险政策。除了完成工作所必需的控制，其余的控制都是主要职能的附带品。它属于影响范畴。因此，倘若不能彻底消除，也应当控制在最低限度。

在最好的情况下，影响也是一种滋扰。碰到最坏的情况，影响甚至有害。影响永远不会有什么好处。事实上，影响总是自带着成本和威胁。影响消耗资源，烧毁、浪费原材料，至少也占用了管理精力，而它们又并没有增加产品的价值，也没有提高客户的满意度。它们是"摩擦"，即非生产成本。

但即使是轻微的影响，也可能演变成"危机"和"丑闻"，给忽视自身影响的企业和其他机构带来严重的损害。昨天看起来还完全无害甚至受人欢迎的事情，今天突然就成了冒犯，引得舆论哗然，成了重要问题。除非管理层对影响承担责任，深思并拟定最佳解决办法，否则，政府会针对"贪婪的企业"或"不负责任的大学"制定惩罚或限制性法规，公众也会大肆批评。

光说"公众并不反对"还不够。毕竟，说应对此类问题的行为"不受欢迎"，会遭到同事的"怨恨"，没人要求，这完全不够。社会迟早会把这类影响视为对自己诚信力的攻击，向那些不负责消除影响、不负责寻找问题解决途径的组织索取高昂的代价。

下面有一些例子。

20世纪40年代末50年代初，一家美国汽车公司试图向公众灌输安全意识。福特推出了汽车安全带，但汽车销量出现了灾难性下跌。公司无奈放弃了安全带，打消了整个念头。可15年后，美国开车的公众具备了安全意识，就猛烈批评汽车制造商"完全不关注安全"，是"死亡贩子"。这导致了保护公众、惩罚汽车企业的立法。

几家大型电力公司多年来都希望让各州公共事业委员会批准使用低硫燃料和烟囱内置清洁设备。委员会反反复复地劝阻它们，论点是公众有权以尽量最低的成本使用电力。委员会指出，按照本州的法律，更昂贵的燃料，或是为清洁烟雾而进行资本投入，都不可能以合法费用的形式列入电费基数。可等到空气污染最终成为公众关注问题时，这一批电力公司遭到了"罔顾环境"的严厉斥责。

公共服务机构同样会为忽视影响（或者认为影响微不足道）付出代价。哥伦比亚大学就因为没有为一项自认为无关紧要的影响承担责任，几乎遭到了灭顶之灾。1968年，一轮爆炸几乎掀翻了哥伦比亚的地基。引发爆炸的由头，是一件几乎完全无害的琐碎小事：按照兴建新校园的计划，体育馆将对大学学生和哥伦比亚周边黑人贫民区的居民同等开放。但爆炸的原因埋得深得多：哥伦比亚校方和部分教员相信，一家自由教育机构无须关注与黑人贫民区的邻里关系。

社会影响的另一个例子是企业"太大"，无从考虑自身利益和社区利益。过大的企业，尤其是对当地社区过大的企业，既构成了对社区的威胁，也构成了对自身的威胁。因此，管理层有义不容辞的责任纠正涉及企业（或者大学、医院等）利益的局面。忽略问题，就等于把自我、权力的欲望、虚荣放在机构和社会利益之上，这是不负责任的。

识别影响

因此，管理层的首要任务，是冷静和实事求是地识别影响、预测影响。问题不是"我们做得对不对"，而是"我们所做的事，是社会和客户付钱要我们去做的吗"。如果一项活动与机构的目的和使命不相融合，就可视为不可取的社会影响。

这听起来很容易，实际上非常困难。最好的例证是"技术评估"的问题，即在新技术推出时识别它的社会和经济影响。

近年来人们对技术评估（提前预测新产品的影响和副作用）极有兴趣。美国国会已经设立了技术评估办公室。这一新机构要预测哪些新技术可能变得很重要，大概会有什么样的长期效应。接着，它要为政府提出建议，哪些新技术值得鼓励，哪些新技术需要加以阻止（甚至完全禁止）。

这种企图只会以惨败告终。这种技术评估，恐怕会让政府对错误的技术加以鼓励，阻挠我们需要的技术。新技术的未来影响则几乎总是超出任何人的想象。

滴滴涕（DDT）就是一个例子。第二次世界大战期间，为保护热带地区美军士兵免受携带病毒的昆虫叮咬，人们合成出了这一产品。后来，一些科学家设想，利用这种新的化学品保护平民。但研究滴滴涕的那么多人里，没有一个想到将这种药物用来控制农作物、森林或牲畜的虫害。如果光是按照最初开发的意图（保护人类）来使用滴滴涕，它绝不可能造成环境危害，因为在20世纪60年代中期滴滴涕使用的高峰时节，这一用途仅占总用量的5%～10%。农民和林农未经科学家的帮助就看出，滴滴涕能杀灭士兵身上的虱子，也能杀灭植物上的虫害，结果，滴滴涕对环境造成了大面积危害。

另一个例子是发展中国家的人口爆炸。滴滴涕和其他杀虫剂是导致人口爆炸的一个因素，新的抗生素也是。可杀虫剂和抗生素是独立开发的，"评估"这两种技术的人，没有一个能预见到两者结合带来的后果。但启动人口爆炸的另一个更重要的因素是婴儿死亡率的大幅下降，而这一点，又是两种极为古老、无人关注的技术导致的。其一是粪便与水源分离的基本公共卫生措施——早在亚历山大大帝之前，马其顿人就知道了。其二是给门窗加装纱帘，1860年前后由一位不知名的美国人发明。第二次世界大战结束后，落后的热带村庄突然应用上了这两种技术。两者结合，成为人口爆炸的主要原因。

与此同时，还有一些专家预测要发生，事实上却从未出现的技术影响。"私人飞行热潮"就是一个例子，专家们预测在第二次世界大战期间及过后不久就会出现。他们说，私人飞机（业主自驾）很快会寻常可见，就与第一次世界大战之后的T型车一样。事实上，专业的城市规划师、工程师和建筑师都建议纽约市别建第二条林肯隧道，别在乔治·华盛顿大桥新建第二座平台，而是在哈德逊河西岸建大量的小型机场。这一技术评估，只需要相当基础的数学就可加以反驳：没有足够的空域可供飞机通勤。但所有专家都没想到这一点，没人意识到空域是有限的。与此同时，几乎没有专家预见到商业航空运输的扩张，最初开发喷气式飞机时也没人预见到它能实现大规模航空运输，会有许多人搭乘大型喷气式客机，在一天之内飞越大客轮要用一个星期才能航行完的大西洋。当然，人们预见到了跨大西洋的出行会有迅速增长，只不过以为交通工具仍然是船只而已。所以，北大西洋各国政府忙着给兴建超豪华邮轮提供巨额津贴的岁月，乘客却冷落了邮轮，转而乘坐新型喷气式飞机了。

几年后，专家又告诉我们，自动化将带来巨大的经济和社会影响——直至今天，仍几乎没有。计算机的故事更加怪异。20世纪40年代末，还没有任何人预测到企业和政府会应用计算机。尽管计算机是"科学上的一项重大革命",但每个人都"知道",它的主要用途会是在科学和战争领域。因此,当时进行的最广泛的市场调查研究得出的结论是,到 2000 年,全世界最多只能容纳 1000 台计算机。现在,区区 30 年之后,世界各地就安装了大约 25 万台计算机,大部分还做着最平凡的簿记工作。接着,企业购买计算机用于工资和计费的趋势明朗了几年以后,专家预测,计算机会取代中间管理层,故此,在行政总裁和生产线主管之间不会再有其他任何级别。20 世纪 50 年代初,《哈佛商业评论》刊载的一篇文章里流传出了一句被广为引用的话:"中间管理层会遭到淘汰吗?"面对这个问题,杂志响亮地回答:"是。"恰在此时,中间管理层岗位的巨大扩张拉开了序幕。过去 25 年,在每一个发达国家,中层管理岗位的增长速度都是总就业的 3 倍,而这一发展趋势,又与计算机应用的发展趋势同步推进。20 世纪 50 年代初,听信技术评估的人一定会废除研究生商学院,因为它有可能带来一大堆找不到工作的毕业生。幸运的是,年轻人不信这一套,为了获得计算机帮忙创造的良好就业岗位,如潮水般涌进了商学院,学生人数创下纪录。

不过,尽管没人预见到计算机对中层管理岗位的影响,每一位专家都预测计算机对企业战略、企业政策、规划和最高管理层将产生巨大的冲击,但迄今为止,计算机未对上述任一领域造成哪怕是最微不足道的影响。与此同时,没人能预见到,20 世纪五六十年代企业政策和战略上出现的真正革命:合并浪潮和企业集团化。

不管是在技术上也好,还是在其他任何事情上也好,没有一个凡人是有预见天赋的。但还不仅仅如此,技术影响其实比大多数其他发展更难以预测。首先,如人口爆炸的例子所示,社会和经济影响几乎总是大量因素结合起来导致的结果,这些因素不见得都是技术性的。这些因素,每一种都有独立的起源、发展、动态,也都有相应的专家。一个领域的专家,如流行病学领域的专家，从不会想到植物害虫。抗生素专家关注的是治疗疾病，而出生率爆炸的主要原因，是古老的基本公共卫生措施。

但同样重要的是，人不可能预测到什么样的技术有可能变得重要并产生巨大影响，什么样的技术会不了了之（如"会飞的 T 型车"），对社会和经济的影响微不足道（如自动化）。哪一种技术会产生社会影响，哪一种技术会始终仅限于技术，更加难以预测。最成功的技术先知儒勒·凡尔纳（Jules Verne）提前 100 多年预见到了 20 世纪的大量技术（尽管同时代的科学家或技术专家没有几个把他当回事的），但他完全不曾预见到社会或经济影响，在他的脑海里，维多利亚中期的社会和经济一成不变。反过来说，经济和社会先知在技术预测方面可谓成绩最惨淡。

因此，技术评估办公室唯一的作用恐怕就是保证大量末流科幻作家的充分就业吧。

需要技术监测

然而，我们自以为能预见新技术影响的幻觉，会让我们忽视真正重要的任务，这才是真正的大危险，因为技术确然会带来各种重大的好坏影响。它们不需要预言，它们需要的是，技术一经有效执行，就仔细监测其实际影响。1948 年，几乎没有人正确地看到了计算机的影响。时隔五六年，任何人都看得到，也知道了。这时候，人们可以说："不管它的技术影响是什么，从社会和经济上看，它都不会造成重大威胁。"1943 年，没人能够预见到滴滴涕的影响。10 年后，滴滴涕在世界范围内成为农民、育林工、牲畜饲养员的工具，故此成为巨大的生态因素。这时候，就应该开始思考采取什么样的行动，着手开发没有滴滴涕那么大环境影响的新型农药，在食品生产和环境损害之间进行艰难权衡——这些方面，不管是此前放任使用滴滴涕，还是眼下彻底禁止使用滴滴涕的政策，都不曾充分加以考虑。

技术监测是一项严肃、重要而且非常关键的任务，但它不是预言。面对新技术，揣测最多能达到1%的正确率，更大的可能性则是鼓励了错误的技术，或者妨害了最有利的新技术。需要观察的是"发展中"的技术，即已经表现出了实质性影响，足以给予判断、测量和评估的技术。

检测发展中技术的社会影响，首先是一项管理之责。

但同样重要的（而且遭到了主张技术评估论者彻底忽视的）是非技术性影响，即社会、经济方面的创新及发展。它们同样难以预测，要到出现之后才能进行识别、评估和测量。因此，它们同样需要给予监测，而这同样是一项管理之责。

如何应对影响

识别机构的附带影响是第一步。但管理层要怎样应对它们呢？目标很明确：凡不属于机构目的和使命的社会、经济、社区和个人影响，都应控制在最低限度，最好是完全消除。这种影响，不管是在机构内部，还是在社会环境、自然环境上，都越少越好。

只要放弃导致影响的活动就能消除影响的，最好就是放弃此项活动——这实际上是唯一真正良好的解决办法。

对工作社区事务的管理权威和控制，或许是可以采用这种方式的一个领域（放弃控制，放弃权威），而且直接有利于机构和管理层本身。

可大多数情况当中，活动是不能直接取消的。因此，需要系统化地工作以消除影响，或至少将它维持在最低限度，同时又将基本的活动保持下去。

理想的方法是，把消除影响变成一桩有利可图的商业机会。陶氏化学采用的方法就是这样的一个例子。陶氏化学是美国顶尖的化工企业，20多年来都致力于解决空气和水污染问题。第二次世界大战结束后不久，陶氏化学就做出判断，空气和水污染是必须消除的不良影响。早在公众对环境发出抗议之前，陶氏化学就在自家工厂采取了零污染政策。之后，它着手系统地将自己从废气废水中消除的污染物质开发成适于销售的产品，为之创造用途和市场。

杜邦工业毒性实验室属于另一种略加调整的方法。20世纪20年代，杜邦公司就意识到自己的许多工业产品具有毒副作用，于是设立了实验室检验毒性，开发消除毒性的处理流程。一开始，杜邦公司是想消除同时代其他化学制造商视为理所当然的影响。但过了不久，杜邦公司决定把工业产品的毒性控制发展成一项单独的业务。工业毒性实验室不仅为杜邦公司效力，也为其他各种各样的客户开发无毒化合物，检验其产品的毒性等。这样一来，企业实现了同样的目的：把消除影响变成商业机会，从而实现消除影响的目的。

如果需要监管

把消除影响变成商业机会，是始终应当尝试的，但很多时候做不到。更多时候，消除影响意味着增加成本。从前由广大公众买单的"外部因素"变成了业务成本。因此，除非行业中所有人都接受相同的规则，否则消除影响会给竞争带来劣势。在大多数情况下，要整个行业接受相同规则，只能通过监管来实现，而这就意味着要采取某种公共行动。

碰到不增加成本就无法消除影响的情况，管理层有责任提前思考，设计最有可能以最小成本解决问题、为公众与企业带来最大好处的规章制度。努力让正确的规章监管付诸执行，也是管理层的工作。

如果消除影响需要限制性的规章制度，那么监管就符合企业利益，尤其符合负责任企业的利益。如果不对"不负责任者"加以处罚，不择手段、贪婪、愚蠢和巧取豪夺的企业就会占便宜。

期待没有监管，是故意视而不见。

一旦出现危机（诸如汽车行业与汽车安全、供电厂与空气污染之类），最终落到企业身上的处罚会相当高。这种危机总会带来丑闻。它会带来政府的调查，带来媒体的愤怒评议，并最终令大范围的公众对整个行业及其管理层、对相关的产品失去信心。最后，还有惩罚性的立法。

当今的公众是否看出了问题，与此并不相干。事实上，哪怕今天的公众主动抵挡远见卓识的企业领导者预防危机的努力（前文提到的每一个例子其实都是这样），也不相干。企业的不作为总归会酿成丑闻。

跨国石油公司未能提前思考，为"石油特许经营权"失效后寻找出路（第二次世界大战结束后就能清晰地看出它的影响），就是一个例子，还有一个例子是美国产业界未能理清加拿大为保护政治身份、获取资金而有可能采用的外国投资法规。

美国制药行业早在1955年就知道，测试新药的现有规则和程序需要严格审查和更新。这些规则和程序，早在现代特效药（伴随着同样强烈的副作用）上市之前就在撰写。在各发达国家当中，美国一贯有着最为严格的药物法规，但这些法规是否适合全然不同的药理学局面，是否适合医生用药的情况呢？每当有制药公司试图让全行业正视此问题时，俱乐部的其他成员就会让它们闭嘴。高瞻远瞩的创新家被勒令"别捣乱"。据说，有一家公司其实已经设计出了一种全面的新方法和新的监管流程，但它最后还是屈服了，把这些资料埋进了档案堆里。

紧接着出现了"反应停"⊖丑闻。它实际上证明了美国控制系统的效力；欧洲国家一度准许"反应停"用于医疗实践，美国的监管部门却很早就对该药的毒副作用表示关注，迟迟未予批准。因此，美国并未像德国、瑞典和英国那样，出现"反应停"致残的婴儿。尽管如此，这起丑闻还是让美国上下

⊖ Thalidomide，又译作"沙利度胺"或"撒利多胺"。——译者注

对药物测试和药物安全产生了巨大的焦虑浪潮。由于制药行业未能正视这一问题，未能想出合适的解决方案，国会仓促之下通过了严重妨碍新药开发和市场推广的立法，只可惜，这种立法很可能无法预防未来再度出现类似"反应停"的事故。

权　衡

　　解决影响问题的一切办法，都需要加以权衡。超过了一定限度，消除影响会带来比可得利益更大的资金、能源、资源或声明代价。必须做出决策，以实现最佳的成本与收益平衡。通常，行业内的人们都理解这一点。但局外人并不理解，因此局外人提出的解决方案往往会完全忽视权衡问题。

　　人们早就意识到，露天开采煤炭造成自然环境威胁，但从地下采煤变成露天开采，可减少采矿事故，拯救矿工生命，那么，两者的权衡体现在哪里呢？地下开采不可能绝对安全。由于煤尘污染空气，人又必须在空气受到污染的惊吓中作业，地下开采始终存在健康危害。反过来说，露天开采是相当安全的，几乎没有健康危害。生命固然重要，美丽的大自然、河流不受污染同样重要。怎样做出权衡呢？

　　此外，露天开采还需权衡破坏环境带来的成本，以及由于能源稀缺，给就业岗位、生活水平带来的成本，住在寒冷房屋造成健康危害的成本，还有黑暗街道的安全成本等。

　　管理层未能正视影响、进行恰当权衡会造成什么样的结果，可以参考美国在汽车排放方面的经验。

　　第二次世界大战结束后，"雾霾"一词在洛杉矶家喻户晓，汽车行业就已经知道需要对汽车排放进行控制了。但汽车行业却依靠公关告诉公众，无须为雾霾担忧。到了20世纪60年代，公众突然恐慌起来，并强行通过了激烈的排放控制法。新的控制装置是否能实际减少污染，本身相当值得怀疑。它们固然能减少原有污染物的排放（倘若控制设备得到精心维护的话），但同时也造成了大量新污染。它们大大提高了驱动汽车所需的能量，所以会消耗更多的汽油，而这就要求更多的石油精炼，石油精炼则是污染最大的一项工业活动。与此同时，它们还大幅增加了汽车和汽车保养的成本。正确的权衡应该是怎样，我们不知道，因为汽车行业没能做好它的本分。但业界和公众，都将付出代价、受苦受害。

如果管理层在爆发丑闻之前就寻找解决办法，公众会很欢迎。这是美国经济发展委员会（Committee for Economic Development）成立20年以来得出的经验，也是面对影响承担责任，根据自己的知识、能力，让最优秀员工严肃待之的所有企业和行业团队所得出的经验。

大多数管理者知道这一点，但他们总是不切实际地希望问题自动消失。他们总是把思考往后拖，采取行动就更是磨磨蹭蹭。他们最多是做一些演讲。他们总是在失败之后采取补救行动。

对社会影响承担责任，是管理者的责任——不光因为这是社会责任，更因为这是企业责任。最理想的情况是把消除影响转换为商业机会。但如果做不到，管理层的任务就是设计适当的规章，做出最佳的权衡，推动公众对问题的讨论，提出最佳监管途径。

社会问题是商业机会

社会问题是社会的功能失调，至少也是潜在的政治体退行性疾病。它们是弊病。但对机构（首先是商业机构）的管理层来说，它们代表了挑战。社会问题是机会的重大来源。因为企业的职能（以及其他主要社会机构的职能，只是程度较轻）就是满足社会需求，同时将解决社会问题的途径变成商业机会，服务于自己的机构。

把变化转变为创新，转变成新的业务，是企业的工作。只有蹩脚的管理者才认为创新仅限于技术范畴。贯穿商业史，社会变革和社会创新与技术至少是同等重要。在很大程度上，19世纪的重要产业就是把新的社会环境（工业城市）变成商业机会、造就商业市场所得到的结果。照明灯具（最先使用汽油，后改用电力）、电车和城际运输、电话、报纸、百货商店，莫不如此。

故此，将社会问题转化为商业机会的重大意义，不在于新技术、新产品和新服务上，而更可能是在解决了社会问题上，即直接和间接地造福或巩固了公司或整个行业的社会创新上。

一些最成功的企业的成功，基本上也是这类社会创新实现的结果。以下是美国的部分例子。

创办西尔斯－罗巴克的朱利叶斯·罗森沃尔德（Julius Rosenwald）这个"城市乡巴佬"，首创了县农业服务局（County Farm Agent），并连续多年提供资助。他识别出的社会问题是，20世纪初构成美国一半人口的农民仍然贫困、无知和与世隔绝。知识能提高农民的生产力，生产出正确的东西，并从可用的努力中获得更多回报，但农民没有得到知识的途径。正是县农业服务局，而不是什么新技术、新机器或者新种子，成为导致美国农场"生产力爆炸"的主要力量。罗森沃尔德看到了一个真切的社会问题，他也看到了真切的商业机会。因为对西尔斯来说，农民的贫困、无知和与世隔绝是发展的主要障碍。随着农民地位的提高、收入的增长，西尔斯的市场也扩大了。所以，在农民的心目中，西尔斯成了"农民之友"。

福特成立之初的异军突起，把解决社会问题视为商业机会也扮演了重要角色。

第一次世界大战前几年，是美国劳资冲突最为激烈的时期，劳动群众生活艰辛，失业率极高。熟练工人的时薪往往低到了15美分的水平。正是在这样的背景下，福特汽车公司于 1913 年年底宣布，厂里的每一名工人均可获得 5 美元的日薪，是当时市场标准的 2～3 倍。公司的总经理詹姆斯·考森斯（James Couzens）强迫合作伙伴亨利·福特接受了这一决定（福特本人并不太乐意）。考森斯很清楚地知道，自己公司的工资支出一夜之间会上涨为原来的 3 倍。但他确信，工人的日子太过痛苦，只有极为明显的激烈行动才能产生效果。考森斯还预计，尽管工资率上涨为原来的 3 倍，但福特公司的实际劳动成本将大大下降——事实很快证明了这一预见的正确性。在福特汽车公司凭借一声宣告改变整个美国的劳动力经济之前，即 1912 年，该公司的员工流动率非常高，聘用了 6 万名工人，最后只留得下 1 万人。可涨薪之后，员工流动率几乎完全消失了。此举带来了巨大的节约，次年，在所有原材料成本大幅上涨的条件下，福特仍能够以较低的价格制造、销售 T 型车，而且每辆车还能换回颇高的利润。高工资所节约的劳动力成本，让福特占据了市场统治地位。同时，福特的行动改变了美国的工业社会。它从根本上将美国工人确立为社会的中间阶层。

IBM 的崛起，也主要是因为对社会问题发动了正面攻势。在 20 世纪 20 年代经济大萧条的岁月里，IBM 只是一家规模很小、没什么知名度的公司。所以，它的行动无法产生 20 年前福特将工人日薪提高到 5 美元那样的轰动效应。但 IBM 为工人提供就业保障，以月薪代替时薪制，其勇敢和创新程度丝毫不亚于福特。IBM 的行动也以当时的一项重大社会问题为目标，即大萧条给美国工人带去的恐惧、不安和尊严的丧失。它同样将社会弊病变成了商业机会。正是这一举措，为 IBM 的迅速发展提供了人事上的潜力，10 年后，IBM 借此积极挺进全新的计算机技术领域。

再举一个来自欧洲的例子。

奥利维蒂（Olivetti）⊖成长为一家全球顶尖的办公设备生产商，有赖于现在

⊖ Olivetti，也译作"好利获得"。——译者注

已故的阿德里亚诺·奥利维蒂（Adriano Olivetti）的两点洞见。20世纪20年代，在意大利北部小镇伊夫雷亚，阿德里亚诺继承了一家乏人知晓、几乎难以维系的家族小企业。阿德里亚诺·奥利维蒂看出，利用良好的设计能让自己的公司和产品脱颖而出。10年后，奥利维蒂的设计就让公司获得了市场的认可。他又在意大利腐蚀性的阶级仇恨中看到了机会。在伊夫雷亚，他尝试将管理层和工人融合成同一个社区，这带给他惊人的劳动生产力、高品质的生产，以及愿意接受新技术与变革的员工队伍，当然，还有公司的竞争优势和利润率。

在当今社会有一个领域，严重的社会问题或许可以通过将之变成商业机会来加以解决，这就是疲惫、沮丧和"燃烧殆尽"的中年知识工人对第二职业的需求。中年知识工人（即管理人员和知识型专业人士）"在岗退休"、丧失兴趣、凡事走过场，由此带来的隐性成本，恐怕比1913年福特员工流动带来的隐性成本还大。与此同时，这些男男女女的挫败感和无声的绝望，也给社会带来了重大的危险，绝不亚于当年体力劳动者的苦难、痛苦和绝望。什么也比不过成功变成无奈带来的腐蚀性。第一家将此问题视为社会问题并着手解决的公司，兴许能收获累累硕果，就像65年前的福特、50年前的奥利维蒂和IBM一样。

把社会弊病转变成机会，使之有所贡献、发挥绩效，从而治愈社会弊病，绝不单纯是商业企业要面对的挑战，它同样是当今组织社会里其他所有机构的责任。

今天人们常常谈起大学危机，这不是危言耸听，危机确实存在。可在有些地方，有人把它当成机会抓住了。英国的开放大学利用电视让所有愿意学习的人都可获得大学教育。加利福尼亚州斯托克顿一家不为人知的中等规模大学——太平洋大学，正努力建设一种新型大学。它利用了年轻人想要学习，同时也想做负责任的参与者的渴望。

一开始，罗森沃尔德、福特、IBM的沃森和奥利维蒂都遭人嘲笑为空想家。人们告诉他们，他们着手处理的问题，没有人能够解决。10～15年之后，人们又不屑一顾地说，他们的解决方案"一目了然"。回过头去看，正确的解决办法总是一目了然的。但重要的是，这些人和他们的公司发现了重大的社会问题，并且提问："怎样能把它们看成商业机会而加以解决呢？"

任何企业，乃至任何机构，都需要组织创新努力，把社会问题转换成能做出绩效和贡献的机会。

过去25年，有组织的技术研究在各地都很普遍了，而社会创新在很大程度上仍然出于偶然，也是单个创业家凑巧中能碰到的机会。但这种情况已不再适当，在组织社会里，每一个机构都需要像针对技术组织研发力量那样，针对社会和社区充分组织研发力量。管理层必须围绕识别社会和社区的议题、危机和问题进行组织，着手进行创新，将解决办法变为有利可图的机会。

社会的"退行性疾病"

通过管理层行动能够转化为机会的社会问题，很快就不再是问题。但另一些社会问题，则有可能变成"长期的抱怨"甚至"退行性疾病"。

不是所有的社会问题都可以变成能有所贡献、做出绩效的机会来解决的。事实上，最严重的社会问题反而无法采用这种方法。

例如，没有企业可以对美国历史上最严重的退行性疾病——种族问题，帮上什么忙。除非整个社会改变意识和信念，否则种族问题根本无法解决，可等到那一天，已经为时已晚，甚至完全来不及了。再者，就算有一部分管理层愿意解决这样的问题，其他的管理层也不见得愿意效法遵循。解决办法说不定有，但人们尽管知道它，却并不用它。问题始终尖锐，无法解决。

1914～1920年，美国企业必须仿效福特，可这与其说是福特榜样的力量，倒不如说是第一次世界大战导致劳工短缺所致。尽管IBM取得了巨大的成功，仿效它的美国企业却并不多；奥利维蒂也取得了巨大的成功，仿效它的意大利公司更少。

那么，面对这些变成了慢性或者退行性疾病的社会问题，管理层的责任是什么呢？

它们是管理层的问题。企业的健康是管理层的责任。健康的企业和病态的社会难以相容。健康的企业需要的是健康或者至少能正常运转的社会，社区的健康则是企业成功和不断发展的先决条件。

指望朝着另一个方向看，这些问题就会自动消失，未免太过愚蠢。问题消失，只可能来自有人针对问题采取了措施。

面对任何一个此类问题，管理层最好是找一找是否有人曾经对此做过工作。美国企业少有效法IBM者、意大利企业少有效法奥利维蒂者，其实是管理层的失败。它与管理层未能保住技术和产品的竞争力没有太大区别。原因也没有太大区别，都是由于目光短浅、懒惰和无能。

但仍然存在一些艰巨、危险的庞大社会功能失调和社会问题，没人能设计出解决方案，似乎无法将之造就为绩效机会加以解决，甚至没人提出过要这么做。

应该在多大程度上期待企业或者其他有着具体目标的社会机构，去解决这种并不因其影响产生，又无法转换成机构目标与使命的绩效机会的问题呢？应该在多大程度上准予这些机构、企业、大学或者医院去承担责任呢？

今天的言论往往忽略了这个问题。纽约前市长林赛说："这是黑人贫民窟。没有人知道该拿它怎么办。无论政府、社会工作者或者社区行动怎样尝试，事情似乎都变得越来越糟糕。因此，大企业最好是把责任承担起来。"

林赛市长疯狂地找人接手，这是可以理解的；问题始终得不到解决，的确令人沮丧，对纽约市、对美国社会、对整个西方世界，这都是个重大的威胁。但这就足以让黑人贫民窟问题变成管理层的社会责任吗？还是说，企业的社会责任是有限度的呢？如果有，限度是什么样的呢？

第 25 章 | CHAPTER 25

社会责任的限度

管理者是仆人。身为管理者,你的主人就是你管理的机构,故此,你对它承担首要责任。你的头等任务就是让该机构(不管是企业、医院、学校还是大学)履行职能,做出它存在所为的贡献。借助重要机构负责人的地位,充当公众人物,为社会问题承担领袖之责,而他的公司或大学却因遭到忽视而渐受侵蚀,这样的人不是领导者。这样的管理者是不负责任的,辜负了他人的信任。

机构在具体使命上表现出来的绩效,也是社会对该机构最首要的需求和利益所在。如果机构在具体任务上的绩效能力遭到削弱或损害,社会别无所得,只有损失。机构的首要社会责任就是它履行职能的绩效。除非机构负责地履行职能,否则它履行不了任何别的事情。破产的企业不会是理想的雇主,也不大可能成为社区里的好邻居。它也无法为明天的就业岗位创造资本,为明天的工人创造机会。大学未能准备好明天的领导者和专业人士,那么不管它参与了多少"慈善工作"它对社会都是失职的。

故此，社会责任的第一个"限度"，就是管理者对机构的具体绩效负有更高的责任，因为机构是管理者的主人。商业企业尤其要强调这一点，因为企业是社会的经济机构。社会影响或社会问题的解决途径，会造就社会管理成本（除非将社会问题变成了商业机会，创造出绩效和成果）。如果没有利润，再美好的说辞也无法承担这些成本。它们要么靠当前成本来偿付（也就是由消费者或纳税人负担），要么用资本来偿付（也就是减少未来的工作岗位，降低生活水平）。涵盖成本、积累资本的唯一途径是依靠经济绩效。社会在其他方面的所有满意度，都是靠当前生产与当前消耗之间的盈余来偿付的，即来自经济盈余。

这再次强调了管理者在如下方面的责任：预见问题、理清解决方案中所涉及的权衡。在什么样的情况下，解决方案会削弱现有机构（不管它来自经济、医疗、教育还是经济领域）的绩效能力，令社会无法负担这一高昂的代价呢？面对照管社会问题的需求和保护现有社会机构绩效能力的需求，最佳的平衡点在什么地方呢？在什么样的情况下，现有机构的负担会过重，有可能丧失社会绩效，从而引发全新且更重大的问题呢？在什么样的情况下，我们能实现原有成本和全新利益之间的最佳平衡？

管理者需要有能力看清，自己对企业绩效能力肩负的职责，为社会责任设下了什么样的限度。

就商业企业而言，这要求了解关键领域的目的。根据这些目的，确定实现企业使命所需的最低绩效目标。只要能够达到它们，企业就能履行职能。如果任何一个领域的目的遭受严重损害，企业的绩效能力也就岌岌可危。

更重要的是，管理层需要知道涵盖商业风险、负担企业对未来承诺所需的最低利润。为做出决策，它需要这方面的知识，但这也是为了便于向他人（政客、记者和公众）解释决策。只要管理层无视企业对职能、利润的客观需求，继续从"利润动机"的角度进行思考和争辩，就既不能够对社会责任做出理性决策，也不能向企业内外的其他人解释这些决策。

如今有一句流行的双关语："企业做得好还不够，还必须做好事。"但为了"做好事"，企业必须首先"做得好"（实际上要"做得非常好"）。

只要企业无视经济绩效上的限度，承担自己在经济上无力支撑的社会责任，它很快就会陷入麻烦。

联合碳化物公司把工厂设在西弗吉尼亚州的维也纳镇以缓解当地失业问题，并不是对社会负责的表现。事实上，这叫不负责任。工厂只能勉力维持而已，而这不可避免地意味着工厂甚至不能对自己造成的影响承担社会责任。因为工厂一开始就不经济，联合碳化物公司长期拖延清理环境的要求。这种特殊的要求，在20世纪40年代末或许无法预见，那时候人们对就业岗位的关注远远超过了对环境的关心，但这样那样的需求总是可以预期的。因此，从社会责任出发做某些经济上不合理、无法维持的事情，从来就是不负责任。它是感情用事罢了，结果无一不是造成了更大的损害。

同样，在布宜诺斯艾利斯，其他所有主要肉食包装厂都得出结论，这桩生意无法维持下去了，德尔泰克却还是开着工厂，这是感情用事，而非对社会负责。它承担的责任，超过了合理的限度。一如联合碳化物公司，它们用心良苦且可敬。也有人会争辩说，德尔泰克经过算计，揽下了风险。再者，导致最终结果的，与其说是德尔泰克犯了什么错，倒不如说是阿根廷国内政治斗争所致。但德尔泰克的管理层确实揽下了与其真正社会责任不相符的重大风险。

社会责任的限度同样适用于非经济机构。非经济机构的管理者，同样有责任保护所照管机构的绩效能力。损害绩效能力，动机再高尚，也是不负责任的。这些机构同样是社会的资本资产，社会要依赖其绩效。

毫无疑问，这是一个很不讨人喜欢的立场。"进步"更讨人喜欢。但我们支付薪水给管理者，尤其是社会重要机构的管理者，不是为了让他们到大众媒体上去充英雄的。我们付薪水给他们，是因为看中了他们的绩效，要他们履行责任。

能力限度

承担自己无力完成的任务，是不负责任的行为。它还很残酷，它会提高期待，但又注定要让期待落空。

机构尤其是商业企业，必须具备承担社会影响所需的能力，但在除了影响之外的社会责任领域，行为的权利和义务就要看自己的能力限度在哪里了。

一家机构最好不要延揽与自己价值体系不相符的任务。技能和知识相对容易获得，但人无法轻易改变个性。没人能在自己不看重的领域做得很好。如果一家企业或其他机构因为存在社会需求而在这样的领域处理任务，它不大可能把精良的人手放在任务上，也不可能给予充分的支持。它甚至不太可能理解任务的内容到底是什么。它几乎必定会做错事。因此，它只会搞破坏，而非做好事。

什么样的事情不该做，美国大学为我们做了示范：20世纪60年代，美国大学贸然承担了解决大城市问题的社会责任。这些问题确实存在，大学里也可随处找到与问题相关领域的能干学者。然而，这一任务，主要是政治任务。它牵涉的价值观来自政客，而非学者。这时所需的技能是妥协、能量动员，以及最重要的——确定优先次序。但这些都不是学者们敬佩、尊重的技能，擅长就更谈不上了。它们几乎是客观性的对立面，是寻求真理（这才是学者们擅长的事情）的对立面。这些任务超出了大学的能力限度，与大学的价值系统不兼容。

大学迫切地接受这些任务所造成的结果，必然是缺乏绩效和成果。它也损害了大学的名声、地位和信誉。大学未能帮忙解决城市的问题，反而严重损害了在所属领域的绩效能力。

如果纽约市的大企业响应了市长林赛"接管黑人贫民窟"的呼吁,它们的行动就是完全不负责任的,它们只会给贫民窟和自己带去损害(好在它们显然意识到了这一点)。

能力限度在一定程度上也取决于环境。如果登山队的队员在高高的喜马拉雅山上急性阑尾炎发作,几乎肯定会丧命,除非随队的医生能够进行手术,哪怕这位医生本来是皮肤科医生,从来没动过阑尾炎手术。反过来说,如果在其他能找到合格外科医生或者全科医生的地方,皮肤科医生擅自给患者动阑尾炎手术,肯定会被看作不负责任的,会吃医疗官司,甚至被裁定犯下过失杀人罪。

因此,管理层至少要知道,自己和所属结构确实不擅长做哪些事情。一般而言,企业对"无形"领域里的事情是绝对不胜任的。企业的优势在于问责制和可衡量性。它靠的是市场的检验、生产力的测量和盈利的要求。如果没有这些东西,企业就完全丧失方向了。"无形"领域还超出了企业基本的价值体系。凡是采用无形绩效标准(如"政治"意见和情绪、社区的认同或不认同、社会能量的动员、权力关系的构建)的地方,企业就不大可能感到舒坦,它也不大可能尊重相关的价值观。因此,企业在这些地方很难具有竞争力。

然而,很多时候,这种地方又能够为具体的任务确定清晰且可衡量的目标。宏观的问题超出了企业能力的范畴,但问题的部分环节却可以转换成吻合商业企业能力和价值体系的工作。

在培训失业黑人青少年就业方面,美国还没有什么人做得很出色。但与学校、政府项目和社区机构等比起来,企业不算干得最差。这项任务,可以识别,可以定义,可以设定目标,可以衡量绩效。故此,企业能够发挥绩效。

在批准承担这样或那样的社会责任，着手解决这样或那样的问题之前，管理层最好是彻底想清楚任务的哪一部分可以进行转换，以与所属机构的能力范畴相适应。有什么方面能根据有形的目标和可测绩效来定义，以方便企业管理者理解吗？如果答案是肯定的，那么人们认真思考自己的社会责任才是正当的。如果答案是否定的（在大量的领域，答案都是否定的），企业最好拒绝，不管问题有多么重要，也不管要企业接手的呼声有多么迫切。非要它接手，企业只会给自己和社会造成损害。它不能发挥绩效，因此也就无法负责。

权力限度

社会责任最重要的限度是权力的限度。宪法律师知道，政治的字典里没有"责任"（responsibility）这个词，正确的说法是"责任与权力"（responsibility and authority）。凡要求权力者必承担责任，凡承担责任者必要求权力，两者无非是同一枚硬币的两面。因此，承担社会责任，总是意味着要求权力。

权力成为社会责任限度的问题，尚未与机构的影响联系起来。影响是行使权力造成的结果，哪怕纯粹出于偶然和意外，故此责任紧随其后。

但在组织的社会，如果要求企业或其他任何机构为社会或社区的问题或弊病承担社会责任，管理层需要思考责任背后隐藏的权力是否合法。如果不合法，那就是篡权和不负责任。

每当有人要企业承担这样或那样的责任，都应该问一问："企业具备这种权力吗？它应该具备这种权力吗？"如果企业不具备也不应该具备权力（在许多领域，企业都不应该具备权力），那就应当以深刻的怀疑态度对待施加给企业的责任。这不是责任，这是对权力的贪欲。

芝加哥学派经济学家米尔顿·弗里德曼主张，企业坚守业务，坚守经济领域，并非拒绝承担责任。可以有力地主张，任何其他的立场，只会破坏、危害自由的社会。任何其他立场只能意味着，企业将接管经济范畴以外领域的权力、权威和决策，而这些领域本来是属于政府、个人或其他机构的。我再重复一次，原因在于，凡是承担责任者很快就必须获得权力。历史早已充分证明了这一点。

从这个角度来看，当前对大企业的"批评"，其实是要让大企业变成我们的主人。

美国消费主义的支持者拉尔夫·纳德（Ralph Nader）真诚地认为自己是大企业之敌，企业和一般公众也认同他自己的看法。纳德要求企业为产品质量和产品安全负责，显然关注的是企业的合法责任，即对绩效和贡献的责任。唯一的问题在于（姑且不论他提出的事实是否准确，以及他的竞选风格是否招人喜欢），纳德对完美的要求是否会让消费者付出更大的代价（远不止纳德所批评的缺点和瑕疵）。唯一的问题在于权衡。

可是，拉尔夫·纳德还进一步要求大企业承担远超其产品和服务领域之外的责任。如果认可这一点，只会让大企业的管理层在大量属于其他机构的领域掌握最终极的权力。

可这正是纳德，以及其他主张企业承担无限社会责任的人，飞速前往的立场。1972年，纳德特遣队发表了一篇报告，批评杜邦公司在特拉华州发挥的作用。特拉华州是个小州，杜邦公司的总部设在这里，也是当地的主要雇主。这份报告并未讨论杜邦公司的经济绩效；杜邦公司在整体通胀的时期，持续降低产品价格，而这些产品，许多还是美国经济的基本原材料，可报告却认为这无关紧要。相反，报告尖锐地批评杜邦公司并未借助自己的经济力量，强迫该州公民对一系列社会问题发动攻势，如种族歧视、卫生保健和公立学校等。因为杜邦公司未对特拉华州的社会、政治和法律承担责任，报告称其在社会责任上严重失职。

但这个故事里最讽刺的一点是，多年来，传统自由派或左翼人士对杜邦公司的批评，恰好与此相反，即杜邦公司在一个小州有着太过突出的地位，"干扰、主导"了特拉华州，行使了"非法权力"。

纳德的口号用反商业的修辞做掩护，实际上是主张让大企业成为社会上占主导地位、最为强权的终极机构。当然，这样的结果与纳德的设想恰好相反。但对社会责任的要求却造成事与愿违的结果，这不会是第一次。

纳德口号最有可能实现的结果，不管是他还是管理层，都不愿意见到。它要么破坏一切权威，即完全的失责，要么成为极权主义，这是另一种形式的失责。

然而，米尔顿·弗里德曼回避所有社会责任的立场，也是站不住脚的。社会上存在着各种迫切、绝望的宏大问题。最重要的，"政府弊病"造就了责任和绩效的真空——政府越大，真空越强。不管组织社会里的企业和其他机构多么向往单纯，也不可能做到。即便只从自己的利益出发，它们也必须关注社会和社区，准备承担自己主要任务和责任领域之外的责任。

与此同时，它们又必须意识到这给自己和社会造成的危险，它们必须对风险有所警惕。如果重要的机构不为公共利益负责，我们多元化的社会就无法运转。但在同一时间，多元化社会的一种持久威胁，就是太容易混淆公共利益和权力欲望。

有若干领域可以制定出指导方针。在明显属于国家政策的领域，取代正式的政治主权，即政府，并非企业（或者大学）的任务。在自由社会，企业当然有权不参与活动，哪怕这些活动得到政府政策的认可甚至鼓励。它可以置身事外，但它显然无权把自己放在政府的位置，它无权运用经济力量将自己的价值观强加给社区。

照此标准，20世纪40年代，贵格会的"贤者"指责自己在钢铁公司当经理的朋友动用大公司的经济力量，强行在美国南部城市推行些许种族正义，他批评得对。目的诚然正确，但道德却不允许它所施展的手段，即运用企业不具备的权力。一如最狂热的种族平等斗士们所谴责，这同样是"专制主义"。你可以指责美国钢铁公司多年来未对种族平等做过任何努力（我会说，它完全罪有应得），你也可以指责它未能找到推进种族平等的措施（这也事出有因），但两个错误加起来不等于正确，两个不负责任的例子加起来也不能变成负责。

什么时候该说不

要企业（或其他机构）篡夺权力的社会责任需求，应当给予拒绝。拒绝它们是为了企业的自身利益，篡位者的权力始终是不稳当的。拒绝它们符合真正的社会责任。因为实际上，这种需求要的是不负责任。它们是出于真心还是出于真实的痛苦，或是掩饰权力欲望的花言巧语，这无关紧要。每当有人要企业或者其他机构承担超出其绩效和影响领域之外的社会责任，企业最好先问问自己："我们在该领域拥有权力吗？我们应当在该领域拥有权力吗？"如果答案是否定的，那么对社会负责任的做法就是拒绝该要求。

但很多时候，只说不恐怕还不够。管理层必须拒绝为威胁、损害企业（或者大学、医院）绩效能力的社会问题承担责任。如果需求超出了机构的能力范畴，管理层必须拒绝。如果责任其实是不合法的权力，管理层必须拒绝。但如果问题真实存在，那么管理层最好是彻底思考，提供替代的方法。如果问题非常严重，最终总是需要对其采取一定的措施。如果管理层一味阻挠，屏蔽所有的办法，甚至拒绝其他人提出的合法又负责的行动路线，那么最终的解决方案很可能损害更大。

在多元化社会，为共同利益承担责任，是一个永远无法解决的中心问题。让对社会责任的关注消失，唯一的途径或许是转变成极权社会。因为极权政府的定义是，它对一切都有权力，但对一切都不负责。

出于这个原因，所有主要机构（包括商业企业）的管理层都需要对社会的重大疾病保持关注。如有可能，他们可以把这些问题转换成能够发挥绩效、做出贡献的机会来加以解决。至少，他们应当彻底思考问题是什么，有可能怎样解决。他们不能逃避关注，因为在这个组织的社会，再没有其他人需要关注现实的问题。在组织的社会，机构的管理者是领导群体。

但我们也知道，发达的社会需要有着自治管理层的执行机构，它不能像极权社会那样运作。事实上，发达社会的特点（也是它发达的原因）就在于大部分社会任务通过有组织的机构执行，不同的机构有不同的自治管理层。这些组织，包括我们政府的大部分机关，都是有着具体目的的机构。它们是我们社会的器官，在特定领域有着特定的表现。它们能够做出的最大贡献，它们最大的社会责任，就是自己职能的绩效。对社会最不负责任的做法，是要这些机构去承担其能力范畴之外的任务，要它们打着社会责任的旗号去篡夺权力，从而损害其绩效能力。

第 26 章 | CHAPTER 26

责任道德

　　无数的训诫都宣讲过、撰写过企业的道德或者商界人士的道德主题。大部分与企业毫无关系，与伦理道德也毫无关系。

　　一个主要题目是平凡的日常诚实。人们郑重地告诉我们，企业人士不得欺骗、偷窃、说谎、行贿或索贿。但其他任何人也不应该这么做。人不管从事什么工作，都必须遵守个人行为的一般规矩。但哪怕当上了副总裁、城市管理者或大学院长，人就不再是凡夫俗子了。总有许多人欺骗、偷窃、说谎、行贿或索贿。这是一个有关个人、家庭、学校的道德观和道德教育问题。企业并不需要一套单独的伦理道德，个人也不需要。

　　只需要严厉惩戒那些屈服于诱惑的人（不管是企业总裁，还是别的什么人）就行了。在英国，要是酒后驾驶的当事人上过著名的公学，或是上过牛津、剑桥，法官往往会对他加重处罚。人们的信念仍然体现在晚报的标题里，"伊顿公学毕业生被判酒后驾车"。没人期望伊顿公学培养出不贪杯的领导人，但伊顿公学的身份仍然是有所区别的标志，甚至是特权的标志。不对佩戴此种标志的人处以比普通工人更严厉的惩罚，会冒犯社会的正义感，但没人认为这是个"伊顿公学毕业生道德"问题。

在对商业道德的讨论中，其他常见的主题与道德无关。

找应召女郎款待客户这一类的事情，和道德无关，而和审美有关。真正的问题应该是："难道我刮胡子的时候，希望看到镜中的自己是个皮条客吗？"

领导人挑剔其实是件好事。可惜挑剔在领导群体里从来不是流行的品质，国王也好，爵爷也好，神父也好，将军也好，即使是文艺复兴时期的画家、文学家等知识分子，或者中国的传统文人，都不够挑剔。挑剔的人总是会从有违个人尊严和品位的活动中抽身而退。

最近，尤其是在美国，这些老生常谈的道德主题又加入了第三点，他们告诉我们，管理者有"道德责任"在社区里扮演积极和建设性角色，为社区的事业服务，参与社区活动等。

在许多国家，这类社区活动并不符合传统习俗，如日本和法国。但在有着"志愿服务"传统的社区，尤其是美国，确实应当鼓励管理者参与社区事务，在社区组织中担当负责的领导。这样的活动不应该是强加给他们的，也不应该根据他们参与志愿活动情况对其进行评价、奖励或晋升。命令或强迫管理者从事此类工作，是滥用组织权力，不合法。

如果社区活动真正是管理者对企业义务的一部分，这就属于特例了。例如，电话公司的地方管理者参加社区活动，这就是他们管理职责的一部分，因为他们就是自己公司在当地的公关代表。西尔斯-罗巴克的地方门店管理者也是一样。还有地方房地产经纪人，要参加10多种不同的社区活动，每天都和不同的"服务俱乐部"吃午饭，他们很清楚，自己不是为了社区服务，而是为了宣传自己的公司，寻找潜在客户。

不过，尽管参加社区活动是可取的行为，但这与管理者的道德没有关系，与责任也没有太大关系。它是这个人身为邻里和公民所做出的贡献，它是管理者工作和职责之外的事情。

是领导群体，而非领袖

为管理者独有的一个道德问题，来自如下事实：机构的管理者，共同组成了组织社会里的领导群体。但从个体上看，单独的管理者只是普通的员工而已。

公众清楚地意识到了这一点。即便是最大企业中权力最大的负责人，对公众来说也默默无闻。事实上，连公司的大部分员工也几乎不知道他的名字，认不出他的脸。他或许完全是凭借个人的优点和久经考验的绩效赢得现有地位的，但他的权力和地位完全来自自己所属的机构。人人都知道通用电气、AT&T、三菱、西门子和联合利华，但负责这些大公司的人（或者加利福尼亚州立大学、巴黎综合理工学院或伦敦盖伊医院的负责人）直接事关这些机构管理群体的利益，也主要受其关注。

因此，把管理者称为领袖是不恰当的。他们是"领导群体的一员"。不过，领导群体确然把持着最可见、最突出、最具权力的地位。因此，他们肩负了责任。

身为领导群体的一员，单个管理者的责任是什么呢？他们的道德是怎么样的呢？

从本质上说，按传统，身为领导群体的一员意味着要"专业化"。领导群体的成员身份，带给人地位、职位、重要性和权威性，它还带给人职责。指望每一名管理者都成为领袖人物，这不现实。发达社会里有成千上万甚至数百万的管理者，而领袖始终是特例，仅限于极少数人。但身为领导群体的一员，管理者要遵守职业道德的要求，即责任伦理的要求。

首先不能为害

对于专业人士的首要责任，2500年前，希腊医生的希波克拉底誓言就已经说得很清楚，拉丁原文是"primum non nocere"，即首先不能故意为害。

专业人士，无论是医生、律师，还是管理者，都不能保证一定帮客户做好。他们能做的无非是尽其所能，但他们可以承诺不故意为害。反过来说，客户必须信得过专业人士，知道后者不会故意为害。如果不能，客户就完全不信任专业人士了。专业人员必须掌握自主权，不接受客户的控制、监管或指示。专业人士必须不受干扰，依赖自己的知识和判断去做决定。但这种自主权的基础（和理由）又使专业人士应该认为自己"受公众利益所影响"。换句话说，专业人员不受干扰的私人性质，来自他们是自主的，不受政治或意识形态控制这一层面。但他们的公众性质，则来自客户的福祉是其言行的限制这一层面。"不故意为害"是职业道德的基本原则，也是公共责任道德的基本原则。

在有些重要领域，管理者（尤其是企业管理者）尚未意识到：为了保留自主权和不受干扰的私有性，他们必须服从职业道德。他们还必须理解，自己有义务审查自己的言行，确保自己不故意为害。

管理者若是未能理清思路，设计相应的解决方案消除企业造成的影响，就等于故意为害，成为"俱乐部里不受欢迎的一员"。他们故意纵容恶性发展。前面已经说过，这么做太愚蠢。前面也已经说过，这最终会给企业或整个行业造成远远超过暂时性小小"不愉快"程度的伤害。而且，这还严重地违背了职业道德。

其他领域也是一样。特别是美国管理者，往往在无意中违背原则，在如下方面造成伤害：

- 高管薪酬
- 利用福利计划，给公司雇用的员工戴"金镣铐"
- 发表不当利润言论

他们在这些方面的言行容易导致社会混乱。不当的言行掩盖了正常健康的现实情况，无中生有地创造出疾病，或者至少使社会对疾病疑神疑鬼。不当的言行会造成误导，妨碍他人的理解，而这对社会是严重的危害。

高管薪酬和经济不平等

和普遍的观点相反，所有发达国家的收入较之人类历史记录里的任何社会都更为平等。而且，随着国家和个人收入的稳步增长，一般还会变得更平等。同样有违背常见说辞的是，美国的收入最为平等。在美国，不光最高收入者（如企业管理者）的税后净收入差距小，平均收入和最低收入的差距也比其他所有发达国家小，比所有发展中国家更是不在话下。属于最高和最低两极收入的人士占总人口的比例，远小于中等收入群体。

收入平等最可靠的指标是所谓的基尼系数，0代表收入完全平等，1代表完全不平等，它意味着总人口中的一个人获得了所有收入。社会的基尼系数越低，越接近收入平等。在美国，20世纪70年代初的基尼系数是0.35左右，与加拿大、澳大利亚、英国和日本差不多在同一水平。西德和荷兰约为0.40，法国和瑞典都在0.50上下。

具体而言，如果考虑到税收，在典型的美国公司，薪水最低的员工和执掌企业的人（机器操作员和大工厂经理）之间的收入不平等，最高仅为1∶4。1975年，机器操作员纳税后带回家的薪水约为8000美元，而只有极少数工厂经理的税后收入能超过 28 000 美元（包括所有奖金）。如果把附带福利计算在内，这一比率甚至更低，差不多是 1∶3（14 000 美元∶38 000 美元）。其他发达国家，如日本，这样的比率也很普遍。

美国经济普遍的收入不平等程度是"太高"还是"太低"，是个见仁见智的问题。但很明显，它比大多数美国公众能接受甚至认为可取的程度都要低得多。所有的调查都表明，人们觉得，工厂蓝领工人和"大老板"之间的收入之比是 1∶10 甚至 1∶12，这"很正常"。照这样的看法，"大老板""扣税之后拿回家的薪水"差不多达到了每年 75 000 美元甚至 10 万美元，由此推算出的税前薪水至少得有 20 万美元。哪怕算上奖金，也只有极少数的高管能挣到这么多。如果比较总收入（包括附加福利、递延薪酬、股票期权，以及所有其他形式的额外补偿），按 1∶12 的比率推算，"大老板"的税后最高收入约为 15 万美元。在非常大的公司里，大概有 10 来个高层管理人员的税前"薪酬总额"能达到 30 万美元（这样才能拿到 15 万美元的税后薪水）。"巨富"往往不是受聘于企业的管理者；他们要么是推行累进税率之前时代的百万富翁的后裔，要么是小企业的业主——这部分人，自然有税收制度的关照（也应当如此）。

相对于体力工人和普通文员的收入，高管的税后薪酬，尤其是最高层管理者的收入，近 50 年来一直平稳回落。

美国社会收入越发平等的趋势其实是相当明显的。只是大众的印象却是收入越来越快地走向不平等。这是错觉，一种危险的错觉。它腐蚀人心。它破坏了共同生活群体之间的相互信任。它只能导致一些对任何人都没有好处，严重损害社会、经济和管理者的政治措施出台。

在相当大的程度上，认为美国收入不平等日益加剧的观点，反映出了美国的种族问题。在大城市，没有工作的黑人成了非常明显的边缘化群体，承受收入极端不平等造成的痛苦——这一问题已经浮出水面。核心城市黑人聚居区里高度集中的失业人口呈赤贫状态，常常掩盖了另一点事实：就业黑人的收入持续迅速上涨，并有可能在 10 来年的时间里与从事同一类工作的就业白人实现平等（而美国黑人 4/5 是有工作的就业人士，失业黑人在总人数上要少得多）。

人们普遍相信收入不平等加剧还有另一个原因：通货膨胀。通货膨胀对社会是一种腐蚀性毒物，恰恰因为它让人们找到了替罪羊。按照经济学家的解释，通货膨胀不会让任何人受益，即通货膨胀从人们的收入里剥夺的部分，没有任何人能把它变成自己的购买力，但人们从常识的角度无法理解这一点。必然有人得了好处，必然有人"偷走了本来属于我的东西"。故此，历史上的每一次通货膨胀，都造就了阶级仇恨、相互的不信任，以及"其他家伙"非法地从"我的"损失里得到了好处的观念。在通货膨胀时期，总是中间阶层偏执起来，进而反对"体制"，20 世纪 60 年代发达国家出现的通货膨胀也不例外。

但收入不平等加剧是危险错觉的主要原因还在于，媒体大肆宣传少数巨型企业中的少数最高层管理者庞大的税前收入，以及股票期权等额外的"高管薪酬"。

一家巨型企业 CEO 年收入 50 万美元，在很大程度上是"吹嘘出来的钱"。它的作用在于表示地位，而非实际收入。不管律师能帮当事人找到多大的税收漏洞，这笔钱的大部分会立刻变成税款。"额外薪酬"也只不过是想从执行官的收入里预先扣掉一部分，放到税率较低的项目中。换句话说，从经济上说，两者都没有太多作用。但在社会上和心理上，它们是"故意为害"，这一点是无从开脱的。

消除这种错误的一种办法是企业公布税后薪酬相差的最大幅度。绝大多数美国人认为完全可以接受的 1：10，其实比大部分公司的现行相差幅度要大（不过，我认为应该为一种例外情况留出余地，也就是对某个做出了非凡贡献的研究科学家、管理者、销售员，给予罕见的、"千载难逢的"、超级丰厚的奖金）。

但同样重要的是，管理者有社会责任设计一套合理的纳税制度，消除"避税诀窍"的诱惑和需求。其实，我们很清楚这种制度的具体设计，它非常简单：任何个人收入，工资也好，资本收入也好，都没有优惠税率；税率有最高的上限，比如总收入的50%。

对绩效出众的高管给予足够的激励，理由是很充分的。货币薪酬远比津贴等隐性补偿更可取。接受奖励的人可以选择怎么花钱，而不是享受公司提供的"特殊待遇"，如配备专职司机、大房子，以及给孩子提供家庭教师（一些瑞典公司是这么做的）。事实上，1950年以来收入差距越来越小，很可能对社会和经济并没有太大好处。

但更有害的还在于不平等的错觉。导致这一错觉的基本原因是税法。管理者愿意接受，甚至配合反社会的税收结构，则是重要的促成因素。除非管理者意识到，这违背了"不故意为害"的基本原则，要不然，他们最终会沦为主要的受害者。

"金镣铐"的危险

今天的管理者所作所为不符合"不故意为害"原则的第二个领域，是与薪酬紧密相关的。

第二次世界大战以来，薪酬和福利越来越有被滥用成"金镣铐"的趋势。

退休福利、额外津贴、奖金，还有股票期权，全都属于薪酬。从企业的立场来看，也从经济的立场来看，不管它们着什么样的标签，都属于"劳动力成本"。管理层与工会谈判的时候，也是把它们划入"劳动力成本"的。

但渐渐地，雇主用这些福利把员工与自己捆绑在一起，税法也存在这种倾向。雇主依靠此类福利，要员工多年不跳槽。按照它们的结构，离开就职的公司就意味着遭到严厉的处罚，连已经挣到手的、与前任雇主相关的福利都会受到实际损失。

对日本等建立在终身雇用制基础上的、排斥流动性的社会而言，这么做或许没什么问题。可即便在日本，专业性和技术性员工也不再愿意受"金镣铐"的束缚，流动性不仅对他们本人有好处，也符合日本经济、日本企业的利益。在西方，尤其是在美国，这种"金镣铐"显然是反社会的。

"金镣铐"不会带给公司优势，它们会导致"负向选择"。知道自己在当前岗位上发挥不了绩效的人，即显然待错了地方的人，往往不会离开，而是留在自己明知不适合的地方。但如果他们留下来只是因为辞职的处罚太重，他们就会产生抵触和怨恨情绪。他们知道，这是在受收买，可惜自己太懦弱，无法拒绝。他们很可能会带着阴沉、愤懑和痛苦过完剩余的工作生涯。

员工本人急切地寻求这些福利，并不是借口。毕竟，中世纪的农奴制最开始也是受到农民热切追捧的"员工福利"。

因此，管理者有义务理清这些福利中有哪些应该（本身具备合理性）与继续受聘挂钩。比方说，股票期权就属于此类。但是，退休金权利、绩效奖金、分红等，是员工"赚"的，是他们作为公民和个体的权利，不应当受到剥夺。这里，管理者也需要付出共同的努力，使税法做出相应的改变。

利润动机的说辞

最后，管理者的言论不可能让公众理解经济的现实。这违背了管理者认为领导群体不故意为害的要求。在美国尤其如此，在西欧也一样。因为在西方,管理者总是不断地谈到利润动机。他们还将自己企业的目标定义为利润的最大化。他们从不强调利润的客观功能。他们很少说到风险。他们不强调对资金的需求。他们甚至从来不提资本成本,更不提企业必须生产足够的利润,以便用最低的成本获得所需资本。

管理者不断抱怨人们对利润持有敌意。他们并未意识到,自己的说辞是导致这种敌视态度的一个主要原因。因为管理层面向公众的说法里,既没有提出利润存在的正当理由,也不解释它为什么存在,不说明它执行什么功能。利润动机(一些匿名的资本家的欲望,以及较之重婚,为什么社会应当容忍这种欲望)从未得到解释。可事实上,经济和社会都迫切需要利润率。

大多数美国大公司的管理实践是完全合理的。暧昧不清,从而有可能对企业和社会造成威胁的是管理层的言辞。事实上,弄清利润率是最低要求的美国公司少到几乎没有。因此,大多数公司有可能低估了企业真正所需的利润率,更何况,资本还会遭到通货膨胀的侵蚀。但它们会有意无意地,根据两个彼此交缠的目标(确保获取所需资本的途径,尽量限制资本成本)来规划利润。在美国的大背景下,哪怕仅仅是出于美国资本市场的结构也好,较高的"市盈率"的确是将资本成本压到最低限度的关键,因此,从长远来看,"利润最优化"是降低资本实际成本的完全合理的策略。

但这就更难以解释为什么还要继续使用利润动机言辞了。利润动机说辞除了让人困惑、招来怨恨,别无其他好处。

上述管理者违背"不故意为害"的例子,主要来自美国。在一定程度上,它们也可套用到欧洲,但它们几乎不适合日本的情况。然而,"不故意为害"原则适合所有国家,既适合发达国家,也适合发展中国家。这些案例取自企业管理层,但它也适合组织社会中所有结构的管理人员。

为了公共利益承担责任,是所有多元化社会的核心问题和议题,组织的多元化社会并不例外。组织的领导者代表"特殊利益集团",也就是旨在满足社会的具体、局部需求的机构。事实上，组织多元化社会的领导者，是为这些机构效力的仆人。与此同时，他们又是社会所知或者社会有望造就的重大领导群体。他们必须同时为自己所属的机构和公共利益效劳。社会要正常运作，维持自由状态，我们所称的管理者就必须在所属机构里保持"私有"身份。不管谁拥有这些机构、以怎样的形式拥有，管理者都必须保持自主权，但管理者在道德上必须讲究"公共"性质。

在管理者私人履行职责的张力中（管理者所在机构的必要自主权，机构对自身使命及目标的责任，管理者的公共性质），暗藏着组织社会具体的道德问题。"政治家"发出各种激励人心的社会责任号召，比较起来，"不故意为害"显得太过乏味。但是，医生们很久以前就发现，这不是一个轻轻松松就能遵守的原则。它所体现的极度谨慎和自我约束精神，正是管理者所需要的伦理原则，即责任的道德。

术 语 表

accountability 问责制 对结果负责。

accounting 会计核算 记录金融交易，为管理层、金融机构或政府机构提供相应报告以总结这些数据的系统。

administer 行政管理 管理尤其是在强调固定程序、最小环境动荡的背景下进行管理。

administrators 行政人员 进行行政管理的人，也是一些管理职位的头衔，如医院的行政管理。

advertising and promotion specialist 广告及推广专员 精通产品或服务的不同广告及推广形式的成本和适当性，能够从符合产品或服务利益的角度推荐最佳方法的人。

affiliate 加盟公司/附属公司 一家公司，与另一家服务于特定市场的公司紧密合作。跨国企业为非本土国家提供服务的子公司，也称附属公司。

allocate 分配 在互有竞争的利益之间划分资源。通过预算程序分配财务资源，是这一门类的主要例子。如果存在不同的配置方式，人力和时间等其他资源也可用某种机制加以分配。

allocation 配给/分配额度 分配给特定项目的资源的数量。以金钱为例，出行配给就是划拨给出行的金额。

analytical methods 分析法 使用数学和逻辑解决管理问题的分析式方法。财务比率分析和运筹分析，就是分析法的主要例子。

antitrust legislation 反垄断立法 禁止垄断企业成立和运营的法律。《谢尔曼反托拉斯法》（Sherman Antitrust Law）是美国反托拉斯法的基础。

appraise 评价 评估物业的价值、人的工作绩效或其他有价值物品。

assessment center 评估中心 一种评估管理岗位候选人的方法，把候选人带到中心位置进行一系列的检验、面试和练习。评估人员评估候选人的表现，并为有权最终定夺的人提出建议。

assets 资产 公司或个人所拥有的贵重物品，即吻合此描述，罗列在资产负债表左侧与债务相对应的项目。

authority 权威/权力 在个人自由裁量权之内分配资源实现预定任务

的权利，包括指挥他人和其他资源的权利。权威总是受限于组织的政策和程序，以及广泛社会的规则。

automation 自动化 使用自我控制的机器完成手头工作的生产系统。如果结合了进一步自我控制的装置，就可以说生产流程实现了更高的自动化。

autonomy 自治权/自主权 独立于其他单位进行运作的能力。管理者可能对自己的工作有着很大自主权，或者也可以说，集团企业的下属公司自主权有限。

balance of payments 国际收支 在特定时间段内，一国的出口款项减去进口款项。这个概念可以应用到一国对一国，也可以用于一国对其他所有国家。此术语也可用"贸易平衡"（balance of trade）一词。

bankrupt 破产 法律或经济术语，指无力偿付债务。

basic strategy objective 基本战略目标 公司或组织努力实现其整体财务或其他目标的中心目的。例如，西尔斯－罗巴克公司在早年的基本战略目标就是通过邮购，向农民及其家人销售真正的价值。

behavioral psychology 行为心理学 一支心理学派，完全依靠经验观察行为解释人为什么做出这样或那样的行为。

behavioral science approach to manage-ment 行为科学管理法 一支思想学派，着重强调用心理学、社会学和人类学来解释管理、改善管理实践。

billing 开发票 给顾客和客户正式通知，所供商品或服务需在某一日期之前付款的业务职能。

boss 老板 负责人或握有最终决定权的人。

brand name product 品牌产品 销售时采用公司名或特定的名称，而不是按照通用名称销售的产品。

break-even point 盈亏平衡点 实现收支平衡（不亏损也不赚钱）所必需的销售或生产水平。以确定这一水平为目的的分析，叫作"盈亏平衡分析"。

budget 预算 指定给定时期内必须在每一类支出上花多少钱的获批方案。该方案通常会编撰成简称为"预算"的文件。

budget allocation 预算分配 预算规定的某一类别开支额度。

budgeting 编制预算 制定预算的过程。

budget-based institution 以预算为基础的机构 能获得相对稳定收入，无须受制于即刻响应市场的组织，政府机构和非营利组织是这类机构的例子。

buying-in 确保买进 通过低估总成本，获批提供产品或服务的过程。

by-product 副产品 生产过程中除主要产品之外产生的物质、产品或条件。

capacity 产能 给定机制能够提供的最大产品或服务量。

capital 资本 组织拥有且能用于实现其目标的财富。

capital equipment 资本设备 一家公司或组织耗用了大量资本所购置的设备或建筑。

capital formation 资本形成 经济创造资本的过程。

capital-intensive industry 资本密集型产业 较之其他行业，每单位销售或生产需要大量资本投资的行业。多与劳动密集型产业相对。

capital investment 资本投资 公司投到特定项目上的资金。

capital investment decisions 资本投资决策 有关动用公司资本的决策。由于资本往往会长时间地投资到工厂或设备上，这是企业最重要的决策，必须尽量多地掌握有关资本的预期收益率的知识。故此，论述这类分析和决策的文献非常多。

carrying costs 库存持有成本 持有库存带来的成本。

centralization 集中化/中央集权化 一种组织方法，决策集中由组织层级的顶层做出。

client 客户 服务型企业的顾客。

commander 指挥官 有权下达命令并预期得到结果的人，多用于军事背景。

committee 委员会 被分配以群体形式完成既定任务的一群人。

common market 共同市场 西欧诸国联合在一起，为所有成员提供更大的市场，也指以这种方式形成的所有市场。

communication 沟通/交流 意义从此（发送方）传到彼（接收方）。发送方和接收方可能是个人、企业实体或者其他任何群体。

compensation 薪酬/报酬 为完成工作所提供的交换物。薪酬通常是金钱，但也包括其他项目，如特权等。

competition 竞争对手 针对特定公司的客户或顾客，提供替代供给来源的公司。

computer 计算机 可以执行多种复杂计算或逻辑操作的电子装置。

computer program 计算机程序 计算机用来执行特定任务的一组集成指令。

computer programmer 计算机程序员 编撰计算机程序的人。

conflict 冲突 组织内部在感受上的分歧或不合。

conglomerate 企业集团 由多个行业的多家公司构成的企业。许多此类企业形成于20世纪60年代。

"conscience" activities "良心"活动 旨在赋予愿景、制定标准，并根据标准审核绩效的活动。

constituencies 选民/选区/支持群体 组织需要给予关注的各种利益集团。教师、学生、家长、基金会和政府机构，分别代表了大学的不同支持群体。

consumer 消费者 产品或服务的用户。

consumerism 消费（至上）主义 主张产品和服务必须有着无懈可击的质量、无任何有害副作用的社会运动。

control 控制 旨在让活动始终保持方向，实现期待结果的管理职能。检测绩效是所有控制的出发点。一旦绩效偏离预期，就必须采取纠正措施，让进程回到正轨。

cooperation 合作 为达成期待结果的联合努力。

coordinate 协调 将人自己的努力与其他人的努力整合起来，实现期待结果。很多时候，协调组织不同部门的努力指的是，管理者将自己的努力与其他部门的人保持协调。

corporation 有限公司/企业 人结成的法律实体，当事人承担的债务责任仅限于最初投入该企业的资金。

cost accountant 成本会计 以确定商品或服务成本为主要职责的会计师。在判断有哪些成本的时候，成本数字要用来确定利润水平，并满足其他需求。

cost center 成本中心 企业中，成本要么专门以整体形式分配给业务，要么将业务分散成不同环节，每一环节负责部分成本。在后一种情况下，这些环节就是成本中心。在有多个下属部门的公司，某些下属部门可能是成本中心。

cost effectiveness analysis 成本效益分析 一种分析方法，比较不同解决办法的成本及其带来的相对利益。

cost of capital 资本成本 给定资本开支可接受的最低回报率，即资金的"出租"成本。因此，项目必须赚到比"出租"资金所需费用更多的钱，否则就无法带来经济利益。

credit 信贷 借入资金的能力，或借入的资金。

critical path analysis 关键路径分析 对有多个子活动的项目的调度分析方法。该方法使用网络图来表示各组成部分的活动，它分析完成每一活动所需时间，确定每一活动最早、最迟的开始日期。最后确认完成活动序列的最长路径，这一路径将得到特别的关注，以保证项目按时完成。

customers 客户/顾客 消费一家公司提供的产品或服务的人或组织。

data processing 数据处理 处理与企业业务相关的多笔交易海量数据的职能。由于大多数大公司在这一职能中使用计算机，负责计算的部门往往叫作数据处理部门。同样，这一职能通常也称为"电子数据处理"（electronic data processing，EDP）。

decentralization 分权化/去中心化 一种组织方法，将决策下放到组织的多个位置和级别上，而非将其集中在组织层级的顶部。

decision 决策/决定 采取特定行动的决心。

decision making 制定决策 得出决策的过程。

decision theory 决策理论 在制定决策时使用包括逻辑、数学模型（尤其是使用概率理论的模型）和图表在内的一整套分析工具。

decision tree 决策树 从决策理论出发的一种图，形状类似一棵树，可以用有序的方式描绘不同的决策。

deficit 赤字 支出超过可用（或分配）部分的资金量。

delegation 指派/委托 管理者用来将任务或部分任务分配给下属的过程。

demand pattern 需求模式 效力或有待效力的不同市场之间需求的相对分布。

demographics 人口统计情况 研究人群的数量、出生、死亡等，由此产生的统计数据。

department 部门 组织的基本子单位，常用于一些子单位的正式名称。

departmentalization 部门化 将组织活动纳入基本子单位的过程，通常会使用共同特征为划分依据，如职能、产品或地域。

depreciate 折旧 出于变质、报废或其他考量，指定的贵重物品、设备或建筑价值减少的过程。

depression 萧条 商业活动极端低落的时期，特点是高失业率，需求极度衰退。

developed countries 发达国家 生活水平最高的国家，多为工业化国家。

developing countries 发展中国家 正开始实现工业化，但小农场仍然占经济的主导地位，个人收入水平偏低的国家。

direct labor cost 直接人工成本/直接劳动成本 属于生产过程本身，并为业务结果直接负责的成本。直接人工成本多与间接人工成本相对，后者是决定性结果所包括的成本，但不属于生产薪酬。

direct 指导/指挥 指示应该采取某种行动、命令。

discounted cashflow analysis 贴现现金流分析 把在若干年内发生的资金流向概括成一个数字，以便对比不同流向的方法。

distribution 分销/流通 把制造或存储的商品配送到要消耗的地方或客户接收的地方。使用何种运输方式、各自的及时性和成本，是分销职能的重要元素。

distributive system 分销系统 建立起来以完成分销任务的机制。

distributor 分销商 在制造商和最终用户之间充当中间人的公司或代理人。

dividend 股息/分红 在一段时期内为持有公司股票的人返还的每股利润额。

division of labor 劳动分工 一种方法，把任务分解成不同的子任务，让不同的人去承担子任务，以便他们能更高效地完成子任务，从而有助于以最低的成本完成整体工作。

economic development 经济发展 国家经济增长，逐渐为人民提供更高生活水平的过程。

econometric methods 计量经济学方法 实用经济学下一个分支的方法，该分支大量使用数学建模和模拟。

EDP（electronic data processing）电子数据处理 使用计算机进行数据处理。

effective demand 有效需求 如果产品或服务可用而能实现的需求。

effectiveness 效用/效力 期待结果实现的程度，多用于与效率对比。

efficiency 效率 产出除以投入，或以最低成本生产出的结果多少。

employee satisfaction 员工满意度 员工需求得到满足的程度，这是一个相对度量。

entrepreneur 企业家 开办并发展企业的人。

environment 环境 企业经营所处的外部背景。其中特别重要的是对企业成功有着很大影响的因素，如竞争、劳动力市场状况、整体经济环境、政府监管等因素。

equipment 设备 用于生产企业期待结果的机械和装置。

executive 执行者/高管 管理者，多指组织层级结构的中上层。

exports 出口 一个国家为另一个国家提供商品和服务。通常与进口对比，进口指的是国内消费但由国外生产的商品。

extrapolation 推演 一种假定未来将继续反映当前趋势的预测方法。

facilities 设施 企业经营所用到的建筑和结构体。

factors of production 生产要素 在经济中生产商品和服务所必需的要素，如资本和劳动力。

federal decentralization 联邦分权制 大型多部门公司下放权力、解散中央控制的组织形式。

feedback mechanism 反馈机制 识别进程中的意外偏差，及时采取纠正措施，以便进程维持获得理想结果所需水平的机制。

first-line supervisor 一线主管 监督组织层级中其他最低级别员工的管理者，这类人也叫作"一线管理层"。

fixed capital 固定资本 永久性投入在建筑、机械设备上的资金。

fixed costs 固定成本 与生产水平无关但切实存在的成本。多与可变成本相对，可变成本取决于生产量。

forecasting 预测 估计未来某个变量的值，如来年销售量。

foreman 工头 负责生产设施内一个基本单位的管理者。

formal organization 正式组织 指明组织层级中每个人向什么人报告工作的结构，经常用"组织结构图"来示意。

free enterprise system 自由企业制度 产权私有、商业单位运作受政府干涉最少的经济系统。

functional authority 职能职权/功能性职权 建立在企业职能基础上的职权，可能需要由并非履行职权者下属的人遵照执行。例如，采购部门会要求其他部门的人遵照其流程订购设备。

function organization 职能型组织结构/职能结构 按照企业职能定义组织基本子单位（如制造、销售、工程、会计和其他部门等）的组织模式。

Gantt chart 甘特图 一种图表，用来规划和协调涉及若干平行子活动的活动。图表的顶端水平绘制了时间线。时间线下面是水平的横条，横条的长度代表每一活动的持续时间，横条的左边界代表每一活动的开始日期。

goals 目标 一家企业的基本目的。

gross national product (GNP) 国民生产总值 一国经济在一年当中生产的所有产品和服务价值的总量。

hierarchy of needs 需求层次 马斯洛动机理论所构建的一个概念。该理论提出，人的需求由若干层次构成：生理、安全、归属、自尊和自我实现需求。该理论认为，必须先满足较低层次的需求，较高层次的需求才会发挥作用，一旦较低层次的需求得到满足，就失去了激励意义。

human asset accounting 人力资产财会 一套为公司人力资源估价的方法。

human relations approach to management 人际关系式管理法 一种管理思想和实践的方法，主张公司员工之间的关系是决定成功的最主要原因。

hygiene and housekeeping activities 保健和内务活动 不对企业基本结果做贡献，但如果做得太差则对企业有害的活动，如室内的清洁、员工的饮食、向政府提交报告等。

hygiene factors 保健因素 赫茨伯格动机理论中提出的一个概念，本身不提供积极动力，但若处理不当可能会削减动力的因素。

impact 影响 行为在自身存在理由以外带来的后果。例如，一个部门采取的行动可能有着远远超出本部门的结果，或生产过程产生污染废物，这就是影响。

incentives 激励 在"胡萝卜加大棒"动机理论中充当"胡萝卜"。

industrial anthropology 工业人类学 工作场合中人的科学。应用社会学、心理学和生理学的概念理解工业环境中的生活。

industrial engineer 工业工程师 应用科学方法解决与工作相关的问题（尤其是工厂或生产环境当中的问题）的工程师。

industrial engineering 工业工程学 一门学科，内容包括了工业工程师应用于工作场所的科学原则和研究。

industrial physiology 工业生理学 生理学的分支，关注特定工业实践对人体及其运作的影响。

industrial psychology 工业心理学 心理学的分支，研究组织环境中人的行为，并对商业企业的行为给予特别关注。

industrial relations 工业关系/劳资关系 一些行为学家倡导的管理方法，中心主题是缓解或预防员工中的不满情绪。

industrial sociology 工业社会学 研究工业环境下的人类机构和团体，以及其运营特点。

information 信息 可以沟通的事实或数据。

inflation 通货膨胀 金钱损失部分价值的过程。

inflationary pressures 通胀压力 如果不加控制会带来通胀的经济状况，如工资持续上涨、与生产力的提高不匹配等。

individual professional contributors 独立专业贡献人 不监督任何人（或许除了配有秘书或助手之外），但运用自己的专业能力为企业的结果做出重大贡献的管理人员，如广告专家。

informal organization 非正式组织 一套反映了组织中实际互动的关系，与正式的组织结构相对。

innovation 创新 采用新产品、新业务或新做事方式而给企业带来的活动或发展。

installment credit 分期偿还贷款 承诺依照指定的时间间隔分期偿还本金和利息，直至最终还清借款。

institutional investors 机构投资者 代表大型组织买入卖出大笔股票和债券的人，如共同基金、养老基金、大学捐赠基金等。自20世纪60年代后期，这类投资者成为市场主流，个人投资者逐渐缩小了在市场中所占的比例。

insurance 保险 一种保护个人免受特定类型损失影响的方法，投保人支付一定费用，换取发生损失时得到补偿的承诺。

integrate 整合 管理者将自己的工作与其他人（自己单位的人、其他单位的人、上级、下级和平级）的工作啮合起来的过程。

interest group 兴趣小组 为追求特定目标而结队的一群人。

intermediate product 中间产品 为生产另一种产品而生产的产品，中间产品并非由最终用户使用，如基本的化工产品二氧化碳等。

interpersonal relations 人际关系 人与人之间的关系，以持续的当面互动为基础。

invention 发明 一项技术性进步，可以是产品，也可以是做某事的方法。

inventor 发明家 创造或制造出发明的人。

inventory 库存 一段时间内手头的货物或资源供给。

inventory models 库存模型 用来判断何时再度补充库存的模型。

investment 投资 将公司的资源（尤其是资金）应用到一种预期能带回未来结果的途径上。

investment banking 投资银行业务 由金融机构履行的职能，承保并出售公司新发行的股票和债券，为公司在此类事务上提出建议。

investment decision 投资决策 有关如何使用可观的公司资源（尤其是资金）的决定。

investment instruments 投资工具 可用于投资基金的载体，如股票、债券、共同基金和存款证等。

irreversible decision 不可逆转的决定 影响不可逆转、不可消除的决定，如推出全新的技术（该技术的秘密就此曝光）等。

job description 职位描述 对特定职位固有的工作职责进行阐述。

job enlargement 工作扩大化 让特定工作岗位囊括更多任务或更多任

务类型，以便让岗位更令人满意。

job enrichment 工作丰富化 改变工作岗位的某些方面，以便让它能更好地满足人的高层次需求。

joint venture 合资企业 由多家公司出资成立的企业。例如，欧洲SST是英国和法国公司的合资企业。

key activities 主要活动 最重要业务领域的活动：市场营销、创新、人力组织、财务资源、实物资源、生产力、社会责任和利润的要求。

knowledge worker 知识工人 员工的主要贡献取决于其对知识的运用，而非肌肉力量和协调性，多与运用肌肉力量和协调性操作机器的生产工人相对比。

labor economics 劳动经济学 经济学下集中研究经济中劳动力供给和需求的分支学科。

labor-intensive industry 劳动密集型产业 相较于其他产业，每单位销售和生产上需要大量劳动支出的产业，多与资本密集型产业相对。

labor unions 工会 工人联合起来提高工人利益（尤其是更高的工资、更好的福利待遇和工作条件）的组织。

large-scale organizations 大型组织/大规模组织 需要巨大的投资、雇用数千工人的组织，多与小企业、个人独资企业或管理工人有限的企业相对。

lateral mobility 横向流动 从一个业务领域转往另一个领域的能力，如从生产转到销售。多与纵向流动相比。

leadership 领导 在确定企业目标或质量标准时提供指引的管理职能。

lead time 前导时间 一项决定从做出到开花结果所经的时间，如决定修建新钢厂到钢厂修建就绪可以运营所需的年限。

limited liability insurance 有限责任险 仅覆盖特定类型或特定规模损失的保险。

linear programming 线性规划 一种运营研究技术，可用来确定产品或成分的恰当组合方式，实现利润最大化或其他有利于管理的方面。

line management job 线性管理岗位 包括监督与核心业务职能（如销售、生产等）在内的管理职位。多与辅助性岗位对比。

liquidate 清算 处理全部资产和库存、将所得款项返还业主，结束运营。

long-range planning 长期规划 以若干年时间为跨度的规划。多与年度规划或其他短期规划相对。

logistics 物流 移动、存储和分配资源及商品的职能。

manage 管理 在组织环境中，调动资源以实现人为目的。

manageability 可管理性 组织内在的可管理的性质，据信与其规模及复杂性相关。举例来说，一些评论家怀疑大城市是否具备可管理性。

management 管理层/管理学 管理组织的人的群体，也是一门以理解、提高管理知识为关注点的学科。

management by objectives（MBO） 目标管理 一种管理方法，强调目标对组织各单位和独立贡献人具有核心作用。该方法强调，自我控制来自人人都有着明确的目标。

management development 管理培养 组织提高管理团队管理能力的途径。

management science 管理科学 强调用科学方法改进管理知识和实践的管理方法。

managers 管理者/经理/经理人 组织中工作内容包括管理职责的人。

managerial accounting 管理会计 公司内进行的有助于管理决策的会计报告工作。多与税务会计或财务会计相对。

managerial economics 管理经济学 经济学的分支，强调直接与管理者相关的概念，特别关注投资和定价等决策。

manual worker 体力工人 主要贡献来自其肌肉力量与协调性所做结果的工人。

manufacturing business 制造企业 以生产物品为核心任务的企业，如化工行业。制造企业多与零售或其他服务型企业相对。

marginal cost 边际成本 生产或销售额外一单位的成本。

marginal efficiencies 边际效率 采纳后给总体结果带来极小变化的效率。

marginal revenue 边际收益 生产和销售额外一单位产生的收入。

market 市场 买卖双方聚集到一起的地方，或存在需求（不管此处怎样定义"需求"）的地方。

market analysts 市场分析师 尝试定义、测绘、量化和发展市场信息的专家。

market standing 市场地位 不同公司在同一个市场里的相对排名，如第一位、第二位等。

market research 市场研究 市场分析师做出的研究。

mass-distribution system 大规模分销系统 向一个地区内分散的大量客户配送产品或服务的系统。

mass-production system 大规模生产系统 旨在生产大数目单位产品的系统。

matrix organization 矩阵组织 一种组织模式，主要面对大型技术项目，一些人既肩负了任务，又有分配的职能，故此同时与组织下的两个单位相连接(并可能有两个老板)。绘制"矩阵"组织图时,顶部的职能单位和底部的任务单位,将由肩负各种职能又分派到了特定任务的人进行连接。

media 媒体 沟通的载体,如电视、广播、报纸等。

middle managers 中层管理者 在正式组织结构中,位置处于一线主管以上、最高管理层以下的管理者。

minimum profitability 最低利润率 特定行业为承担业内固有风险可接受的最低利润水平。

management information system (MIS) 管理信息系统 一个用来形容、获取、处理、存储、检索和利用信息的管理机制的术语,多与计算机相关。

mission 使命 组织中期未来的首要目标。

model 模型 对问题局面的简化再现,可对其进行操纵,探索解决途径的范围和质量。

motivation 动机 打动人采取行动的个人机制。

multinational corporation 跨国企业 在多个国家开展重大生产和运营、有着重大市场的企业。

multiplier impact 乘数影响/效应 一种能引发多种其他影响的影响,如在发展中国家进行基础设施建设带来的乘数效应。

multiproduct, multimarket, or multitech-nology company 多产品、多市场或多技术型公司 生产多种产品,在多个市场经营,或在运营中采用多种技术的公司。

mutual fund 共同基金 一种投资工具,投资者可对多家公司投资,但无须直接持有其股票。

network analysis 网络分析 使用规划和调度进行分析,如关键路径分析。

nonmanufacturing business 非制造企业 一家以销售或其他业务职能为主要职能的企业。

not-for-profit organization 非营利组织 不以通过运营创造利润为宗旨的组织,如大学。

objectives 目标 在特定时间期限内追求的结果水平。

obsolete 报废/淘汰 不再使用;过时。

operations 运营/业务 与当前结果的生产相关的活动。多与筹备未来业务机会对比。

operations manager 运营经理/业务经理 以运营为主要职责的管理者。

operations research 运筹学 研究用数学工具和逻辑解决工业问题的学科。

optimal solution 最佳解决方案/最

优解 问题可行解决方案中最好的一个。

optimization 优化 为管理问题寻找最优解的过程，多使用运筹学模型。

organization chart 组织结构图 用图形表示正式的组织结构。

organization design 组织设计 包含在企业正式组织结构中的设计原则，或指研究组织结构不同设计方式的学科。

organizational psychology 组织心理学 研究组织中人类行为的心理学分支，包括工业心理学。

organizing 组织/筹办 建立正式组织结构的过程，或将有待执行的任务分解成若干子任务的过程。

output 输出/产出 生产过程中所得的结果。

participative management 参与式管理 一种改善管理实践的方法，强调决策受影响各方的参与。

partnership 合伙 根据法律构建一家企业的模式，包括了对合伙各方角色和责任的规范。

payback period 投资回收期 投资项目收回与投资额相等的款项所需的时间。

payroll 工资派发 计算每名员工应得金额，并用支票或其他途径将这些资金发放给员工的企业职能。

pension 养老金 员工在受雇期间由雇主或/和员工划拨具体款项，到员工退休后，以此款项为基础，员工定期可得的一笔钱。

pension fund 养老基金 雇主和/或员工以养老为目的建立的基金投资款项。

performance 绩效 获得的实际结果。有时用来表示实现积极的结果。

personal income 个人所得 支付给个人的工资和薪水。多与投资所得相对。

personnel administration 人事管理 以员工招聘和培训、跟踪员工记录为关注点的管理任务。

personnel appraisal 人事考核 对员工进行的绩效评估，多为老板和下属互动，讨论下属的绩效和未来目标，此过程多与目标管理结合讨论。

personnel department 人事部门 执行人事管理任务的组织单位。

personnel management 人员管理 对公司的人力资源进行管理。有时也称为"人力资源管理"。

PERT (program evaluation review technique) chart PERT 图（计划评审技术） 一种使用图表的规划技术，最初由海军开发，辅助规划项目并对项目随后进度进行评估。

pilot-plant 试验工厂 建成以检验新流程的工厂，一般规模会比未来计划实施的小得多。通常，试验工厂对流程进行检验后,如获成功,会为稍后修建的更大工厂提供改进建议。

planned obsolescence 计划报废 一种计划方法,它利用了人们"产品设计会在产品本身物理不可用之前过时"的心理期待,这一方法包括了旨在让先前设计显得过时的后续设计。它也指为了推出新设计而提前淘汰先前产品的计划。

planning 规划 包括决策、采取行动以确保未来结果的管理职能。

planning assumptions or hypotheses 规划假设或假说 规划中使用的假设或假说。

plans 方案/计划 规划决策中所指定的对未来的看法。

plant 工厂 企业可用于生产的设施。

policy 政策 在未来处理特定领域的规定模式,如营销政策。

power 势力/权力 影响力,让他人以权力所有者期待的方式采取行动。

PPBS (planning programming budgeting system) 计划项目预算系统 若干公共机构采用的一种全面规划方法。

priorities 优先度/优先顺序 组织打算处理一系列事项或领域的相对顺序。

probability mathematics 概率数学 数学分支,着眼于建模情况下各结果的相对出现概率。

procedures 规程 处理狭义定义情况的指定方式,如记录销售情况的规程。

process industry 加工行业/加工工业 既非制造商,也不提供无形服务,反而将资源投入加工过程的行业,如炼油行业。

producing capital 生产资本 投资在用于生产产品或服务的土地、建筑和设备等上的资本。

support activities 支持活动/辅助活动 包括"良心"活动(及工作人员)在内的帮助性活动,以及法律顾问、劳动关系等职能。多与结果生产类活动、保健和内务管理活动,以及高层管理活动相对。

supporting capital 辅助资本 用来把商品和服务送往市场的营运资本,或为生产与买方付款之间的间隔期提供资金的营运资本。多与"生产资本"相对。

surplus 盈余 成功绩效带来的利润和其他储蓄。

system 系统 一套相互关联的组件。例如,一套分销系统或许由若干工厂以特定方式维持的仓库网络构成,这套系统按照规程配送给顾客。

system thinking 系统思维 利用系统及其动态研究问题和可行方案的分析。

tactics 战术 用于执行预定策略的

基本方法。

task force　特别行动小组/特遣队/专案组　指定完成任务的团队。委员会可能仅限于提供建议，而特别行动小组则负责执行任务。

tax accounting　税务会计　为税务目的保存、总结记录的会计分支。

team　团队　在项目上共同合作的群体。

team organization　团队型组织　企业的业务主要是前后相继的各种项目，为了这些项目，企业采用了构建团队、解散团队的组织方式。

technology　技术　完成任务的方法或手段。技术可以包括机器的使用，也可以不包括。

technology assessment　技术评估　尝试在特定技术推出前确定应用它会带来何种影响的职能。支持者认为技术评估具有可行性，国会也设立了专门的技术评估部门。反对者认为，不可能在技术推出之前对其做出评估。

technology monitoring　技术监测　在技术推出时跟踪影响，以便识别并抵制有害影响。推荐这一方式的，主要是那些认为技术评估难以（甚至不可能）实现的人。

Theory X and Theory Y　X 理论和 Y 理论　道格拉斯·麦格雷戈提出的人类行为理论。X 理论假设人懒惰，不喜欢并逃避工作，必须用胡萝卜加大棒的方式驱动。它认为大多数人不能对自己负责，必须有人照顾。Y 理论假设人有着工作的心理需求，渴望获得成就、履行责任，并在适当的条件下寻找成就和责任。

time and motion studies　时间和动作研究　科学管理学派最先倡导的方法。它们包括使用秒表研究体力劳动，将任务分解成若干环节并重新设计，以便更迅速地完成，从而提高工作的生产效率。

time-sharing　分时　一种安排计算机工作方式，以便若干用户可以同时使用它的方法。此词还指人用以这种方式配置的计算机做计算。

top management　高层管理人员　占据组织层级中较高位置的管理者。

top-management activity　高层管理活动　完成高级管理任务所进行的活动，包括思考企业的使命，制定标准，构建并维护人的组织，以及只有企业高层人士才能建立并维系的重要关系，即"礼仪性"职能，最后提供应对重大危机的部门。

trade associations　行业协会　让一个行业的公司聚到一起，交流信息，共同提高该行业利益的组织。

union relations　工会关系　与公司员工所属的工会进行互动的业务职能。

union 工会 把一个行业或产业内的工人团结到一起，为了改善工资、福利和工作条件而进行集体谈判的组织。

unity of command 指挥统一 早期思想家强调的一个管理概念。这个概念指出，每名员工应该有一个且只应该有一个老板。

utility 效用 个人或组织感受到的事物实用性或内在价值。经济学下有一个分支，即试图实证性地衡量和比较效用。

variable costs 可变成本 生产过程中随生产水平变化的成本。

wage and salary administration 工资和薪金管理 确定工资和薪金率，根据市场情况和工作变化进行调整的业务职能。

wealth 财富 个人、国家或社会拥有的经济物品价值的总和。

wholly-owned subsidiaries 全资子公司 母公司持所有股票的附属公司，多与控股子公司相对，后者的母公司是附属公司最大的股东，但并非唯一股东。

working capital 营运资本 扶持资本。

yardsticks 标杆 在企业关键领域测量结果的手段。

zero-based budgeting 零基预算法 认为每个项目或活动必须每次在新一年度证明支出合理性（哪怕该项目和活动之前已经证明了支出的合理性）的预算方法。

zero-sum games 零和博弈 奖金总额与损失总额相等的博弈，即凡是参与者中有人所得，必然来自其他人之所失。

译后记
大道至简

很荣幸有机会翻译德鲁克的这本重要作品。此前我也翻译过不少与德鲁克相关的作品，包括对话录、后人对大师思想的研究与归纳，以及一些作品的重译。《人与绩效》有些不同：它是初次引进中文版，又是大师本人的手笔。

《人与绩效》写于1977年，距今已足有37年之久。而仅仅在我开始从事管理领域翻译工作的不到10年，管理书籍的风向就转了好几轮，再兼之连续不断的计算机和互联网大潮冲击，新术语、新提法前浪未平后浪即起，目不暇接。在这样的大背景下，面对一本写于1977年的管理书籍，我其实有点纠结：翻出来真的还有人看这老古董吗？

但翻译过程是一场奇妙的心灵之旅。一开始的时候想：大师怎么说的都是如此简单的道理？一点都不高深，大白话谁都说得出来啊；进入中段，看到对管理者素质的要求部分，我又想：嗯，大师说的话，其实可操作性很强啊；等进入最后驳斥企业"利润动机"的部分，我真的彻底折服了。所谓的经典和大师，真的就是高山仰止，永不过时。

妄论大师不是一个小小翻译该做的事，翻译的本职工作是准确地、如实地传达大师的思想。但愿这份工作，我交出了一份合格的答卷。

还是放上例行的几句老话，由于译者水平有限或一时的疏忽，可能会出现一些错译、曲解的地方。如读者在阅读过程中发现不妥之处，或是有心得愿意分享，请一定和我联系。我的信箱是 herstory@163.net，新浪微博是 @译海小番茄。豆瓣上搜索我翻译的任何一本书的书名，都可以找到我的豆瓣小站。

另外，本书的翻译工作要感谢张志华、李佳、唐竞、李征、廖昕、向倩叶等长期和我共事的小伙伴，谢谢大家的辛苦努力！

闾佳
2014 年 10 月

彼得·德鲁克全集

序号	书名	序号	书名
1	工业人的未来 The Future of Industrial Man	22 ☆	时代变局中的管理者 The Changing World of the Executive
2	公司的概念 Concept of the Corporation	23	最后的完美世界 The Last of All Possible Worlds
3	新社会 The New Society: The Anatomy of Industrial Order	24	行善的诱惑 The Temptation to Do Good
4	管理的实践 The Practice of Management	25	创新与企业家精神 Innovation and Entrepreneurship
5	已经发生的未来 Landmarks of Tomorrow: A Report on the New "Post-Modern" World	26	管理前沿 The Frontiers of Management
6	为成果而管理 Managing for Results	27	管理新现实 The New Realities
7	卓有成效的管理者 The Effective Executive	28	非营利组织的管理 Managing the Non-Profit Organization
8 ☆	不连续的时代 The Age of Discontinuity	29	管理未来 Managing for the Future
9 ☆	面向未来的管理者 Preparing Tomorrow's Business Leaders Today	30 ☆	生态愿景 The Ecological Vision
10 ☆	技术与管理 Technology, Management and Society	31 ☆	知识社会 Post-Capitalist Society
11 ☆	人与商业 Men, Ideas, and Politics	32	巨变时代的管理 Managing in a Time of Great Change
12	管理：使命、责任、实践（实践篇）	33	德鲁克看中国与日本：德鲁克对话"日本商业圣手"中内功 Drucker on Asia
13	管理：使命、责任、实践（使命篇）	34	德鲁克论管理 Peter Drucker on the Profession of Management
14	管理：使命、责任、实践（责任篇）Management: Tasks, Responsibilities, Practices	35	21世纪的管理挑战 Management Challenges for the 21st Century
15	养老金革命 The Pension Fund Revolution	36	德鲁克管理思想精要 The Essential Drucker
16	人与绩效：德鲁克论管理精华 People and Performance	37	下一个社会的管理 Managing in the Next Society
17 ☆	认识管理 An Introductory View of Management	38	功能社会：德鲁克自选集 A Functioning Society
18	德鲁克经典管理案例解析（纪念版）Management Cases(Revised Edition)	39 ☆	德鲁克演讲实录 The Drucker Lectures
19	旁观者：管理大师德鲁克回忆录 Adventures of a Bystander	40	管理（原书修订版）Management (Revised Edition)
20	动荡时代的管理 Managing in Turbulent Times	41	卓有成效管理者的实践（纪念版）The Effective Executive in Action
21 ☆	迈向经济新纪元 Toward the Next Economics and Other Essays		注：序号有标记的书是新增引进翻译出版的作品